专业基础课教材系列

分析化学基本操作

马晓宇　主编

科学出版社

北京

内 容 简 介

本书是在参考高职高专《分析化学》和《分析化学实验》教学大纲要求的基础上编写而成。全书共有七章，包括实验室基础知识、分析天平与称量、实验室一般溶液与试剂的配制、滴定分析技术、重量分析技术、试样的采集、制备与预处理、分析化学综合实验等内容。

本书可作为高职高专院校化学、轻化工、煤炭、环保等类专业的教科书，既能与《分析化学》配套使用，也可单独作为分析化学基本操作技能训练教材使用。

图书在版编目（CIP）数据

分析化学基本操作/马晓宇主编．—北京：科学出版社，2011
（专业基础课教材系列）
ISBN 978-7-03-030668-5

Ⅰ．①分… Ⅱ．①马… Ⅲ．①分析化学-高等学校-教材 Ⅳ．①065

中国版本图书馆 CIP 数据核字（2011）第 053146 号

责任编辑：沈力匀 / 责任校对：王万红
责任印制：吕春珉 / 封面设计：耕者设计工作室

科学出版社 出版
北京东黄城根北街 16 号
邮政编码：100717
http://www.sciencep.com
北京中科印刷有限公司印刷
科学出版社发行 各地新华书店经销
*
2011 年 3 月第 一 版 开本：787×1092 1/16
2026 年 1 月第七次印刷 印张：10 1/4
字数：152 000

定价：34.00 元

（如有印装质量问题，我社负责调换）
销售部电话 010-62134988 编辑部电话 010-62135120

本书编写人员

主　编　马晓宇

副主编　李光耀　周长玉

　　　　　马春玉　王建梅

参　编　云丽萍　杨继鹏　李民君

　　　　　沙日娜　宋　伟　张春霞

　　　　　张瑞芳　蒋阿宁

主　审　高晓松

前　　言

本书是根据国家高等职业教育发展的需要和高职高专人才培养要求的精神编写而成的三年制系列教材之一，是为强化训练高职高专学生实际动手能力和实验技能专门编写，重在培养学生严谨、实事求是的科学态度，突出高职高专学生实际技能的训练，既可作为实验实训教材单独使用，也可作为《分析化学》配套实验教材。在编写时力求在思想水平上，注重教材的思想性与职业导向性；在科学水平上，注重教材的知识正确性与内容先进性；在教学水平上，注重教材的教学适应性、内容的适用性、结构的合理性与使用的灵活性；在图文水平上，注重内容的可读性与规范性。

根据系列教材整体安排以及教材自身的特点，本书只针对定量分析进行介绍。在内容上除了安排一些纯样品实验、设计实验以及考核实验外，还安排了一定量的实物分析，以达到学生对定量分析的基本操作熟练掌握，培养学生解决实际问题的能力之目的。本书可作为轻化工、煤炭、环保、食品、生物类等高等职业类院校的教科书，也可作为分析检验工作者的参考资料。不同院校在使用本书时，可根据专业特点自行确定内容。

本书由包头轻工职业技术学院马晓宇担任主编，具体编写分工如下：包头轻工职业技术学院马晓宇编写第四章、第五章；包头轻工职业技术学院李光耀和内蒙古化工职业学院周长玉编写第六章、第七章；包头轻工职业技术学院张瑞芳和南京化工职业技术学院宋伟编写第一章；包头轻工职业技术学院沙日娜和包头轻工职业技术学院云丽萍编写第二章；包头轻工职业技术学院蒋阿宁和包头轻工职业技术学院李民君编写第三章及附录，此外包头轻工职业技术学院云丽萍、包头轻工职业技术学院张春霞、济源职业技术学院杨继鹏参与了部分实验的编写，特别是王建梅、马春玉两位老师为本书提出很多宝贵意见。全书由包头轻工职业技术学院马晓宇统稿。包头轻工职业技术学院高晓松担任主审。

限于编者教学经验不足及水平有限，书中疏漏和不妥之处，恳请老师和读者批评指正。

目　　录

第一章 实验室基础知识

分析化学基本操作是分析化学课程的重要组成部分，是分析专业学生的必修课。通过训练基本操作技能，可以巩固和深化分析化学的基础理论知识，提高分析问题和解决问题的能力，培养理论联系实际、实事求是的科学态度和良好的工作作风，为今后的学习和工作奠定基础。

作为分析工作者，不仅要掌握相应的分析化学理论和分析技术，还必须熟悉与实验室相关的基础知识和技能，才能保证分析工作的顺利进行并获得准确的分析结果。

第一节 实验室规则与实验室安全

分析活动的主要场所是实验室，因此，一个合格的分析工作者必须熟知分析化学实验室的一般常识。

一、实验室规则

在进行分析化学实验时，必须严格遵守下列规则：

1. 实验前要充分做好准备工作

一次成功的实验，开始于实验前的充分准备，没有准备就去实验室现看现做，一定不会得到好的效果。这些准备工作包括：

（1）充分预习，认真阅读实验教材、教科书和参考资料等，明确实验目的，理解实验原理，了解实验内容、步骤、操作规程和注意事项，对将要进行的实验做到心中有数。

（2）在预习的基础上写好实验提纲。实验提纲不是照抄实验教材的内容，而是它的提炼、简化，是通过自己的理解写下来的，能使自己一目了然。

（3）实验操作前认真检查实验所需的全部仪器、试剂和药品。自己应用的器皿、工具整齐的摆在实验台上。

（4）做好一切必要的预防措施，如防毒、防火、防腐蚀、防灼伤等措施。

2. 实验中要自觉养成科学的工作习惯，努力掌握实验的技能技巧

实验的成败和工作效率的高低，同实验者的科学习惯与操作技术水平有直接关系。在初学者中，由于不注意这些问题而遭致失败的事例是屡见不鲜的。为此，要求实验者做到以下几点：

（1）按照实验内容、操作规程和试剂用量进行实验，合理安排实验次序。

（2）实验时要保持安静、精心操作、细心观察、准确记录、周密思考，善于分析反应过程中的实验现象（特别是异常现象）。细致的观察是掌握和积累知识的重要手段。

观察也是发现问题和解决问题的开始。做好实验记录是实验工作中的一项基本功。只做实验而不做记录，或者记在零页纸上都是不允许的。

(3) 遵守实验室安全规则，保持室内整洁，特别是随时保持实验台面干净、整齐，仪器要摆放规整，废纸、废屑等只能丢在废物容器内，规定回收的废液要倒入回收器内，决不允许倒在水槽中。

(4) 要注意节约使用水、电、煤气等，不要浪费。

3. 实验后要做好结束工作

完成了规定的实验内容，并不是实验的结束。结束工作包括：

(1) 清洗、整顿好仪器药品。实验完毕，应立即把玻璃器皿洗刷干净，仪器复原，填好使用登记卡，整理好实验台面。

(2) 清理环境，检查安全。把实验后的工作场所打扫干净，关好水、电、煤气、窗、门等方可离开实验室。

(3) 及时送交实验报告。书写实验报告时，应按次序写下实验日期、实验项目、操作者姓名、反应原理、操作程序、实验数据原始记录、计算和结论（讨论）结果等。报告的文字要清晰，一定要反映实验的真实内容。

二、实验室安全知识

1. 实验室安全守则

在分析化学实验中，经常使用水、电、煤气和各种化学试剂、仪器等。如不遵守操作规程或粗心大意，就可能造成中毒、着火、烫伤及仪器设备的损坏等各种事故，给国家财产造成损失和危及人身安全。因此，必须高度重视实验室的安全工作，严格遵守操作规程，杜绝事故发生。万一发生事故，要沉着、冷静，积极采取措施，避免事故扩大。

为保证实验人员的人身安全和实验工作的正常进行，必须遵守以下实验室安全守则。

(1) 实验室内严禁饮食、吸烟。严禁任何药品入口或接触伤口，不能用玻璃仪器代替餐具。所有试剂、试样均应有标签，绝不可在容器内装有与标签不相符的物质。

(2) 实验室应保持洁净、整齐。废纸、废屑和碎玻璃片、火柴杆等废物应投入垃圾箱内，废酸和废碱应小心倒入废液缸内，均匀倒入水槽中，以免腐蚀下水道。洒落在实验台上的试剂要随时清理干净。

(3) 稀释浓硫酸，必须在烧杯等耐热容器中进行，且只能将硫酸在不断搅拌下缓缓注入水中，温度过高时应冷却降温后再继续加入。配制氢氧化钠、氢氧化钾等浓溶液时，也必须在耐热容器中溶解。如需将酸碱中和，则必须各自先行稀释再中和。

(4) 使用浓硝酸、浓硫酸、浓盐酸、浓高氯酸、浓氨水，或有氰化氢、二氧化氮、硫化氢、三氧化硫、溴、氨等有毒、有腐蚀性气体的操作，必须在通风橱中进行。如不注意都可能引起中毒。

(5) 决不允许任意混合各种化学药品，以免发生事故。使用氰化物、砷化物、汞盐等剧毒物质时要采取防护措施。实验残余的有毒物质应采取适当的方法处理，切勿随意丢弃或倒入水槽中。装过有毒、强腐蚀性、易燃、易爆物质的器皿，应由操作者亲自洗净。

（6）极易蒸发和引燃的有机溶剂如乙醚、乙醇、丙酮、苯等，使用时必须远离明火，加热时应采用水浴或砂浴，用后要立即塞紧瓶塞，放入阴凉处。用过的试剂倒入回收瓶中，不要倒入水槽中。

（7）试剂瓶的磨口塞粘固打不开时，可将瓶塞在实验台边缘轻轻磕碰，使其松动；或用电吹风稍许加热瓶颈部分使其膨胀；或在粘固的缝隙间加入几滴渗透力强的液体（如乙酸乙酯、煤油、稀盐酸、水等）；或将瓶口放入热水中浸泡。严禁用重物敲击，以防瓶体破裂。

（8）将玻璃棒、玻璃管、温度计插入或拔出胶塞或胶管时，应垫有垫布，且不可强行插入或拔出。切割玻璃管、玻璃棒，装配或拆卸玻璃仪器装置时，要防止突然损坏而造成刺伤。

（9）使用煤气灯时，应先将空气调小再点燃火柴，然后开启煤气阀点火并调节好火焰。禁止用火焰在煤气管道上查找漏气处，而应该用肥皂水检查。

（10）使用分析天平、分光光度计、酸度计等精密仪器时，应严格遵守操作规程。仪器使用完毕后要将各旋钮恢复到原来位置，并切断电源。

（11）使用电器设备时，要注意防止触电，不可用湿手或湿物接触电闸和电器开关。凡是漏电的仪器设备不要使用，以免触电。使用完毕后应及时切断电源。

（12）实验室应备有急救药品、防护用品和灭火器材。

（13）实验进行时，不得擅自离开岗位。水、电、煤气、酒精灯等一经使用完毕，立即关闭。实验结束后要洗手，离开实验室时应认真检查水、电、煤气及门、窗是否已关好。

2. 实验室常见危险及一般性处理

（1）着火：

① 防止火势蔓延，首先切断电源、熄灭所有加热设备；而后快速移去附近的可燃物，关闭通风装置、减少空气流通。

② 立即扑灭火焰，设法隔断空气，使温度下降到可燃物的着火点以下。

③ 对于小面积范围燃烧可用防火砂覆盖；火势较大时，可用灭火器扑救。常用的灭火器有以下四种：二氧化碳灭火器，用以扑救电器、油类和酸类物质的火灾，不能扑救有钾、钠、镁、铝等物质存在的火灾，因为这些物质会与二氧化碳发生作用；泡沫灭火器，适用于有机溶剂、油类着火，不宜扑救电器火灾；干粉灭火器，适用于扑灭油类、有机物、遇水燃烧物质的火灾；1211 灭火器，适用于扑灭油类、有机溶剂、精密仪器、文物档案等火灾。

（2）化学烧伤：化学烧伤是由于操作者的皮肤触及到腐蚀性化学试剂所致。这些试剂包括：强酸类，特别是氢氟酸及其盐；强碱类，如碱金属的氢化物、浓氨水、氢氧化物等；氧化剂，如浓的过氧化氢、过硫酸盐等；某些单质，如溴、钾、钠等。

例如，酸烧伤，应立即用大量水冲洗，然后用2%的$NaHCO_3$溶液或稀$NH_3 \cdot H_2O$冲洗，最后再用水冲洗。

碱烧伤，先用大量水冲洗，再用约2%HAc溶液冲洗，最后用水冲洗。如果碱溅入眼中，则先用2%的硼酸溶液冲洗，再用水冲洗。

溴灼伤，这很危险，伤口不易愈合，一旦灼伤，立即用20%硫代硫酸钠冲洗，再用大量水冲洗，包上消毒纱布后就医。

(3) 烫伤：烫伤是操作者身体直接触及高温、过冷物品（低温引起的冻伤，其性质与烫伤类似）所造成的。例如，皮肤烫伤，可先用稀$KMnO_4$或苦味酸溶液冲洗灼伤处，再在伤口处抹上黄色的苦味酸溶液，烫伤膏或万花油，切勿用水冲洗。

(4) 割伤：发生割伤后，应先取出伤口内的异物，然后在伤口处涂上红药水或撒上消炎粉后用纱布包扎。

实验室应准备一个完备的小药箱，专供急救时使用。药箱内备有：医用酒精、红药水、紫药水、止血粉、创可贴、烫伤油膏（或万花油）、鱼肝油、2%硼酸溶液或2%醋酸溶液、1%碳酸氢钠溶液、20%硫代硫酸钠溶液、医用镊子和剪刀、纱布、药棉、棉签、绷带等。

(5) 吸入刺激性、有毒气体。当不慎吸入Cl_2、HCl、溴蒸汽时，可吸入少量酒精和乙醚的混合蒸汽使之溶解。由于吸入H_2S气体而感到不适时，应立即到室外呼吸新鲜空气。

(6) 触电。分析化学实验室要使用大量的仪器、烘箱和电炉等，因此每位实验人员都必须能熟练地安全用电，避免发生一切用电事故。

① 防止触电：

a. 不能用湿手接触电器。

b. 电源裸露部分都应绝缘。

c. 坏的接头、插头、插座和不良导线应及时更换。

d. 先接好线路再插接电源，反之先关电源再拆线路。

e. 仪器使用前要先检查外壳是否带电。

f. 如遇有人触电要先切断电源再救人。

② 防止电器着火：

a. 保险丝、电源线的截面积、插头和插座都要与使用的额定电流相匹配。

b. 三条相线要平均用电。

c. 生锈的电器、接触不良的导线接头要及时处理。

d. 电炉、烘箱等电热设备不可过夜使用。

e. 仪器长时间不用要拔下插头，并及时拉闸。

f. 电器、电线着火不可用泡沫灭火器灭火。

第二节 分析实验用水

在分析实验中，洗涤仪器、溶解样品、配制溶液均需用水。一般天然水和自来水

（生活饮用水）中常含有氯化物、碳酸盐、硫酸盐、泥沙等少量无机物和有机物，影响分析结果的准确度。作为分析用水，必须先经一定的方法净化达到国家规定。实验室用水规格，根据分析任务和要求的不同，采用不同纯度的水。

我国已经建立了实验室用水规格的国家标准（GB/T6682—1992），“标准”中规定了实验室用水的技术指标、制备方法及检验方法。

一、分析用水的规格及合理选用

1. 分析用水的级别

国家标准规定的实验室用水分为三级。

(1) 一级水：基本上不含有溶解或胶态离子杂质及有机物。用于有严格要求的分析实验，包括对颗粒有要求的实验，如高效液相色谱分析用水。

(2) 二级水：可含有微量的无机、有机或胶态杂质。用于无机痕量分析等实验，如原子吸收光谱分析用水。

(3) 三级水：最普遍使用的纯水，适用于一般实验室工作，过去多采用蒸馏方法制备，故通常称为蒸馏水。

2. 分析用水的检验

标准中只规定了一般技术指标，在实际工作中，有些实验对水有特殊要求，还要检查有关项目，例如，Cl^-、Fe^{3+}、Cu^{2+}、Zn^{2+}、Pb^{2+}、Ca^{2+}、Mg^{2+} 等。实验室用水规格见表 1.1。

表 1.1　实验室用水的级别及主要指标

指标名称	一　级	二　级	三　级
pH 范围（25℃）	—	—	≤5.0～7.5
电导率（25℃）/(ms/m)	≤0.01	≤0.10	≤0.50
吸光度（254nm，1cm 光程）	≤0.001	≤0.01	—
可氧化物质［以（O）计］/(mg/L)	—	≤0.08	≤0.4
蒸发残渣（105℃±2℃）/(mg/L)	—	≤1.0	≤2.0
可溶性硅（以 SiO_2 计）/(mg/L)	≤0.01	≤0.02	—

注意：(1) 由于在一级水、二级水的纯度下，难于测定其真实 pH，因此，对于一级水、二级水的 pH 范围不做规定。

(2) 一级水、二级水的电导率需用新制备的水“在线”（即将电极装入制水设备的出水管道中）确定。

(3) 由于在一级水的纯度下，难于测定可氧化物质和蒸发残渣，对其限量不做规定，可用其他条件和制备方法来保证一级水的质量。

二、分析用水的制备

制备实验室用水的原料水，应当是饮用水或比较纯净的水。如有污染，则必须进行预处理。纯水常用以下三种方法制备。

1. 蒸馏法制备纯水

蒸馏法制备纯水是根据水与杂质的沸点不同，通过改变水的形态——从液态到气态再回到液态，将自来水（或其他天然水）用蒸馏器蒸馏而得到。每一个转换过程都为纯水与污染物的分离提供了机会。用这种方法制备纯水操作简单，成本低廉，能除去水中非蒸发性杂质，但不能除去易溶于水的气体。由于蒸馏一次所得的蒸馏水仍含有微量杂质，只能用于定性分析或一般工业分析。

目前使用的蒸馏器一般是由玻璃、镀锡铜皮、铝皮或石英等材料制成的。由于蒸馏器的材质不同，带入蒸馏水中的杂质也不同。用玻璃蒸馏器制得的蒸馏水会含有 Na^{+}、SiO_3^{2-}等。用铜蒸馏器制得的蒸馏水中通常含有 Cu^{2+}。蒸馏水中通常还含有一些其他杂质，是二氧化碳及某些低沸物易挥发物质，随水蒸气带入蒸馏水中；少量液态水成雾状飞出，直接进入蒸馏水中；微量的冷凝管材料成分也能带入蒸馏水中。如要制取高纯蒸馏水时，则使用石英玻璃蒸馏器，且必要时采取二次蒸馏。

2. 离子交换法制备纯水

采用离子交换树脂来分离出水中的杂质离子，这种方法称为离子交换法。用这种方法处理所得的纯水通常称“去离子水”。当选择了适宜的填料、预处理和系统设计时，离子交换方法可以得到离子浓度最低的超纯水。与蒸馏法相比，离子交换法制备纯水具有设备简单、纯度高、产量大和成本低的优点。因此，目前一般实验室都较为广泛地采用离子交换法来制取纯水。该法的缺点是制备的水含有微生物和某些有机物。

3. 电渗析法制备纯水

电渗析是一项结合了离子交换树脂和离子选择性通透膜，并结合直流电去除水中离子化杂质的技术。在外电场的作用下，利用阴阳离子交换膜对溶液中离子的选择性透过而使杂质离子从水中分离出来。该项技术的发展克服了离子交换树脂的局限性，特别是离子交换柱耗竭时离子杂质的释放及重填或再生离子交换柱的工作。

三、分析用水的检验

为了保证纯水的质量能符合分析工作的要求，对所制备的纯水必须进行质量检验。纯水质量的主要指标是电导率，在实际工作中，有些实验对水有特殊要求，还要测定有关的项目。

1. 电导率的测定

纯水是微弱导体，水中溶解了电解质，其电导率将相应增加。测定电导率应选用适于测定高纯水的电导率仪。一级水、二级水电导率极低，通常只测定三级水。测量三级水电导率时，将300mL三级水注入烧杯中，插入光亮铂电极，用电导仪测定其电导。测得的电导率小于或等于0.5ms/m时，即为合格。

2. pH的测定

普通纯水pH应在5.0～7.5之间（25℃），可用精密pH试纸或酸碱指示剂检验。取两支试管，各加入水样10mL，在一支试管中加0.1%甲基红指示剂2滴，不得显红色；在另一支试管中加0.1%溴百里酚蓝指示剂5滴，不得显蓝色即为合格。用酸度计测定纯水的pH时，先用pH为5.0～8.0的标准缓冲溶液校正pH计，再将100mL三级水注入烧杯中，插入玻璃电极和甘汞电极，测定pH。

3. 吸光度的测定

将水样分别注入1cm和2cm的比色皿中，用紫外可见分光光度计于波长254nm处，以1cm比色皿中水为参比，测定2cm比色皿中水的吸光度。一级水的吸光度应≤0.001；二级水的吸光度应≤0.01；三级水可不测水样的吸光度。

4. SiO_2的测定

SiO_2的测定方法比较烦琐，一级水、二级水中的SiO_2可按GB/T6682—1992方法中的规定测定。通常使用的三级水可测定水中的硅酸盐。其方法如下：取30mL水于一小烧杯中，加入5mL 4mol/LHNO_3，5mL5%（NH_4）2MoO_4溶液，室温下放置5min后，加入5mL10%Na_2SO_4溶液，观察是否出现蓝色。如果出现蓝色，则不合格。

5. 可氧化物的限度试验

将100mL二级水或100mL三级水注入烧杯中，然后加入10.0mL1mol/LH_2SO_4溶液和配制的1.0mL0.002mol/L$KMnO_4$溶液，盖上表面皿，将其煮沸并保持5min，与置于另一相同容器中不加试剂的等体积的水样比较。此时溶液呈淡粉色，如未完全褪尽，则符合可氧化物限度试验，如完全褪尽则不符合可氧化物限度试验。

6. Cl^-、Ca^{2+}、Mg^{2+}、Fe^{3+}、$SO_4{}^{2-}$的检验

Ca^{2+}、Mg^{2+}、Fe^{3+}的检验：取水样10mL于试管中，加氨水-氯化铵缓冲溶液（pH≈10）2mL，再加一滴铬黑T指示剂，不显红色为合格。

Cl^-的检验：取水样10mL于试管中，加数滴HNO_3酸化，再加入1%$AgNO_3$溶液2滴，摇匀后未见浑浊现象为合格。

$SO_4{}^{2-}$的检验：取待测水2～3cm，放入试管中，加2～3滴2mol/L的盐酸酸化，再加1滴1%的氯化钡溶液，放置15h不应有沉淀析出。

还需指出，纯水在与空气接触或储存过程中，由于容器材料可溶解成分的引入或吸收空气中CO_2等气体及其他杂质，都会引起纯水质量的改变。水越纯，影响越显著，高纯水要临用前准备，不易存放。

第三节　玻璃仪器的洗涤与干燥

一、玻璃仪器的洗涤

在分析工作中，玻璃仪器是否洗净对实验结果的准确度和精密度有直接影响。因此，洗涤玻璃仪器是实验室工作中的一个重要环节。仪器洗涤，要求掌握洗涤的一般步骤，洗净标准。

不同实验对玻璃仪器的洁净程度要求不同，洗涤方法不一样，一般容器或粗量器，可以用毛刷蘸上肥皂水刷洗；但要注意不宜使用毛刷刷洗的仪器和难以刷洗干净的仪器必须采用洗涤剂（常用洗涤液配制见第三章第三节）洗涤。

洗干净的玻璃仪器，当倒置时，应该以仪器内壁均匀地被水润湿而不挂水珠为准。在定量分析实验中，要求精密度小于1%时，用蒸馏水冲洗后，残留水分用 pH 试纸检查，应为中性。

1. 常规玻璃仪器洗涤方法

首先用自来水冲洗 1～2 遍除去可溶性物质的污垢，根据沾污的程度、性质分别采用洗衣粉、去污粉、洗涤剂、洗液刷洗或浸泡，用自来水冲洗 3～5 次冲去洗液，再用蒸馏水淋洗 3 次，洗去自来水。蒸馏水冲洗时应按少量多次的原则，即每次用少量水，分多次冲洗，每次冲洗应充分振荡后，倾倒干净，再进行下一次冲洗。称量瓶、碘量瓶、干燥器等具有磨口塞盖的器皿，在洗涤时应注意各自的配套，切勿“张冠李戴”，以免破坏磨口处的严密性。

2. 容量仪器的洗涤

带刻度的容量仪器如吸量管、移液管、滴定管、容量瓶等，为防止容器内壁受机械磨损而影响其容积的准确性，不能用刷子刷洗，应当用适当的洗涤液洗涤，必要时加热洗液并浸泡一段时间，然后用自来水冲洗干净，再用少量的纯水淌洗 2～3 次。

3. 成套组合专用玻璃仪器洗涤

如凯氏定氮仪，除洗净每个部件外，用前应将整个装置用热蒸汽处理 5min，以除去仪器中的空气。索氏脂肪提取器用乙烷、乙醚分别回流提取 3～4h。

4. 特殊器皿的洗涤

（1）比色皿：通常用盐酸-乙醇洗涤除去有机显色剂的沾污，洗涤效果好。必要时可用硝酸浸洗，但要避免用铬酸洗液等氧化性洗液浸泡。

（2）痕量分析用玻璃仪器：痕量元素分析对洗涤要求极高。一般用的玻璃仪器要在 HCl（1+1）或 HNO_3（1+1）中浸泡 24h，而新的玻璃仪器或塑料瓶、桶浸泡时间需长达一周之久，还要在稀 NaOH 中浸泡一周，然后再依次用自来水、蒸馏水洗净。对于痕量有机物分析所用玻璃仪器，通常用铬酸洗液浸泡，再用自来水、蒸馏水依次冲洗干净，最后用重蒸的丙酮、氯仿洗涤数次即可。

二、仪器的干燥

不同实验对仪器是否干燥有不同的要求。一般定量分析中用的锥形瓶、烧杯等，洗净后即可使用；而用于有机分析的仪器一般都要求干燥。所以根据实验要求采用不同的方法来干燥仪器。常用的干燥方法如下：

(1) 晾干：对不急需使用的要求一般干燥的仪器，洗净后倒置在无尘处，控去水分，自然晾干。一般把玻璃仪器倒放在玻璃柜中。

(2) 烘干：要求无水的仪器需在烘箱中于 105～120℃烘 1h 左右。需要注意的是：干燥厚壁仪器的实心玻璃塞要慢慢升温以免炸裂；烘干后的仪器一般应在干燥器中冷却和保存；量器类仪器最好不要用加热的方法干燥，如在烘箱中烘干，温度不能太高，以免引起容积变化或造成破裂。

(3) 吹干：对体积小而又急需干燥的仪器，控净水后依次用乙醇、乙醚（或丙酮）荡洗几次，倒出并流尽溶剂后，用吹风机按热、冷风吹干。

(4) 烤干：对急需用的试管，管口向下倾斜，用火焰从管底处一次向管口烘烤，烧杯或蒸发皿在石棉网上用火烤干。

三、玻璃仪器的存放

玻璃仪器的存放要分门别类，便于取用。

移液管使用后放于专用的移液管架上。滴定管用毕洗去内存的溶液，用纯水清洗干净，上盖玻璃短试管或塑料套管，夹于滴定管夹上。比色皿用后洗净，在小磁盘或塑料盘中垫上滤纸，倒置其上晾干后收放于比色皿盒中。带磨口塞的玻璃仪器如容量瓶、比色管等最好在清洗前就用线绳或塑料细丝把塞和瓶口拴好，以免打碎塞子或弄混。需长期保存的磨口仪器要在塞子和磨口间垫一纸片，以免日久粘住。长期不用的滴定管应去除凡士林后，垫上纸并用皮筋拴好活塞保存。成套仪器用毕要立即洗净，放在专用的盒子里保存。

第四节　化学试剂和试纸

一、化学试剂

化学试剂作为检验各种化学物质的质量标准，是一种重要的化学物质。化学试剂的纯度对分析结果准确度的影响很大，不同的分析工作对试剂纯度的要求也不同。因此，必须了解化学试剂的性质、类别、用途等方面的知识，以便合理选择，正确使用，妥善管理。

1. 化学试剂的分类

目前我国生产的化学试剂已达百万余种。化学试剂种类繁多，按化学物质的基本分类方法，可以分成无机化学试剂和有机化学试剂两大类。无机化学试剂可分为单质和化合物两类。单质又可分为金属和非金属，化合物又可分为氧化物、酸、碱和盐几类。有机化学试剂按官能团分类。化学试剂按其用途分类，可分为通用试剂和专用试剂两大类。专用试剂是一些具有特殊用途的试剂，如仪器分析专用试剂、医用临床诊断用试剂、生化试剂、有机合成研究用基础试剂以及电子工业、光学工业、照相及感光材料用、日用化学工业用及纺织、印染工业用试剂等。

2. 化学试剂的规格

市售化学试剂，以其中杂质含量多少分为四个等级，其规格、等级和适用范围见表1.2。

表 1.2 试剂的规格等级和适用范围

等 级	一 级 品	二 级 品	三 级 品	四 级 品
名称	优级纯	分析纯	化学纯	生化试剂
符号	G. R.	A. R.	C. P.	B. R.
标签颜色	绿色	红色	蓝色	棕色
适用范围	科学研究及精密分析实验	一般分析实验	一般化学实验	生物化学及医化学实验

此外，还有基准试剂和光谱纯试剂、色谱纯试剂等。基准试剂的纯度相当于或高于优级纯试剂。用做滴定分析中的基准物质，可直接用于配制标准滴定溶液。光谱纯试剂的杂质低于光谱分析法的检测限，主要用于光谱分析中的标准物质。色谱纯试剂的杂质低于色谱分析法的检测限，主要用于色谱分析中的标准物质。

3. 化学试剂的选用

化学试剂的纯度越高，价格越贵。应根据分析任务、分析方法和对分析结果准确度的要求等，选用不同等级的化学试剂，既不超级而造成不必要的浪费，也不随意降级别而影响分析结果的准确度。试剂的选择应考虑以下几点：

（1）滴定分析中常用间接法配制的标准滴定溶液，应选用分析纯试剂配制，再用工作基准试剂标定。滴定分析中所用的其他试剂一般为分析纯试剂。

（2）在仲裁分析中，一般选择优级纯和分析纯试剂。在进行痕量分析时，应选用优级纯试剂以降低空白值，避免杂质干扰。

（3）仪器分析实验中一般选用优级纯或专用试剂，测定微量成分时应选用高纯试剂。

（4）试剂的级别高，分析用水的纯度及容器的洁净程度要求也高，必须配合方能满足实验的要求。

（5）在分析方法标准中一般规定，不应选用低于分析纯的试剂。此外，由于进口化学试剂的规格、标志与我国化学试剂现行等级标准不甚相同，使用时应参照有关化学手册加以区分。

4. 化学试剂的使用和保管

化学实验室应贮备一定量的化学试剂。大量的备用原装试剂存放在贮藏室内。实验准备室和学生实验室只存放小部分药品或已配制的各种浓度溶液。

化学试剂使用不当或保管不善，极易变质或玷污，从而导致分析结果引起误差甚至造成失败。因此，必须按要求使用和保管化学试剂。

(1) 使用前要认清标签。取用时不可将瓶盖随意乱放，应将瓶盖反放在干净的地方，取完试剂后随手将瓶盖盖好。

(2) 固体试剂应保存在广口瓶中，使用时用干净的牛角勺从中取出。液体试剂盛在细口瓶中，使用时用干净的量筒或烧杯倒取，倒取时标签向手心。多余的试剂不准放回原试剂瓶中，以防污染。

(3) 易氧化的试剂（如氯化亚锡、低价铁盐等）、易风化或潮解的试剂（$AlCl_3$、NaOH 等），使用过后应重新用石蜡密封瓶口。

(4) 易受光分解的试剂（如 $KMnO_4$、$AgNO_3$ 等），应贮存在棕色瓶中，并放在暗处。

(5) 易受热分解的试剂和易挥发的试剂应保存在阴凉处或冰箱中。

(6) 剧毒试剂（如 NaCN、As_2O_3、$HgCl_2$ 等），必须存放在保险橱中，加锁保管。取用时要有两人以上共同操作，并记录用途和用量，随用随取，严格管理。

二、实验试纸

1. 试纸的种类及性能

(1) 石蕊（红色、蓝色）试纸：用来定性检验气体或溶液的酸碱性。pH<5 的溶液或酸性气体能使蓝色石蕊试纸变红色；pH>8 的溶液或碱性气体能使红色石蕊试纸变蓝色。

(2) pH 试纸：用来粗略测量溶液 pH 大小（或酸碱性强弱）。pH 试纸遇到酸碱性强弱不同的溶液时，显示出不同的颜色，可与标准比色卡对照确定溶液的 pH。pH 试纸为广泛和精密 pH 试纸两种。广泛 pH 试纸的变色范围是 pH 为 1～14、9～14 等，只能粗略确定溶液的 pH。另一种是精密 pH 试纸，可以较精确地测定溶液的 pH 值，其变色范围是 2～3 个 pH 单位，例如，有 pH 有 1.4～3.0、0.5～5.0、5.4～7.0、7.6～8.5、8.0～10.0、9.5～13.0 等许多种，可根据待测溶液的酸、碱性选用某一范围的试纸。测定的方法是将试纸条剪成小块，用镊子夹一小块试纸（不可用手拿，以免污染试纸），用玻璃棒蘸少许溶液与试纸接触，试纸变色后与色阶板对照，估读出所测 pH。切不可将试纸直接放入溶液中，以免污染样品溶液。也可将试纸块放在白色点滴板上观察和估测。试纸要存放在有盖的容器中，以免受到实验室内各种气体的污染。

(3) 淀粉碘化钾试纸：用来定性地检验氧化性物质的存在。碘化钾遇较强的氧化剂时，被氧化成碘，与淀粉作用而使试纸显示蓝色。

(4) 醋酸铅（或硝酸）试纸：用来定性地检验含硫离子的溶液。如生成黑色的

PbS，会使试纸变黑色。

(5) 品红试纸：用来定性地检验某些具有漂白性的物质存在。遇到有漂白性的物质时会褪色（变白）。

(6) 刚果红试纸：用于检测无机酸，变蓝色。

2. 试纸的使用方法

(1) 检验溶液的性质：取一小块试纸在表面皿或玻璃片上，用沾有待测液的玻璃棒或胶头滴管点于试纸的中部，观察颜色的变化，判断溶液的性质。

(2) 检验气体的性质：先用蒸馏水把试纸润湿，粘在玻璃棒的一端，用玻璃棒把试纸靠近气体，观察颜色的变化，判断气体的性质。

(3) 注意：

① 试纸不可直接伸入溶液。

② 试纸不可接触试管口、瓶口、导管口等。

③ 测定溶液的 pH 时，试纸不可事先用蒸馏水润湿，因为润湿试纸相当于稀释被检验的溶液，这会导致测量不准确。正确的方法是用蘸有待测溶液的玻璃棒点滴在试纸的中部，待试纸变色后，再与标准比色卡比较来确定溶液的 pH。

④ 取出试纸后，应将盛放试纸的容器盖严，以免被实验室的一些气体污染。

第五节　实验数据的记录、处理和实验报告

分析化学的任务是准确测定试样中有关组分及其含量。为了得到准确的分析结果，不仅要精确地进行各种测量，还要正确的记录实验数据和报告分析结果。分析结果的数据不但能表达试样中待测组分的含量，还能反映测量的准确度。因此，学会正确的记录实验数据、书写实验报告、报告分析结果，是分析人员不可缺少的基本业务素质。

一、实验数据的记录

(1) 学生应有专门的实验记录本，并标上页码数，不得撕去其中任何一页。也不允许将数据记在纸片上，或随意记在其他地方。

(2) 实验记录上要写明日期、实验名称、测定次数、实验数据及检验人。

(3) 记录应及时，准确清楚。记录数据时，要实事求是。要有严谨的科学态度，切忌主观因素，决不能随意拼凑伪造数据。实验过程中涉及特殊仪器的型号和标准滴定溶液的浓度、室温等，也应及时记录下来。

(4) 实验过程中记录测量数据时，其数字的准确度应与分析仪器的准确度相一致。如用万分之一分析天平称量时，要求记录至 0.0001g；常量滴定管和吸量管的读书应记录至 0.01mL。

(5) 实验记录上的每一个数据都是测量结果。平行测定时，即使得到完全相同的数据也应如实记录下来。

(6) 在实验过程中，如发现数据中有记错、测错或读错而需要改动之处，可将要改

动的数据用一横线划去，并在其上方写出正确的数字。

(7) 实验结束后，应该对记录是否正确、合理、齐全，平行测定结果是否超差，是否需要重新测定等进行核对。

二、数据处理

1. 可疑测定值的取舍

在一组平行测定所得到的数据中，常常会有个别测定值与其他数据相差较远，这一数据称为可疑测定值又称离群值或逸出值。初学者多倾向于随意舍弃这一可疑值，企图获得精密度较好的分析结果，这样做是不妥的。分析工作者只有在确知实验过程中有错误时，才能舍弃该次的测定结果。否则，就要根据误差理论的规定，决定可疑值的取舍。目前常用的方法有四倍法、Q 检验法、标准偏差法和置信区间法。下面介绍四倍法和置信区间法。

(1) 四倍法：也称做 $4\overline{d}$ 法，用 $4\overline{d}$ 法处理实验数据的步骤如下：

① 将可疑数据除外，求其余测定值的平均值（$\overline{x}_{n-1}$）和平均偏差（$\overline{d}_{n-1}$）。

② 如果 $\dfrac{|可疑数据-\overline{x}_{n-1}|}{\overline{d}_{n-1}}>4$，则舍去此可疑数据，否则，应予以保留。

此法简单但不够严格，只能用来处理一些要求不高的实验数据，适用于 4～8 次测定。

(2) 置信区间检验法：亦称 T 检验法。当可疑数据在置信区间（$\overline{x}\pm\dfrac{ts}{\sqrt{n}}$）以内时，则应保留此数据，否则应舍去。

2. 有效数字运算规则

在定量分析中，记录数据与计算的规则可概括如下：

(1) 记录数据和计算分析结果时，应根据使用仪器的准确度只保留一位可疑数字。

(2) 在运算中弃去多余数字时，应以“四舍六入、五后有数就进一，五后没数看单双”的原则决定进位或弃去。

(3) 几个数相加减时，保留有效数字的位数，决定于小数点后位数最少的一个数，也就是绝对误差最大的一个数。

(4) 几个数相乘时，保留有效数字的位数，决定于有效数字位数最少的一个数，也就是相对误差最大的一个数。

在计算过程中，可以暂时多保留一位可疑数字，得到最后结果时，再弃去多余的数字。

(5) 在重量分析和滴定分析中，测量数据多于四位有效数字时，计算结果只需保留四位有效数字。各种分析方法测量的数据不足四位有效数字时，应按最少的有效数字位数保留。

例如，用无水碳酸钠标定盐酸，得到表 1.3 的结果。

表 1.3　无水碳酸钠标定盐酸结果

项目＼次数	1	2
称瓶＋Na_2CO_3重（第一次读数）	17.8866	17.1874
称瓶＋Na_2CO_3重（第二次读数）	17.4874	17.0731
$W_{Na_2CO_3}/g$	0.3992	0.4143
V_{HCl}/mL	30.06	31.28
$c_{HCl}=\frac{2W_{Na_2CO_3}\times 1000}{V_{HCl}M_{Na_2CO_3}}$	0.2505	0.2499
平均值	0.2502	
相对平均偏差（$\bar{d}$）	$\frac{\lvert 0.2505-0.2502\rvert+\lvert 0.2499-0.2502\rvert}{0.2502}\times 100\%=0.2\%$	

3. 分析结果处理

在分析工作中，最后处理分析数据时，要在校正系统误差和剔除由于明显原因而与其他测定结果相差甚远的那些错误测定结果后进行。

在常规分析（即常量分析实验）中，通常是一个试样平行测定 2～3 次，对测定结果可做如下简单处理：在不超过允许的相对误差范围内（相对平均偏差≤0.1%），取平均值作为测定结果，否则需重做。（在非常规分析和科学研究中，分析结果应按统计学的观点反映出数据的集中趋势和分散程度以及在一定置信度下真实值的置信区间。通常用 n 表示测定次数，用平均值来衡量分析结果的准确度，而用标准偏差来衡量各数据的精密度。）分析结果一般报告四项值：

① 测定次数（n）。

② 每次测定得到的被测组分含量（x_i）。

③ 被测组分含量的平均值（$\bar{x}$）。

④ 相对平均偏差（$\bar{d}$）。

通常填报分析结果的标准是：对于高含量组分（如＞10%）的测定，一般要求分析结果有四位有效数字；对于中含量组分（如 1%～10%）的测定，一般要求三位有效数字；对于微量组分（如＜1%），一般只要求两位有效数字。另外在多数情况下，表示误差时，只需取一位有效数字，最多取两位即已足够。

三、实验报告的书写

实验报告是总结实验情况，分析实验中出现的问题，归纳总实验结果，提高学习能力不可缺少的环节。

独立地书写完整、规范的实验报告，是一名分析人员必须具备的能力和基本功，是信息加工能力的表现。因此，实验结束后，要及时地按要求完成实验报告，并注意不断总结提高。

书写实验报告的用语要科学规范、表达简明、字迹清楚、报告整洁、实验原理部分既要简捷又不能遗漏。实验报告的内容如下：

(1) 实验名称、实验日期。

(2) 实验目的。

(3) 实验原理。例如，滴定分析实验应包括滴定反应式、测定方法、测定条件、化学计量点的 pH、指示剂的选择及使用的酸度范围、终点现象。

(4) 试剂及仪器。包括特殊仪器的型号及标准滴定溶液的浓度。

(5) 实验步骤。简要描述实验过程，按操作的先后顺序，用文字或箭头流程法表示。

(6) 实验数据及处理。采用列表法处理实验数据更为清晰、规范。滴定法和重量分析法常用此法，包括测定次数、数据、平均值、平均偏差、结果计算式等内容。

(7) 实验误差分析。分析误差产生的原因，实验中应注意的问题及某些改进措施。

(8) 问题与讨论。为促进学生对实验原理方法的掌握，培养其分析问题和解决问题的能力，对预习中思考的问题、实验过程中的问题和教材中的思考题，一并进行讨论回答，写入实验报告中。同时便于教师对学生实验及学习情况的了解，及时解决学习中出现的问题。

实验结果的讨论要充分，尽可能多查阅一些有关的文献和教科书，充分运用已学过的知识和分析化学原理，进行深入地探讨，勇于提出自己独到的分析和见解，并欢迎对实验提出改进意见。

第六节　气体钢瓶及其使用

实验室常用的气体如氢气、氧气、氮气、空气、甲烷、乙炔等，为了便于使用贮存和运输，通常将这些气体压缩成为压缩气体或液化气体，灌入耐压钢瓶内。气体钢瓶由无缝碳素钢或合金钢制成的。钢瓶按贮存的气体通常最高压力可分为 15MPa、20MPa、30MPa 三种。最常用 15MPa (150atm) 的气体钢瓶，钢瓶的容量以 40L 最多。使用钢瓶的主要危险是当钢瓶受到撞击或受热时可能发生爆炸。另外，一些气体剧毒，一旦泄漏会造成严重后果。为此，了解钢瓶的基础知识，正确安全地使用各种钢瓶是十分重要的。

一、气体钢瓶的种类和标记

1. 气体钢瓶的种类

(1) 按气体的物理性质划分为：压缩气体（氧、氢及氮、氩、氦等惰性气体）、溶解气体［乙炔（溶解于丙酮中，加有活性炭等)］、液化气体（二氧化碳、一氧化氮、丙烷、石油气等)、低温液化气体（液态氧、液态氮、液态氩等)。

(2) 按气体的化学性质分：可燃气体（氢、乙炔、丙烷、石油气等)、助燃气体

（氧、一氧化二氮等）不燃气体（二氧化碳、氮等）、惰性气体（氦、氖、氩、氪、氙等）。

2. 气体钢瓶的标记

为了安全，便于识别和使用，各种气体钢瓶的瓶身都涂有规定颜色的涂料，并用规定颜色的色漆写上气瓶内容物的中文名称，画出横条标志。表 1.4 为常用的几种气体气瓶标记。

表 1.4　部分气瓶的标记

钢瓶名称	外表颜色	字　　样	字样颜色	横条颜色
氧气瓶	天蓝	氧	黑	—
医用氧气瓶	天蓝	医用氧	黑	—
氢气瓶	深绿	氢	红	红
氮气瓶	黑	氮	黄	棕
纯氩气瓶	灰	纯氩	绿	—
灯泡氩气瓶	黑	灯泡氩气	天蓝	天蓝
二氧化碳气瓶	黑	二氧化碳	黄	黄
氨气瓶	黄	氨	黑	—
氯气瓶	草绿	氯	白	白
乙烯气瓶	紫	乙烯	红	—

二、使用气体钢瓶的注意事项

高压气瓶是专用的压力容器，必须定期进行技术检验。一般气体钢瓶，3 年检验一次。腐蚀性气体钢瓶 2 年检验一次。惰性气体钢瓶每 5 年检验一次。气体钢瓶的安全使用，必须注意以下几点：

（1）高压钢瓶通常应放在实验室外专用房间里，不可露天放置。要求通风良好。远离明火、热源，距离不小于 10m，环境温度不超过 40℃。必须与爆炸物品、氧化剂、易燃物、自然物及腐蚀性物品隔离。

（2）搬运钢瓶要戴上瓶帽和橡皮腰圈。为了保护开关阀，避免偶尔转动，要旋紧钢瓶上的安全帽，移动钢瓶时不能用手执着开关阀，也不能在地上滚动，避免撞击。

（3）钢瓶使用的减压阀要专用。氧气钢瓶使用的减压阀可用在氮气或空气钢瓶上；但用于氮气钢瓶的减压阀如要用在氧气钢瓶上，必须将油脂充分洗净。氢气、乙炔钢瓶减压阀的螺纹一般是反扣的，其余是正扣的。为安全起见，开启气阀时应站在减压阀的另一侧，以免高压气流或阀件射伤人体。

（4）乙炔钢瓶内填充有颗粒状的活性炭、石棉或硅藻土等多孔性物质，再掺入丙酮，使乙炔溶解于丙酮中，15℃压力达 1.5×10^{6} Pa。所以乙炔钢瓶不得卧放，用气速度也不能过快，以防带出丙酮。乙炔易燃、易爆，必须禁止接触火源。乙炔管及接头不能用紫铜材料制作，否则将形成一种极易爆炸的乙炔铜。乙炔钢瓶配有专用减压阀，带有回火装置。开瓶时，阀门不要充分打开，一般不超过 1.5 转，以防止丙酮溢出。钢瓶内乙炔压力低于 0.2MPa 时，不能再用，否则瓶内丙酮沿管通入火焰，导致火焰不稳，噪声加大，影响测定准确度。如果遇乙炔调节器冻结时，可用热气等方法加温，使其逐渐解冻，但不可用火焰直接加热。一旦燃烧发生火灾，严禁用水或泡沫灭火器，要使用干粉、二氧化碳灭火器或干砂扑灭。

（5）钢瓶内气体不能全部用尽，以防其他气体倒灌，新灌气时发生危险。其剩余残压不应小于 9.8×10^5 Pa。

（6）有下列情况之一时必须降压使用或报废。

① 瓶壁有裂纹、渗漏或明显变形的，应报废。

② 经测量最小壁厚，进行强度校核，不能按原设计压力使用的，必须降压使用。

③ 高压气瓶的容积残余变形率大于 10%的，必须报废。

（7）氧气是强烈的助燃气体，纯氧在高温下很活泼。温度不变而压力增加时，氧气可与油类发生强烈反应而引起爆炸。因此氧气钢瓶严禁同油脂接触。氧气钢瓶中绝对不能混入其他可燃气体。钢瓶中压力在 1.0MPa（10atm）以下时，不能再用，应该灌气。

第二章　分析天平与称量

分析天平是精确测定物体质量的计量仪器，也是化学化工实验中常用的仪器．熟练使用分析天平进行称量是分析工作者应具有的一项基本实验技能。

第一节　分析天平

一、分析天平种类和构造原理

1. 分析天平的种类和级别

根据被称量物体的平衡特点，可将天平分为杠杆天平、扭力天平和特种天平。杠杆天平是利用杠杆原理进行称量，测定的结果为物体的质量；扭力天平是利用虎克原理进行称量，测定的结果为物体的重量；而特种天平通常是采用液压原理、电磁作用原理、石英振荡原理等设计制作的天平，电子天平即属此类。

根据天平的结构特点，可将其分为等臂（双盘）天平、不等臂（单盘）天平和电子天平等。

常用分析天平的型号及规格及精确度见表 2.1 和表 2.2。

表 2.1　常用分析天平的型号及规格

种　类	型　号	名　称	规　格
双盘天平	TG—328A	全机械加码电光天平	200g/0.1mg
	TG—328B	半机械加码电光天平	200g/0.1mg
	TG—332A	微量天平	20g/0.01mg
单盘天平	DT—100	单盘精密天平	100g/0.1mg
	DTG—160	单盘精密天平	160g/0.1mg
	BWT—1	单盘微量天平	20g/0.01mg
电子天平	MD100—2	上皿式电子天平	100g/0.1mg
	MD200—3	上皿式电子天平	200g/1mg

表 2.2　分析天平的精确度级别

精确度级别		最大称量与分度值之比	精确度级别		最大称量与分度值之比
Ⅰ	1	$1\times10^7\leqslant n$	Ⅰ	6	$2\times10^5\leqslant n<5\times10^5$
	2	$5\times10^6\leqslant n<1\times10^7$		7	$1\times10^5\leqslant n<2\times10^5$
	3	$2\times10^6\leqslant n<5\times10^6$	Ⅱ	8	$5\times10^4\leqslant n<1\times10^5$
	4	$1\times10^6\leqslant n<2\times10^6$		9	$2\times10^4\leqslant n<5\times10^4$
	5	$5\times10^5\leqslant n<1\times10^5$		10	$1\times10^4\leqslant n<2\times10^4$

注：表中Ⅰ为高精密天平，Ⅱ为精密天平，两者共同构成了 10 个级别，1 级最好，10 级较差。

2. 天平的构造原理

下面以杠杆式机械天平为例介绍天平的构造原理。

杠杆式机械天平是基于杠杆原理制成的一种衡量用的精密仪器，即用已知质量的砝码来衡量被称物体的质量。根据力学原理，设杠杆 ABC（图 2.1）的支点为 B，力点分别在两端 A 和 C 上，两端所受的力分别为 Q 和 P，m_Q表示被称物体的质量。m_P表示砝码的质量。对等臂天平而言，支点两边的臂长相等，即 $L_1=L_2$。当杠杆处于水平平衡状态时。支点两边的力矩也相等。即

$$QL_1 = PL_2$$

因为 $$L_1 = L_2 \quad Q = m_Q \cdot g, \quad P = m_P \cdot g$$

所以 $$m_Q = m_P$$

上式说明，当等臂天处于平衡状态时，被测物体的质量等于砝码的质量，这就是等臂天平的称量原理。

等臂分析天平用三个玛瑙三棱体的锐利的棱边（刀口）作为支点 B（刀口朝下）和力点 A、C（刀口朝上）。这三个刀口必须完全平行并且位于同一水平面上，如图 2.2 中虚线所示。

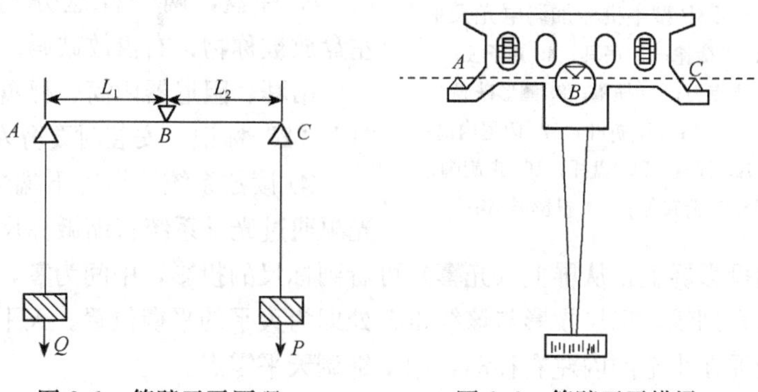

图 2.1　等臂天平原理　　图 2.2　等臂天平横梁

二、分析天平介绍

分析天平的种类很多，本书只介绍常见天平，包括半机械加码分析天平、全机械加码分析天平、单盘电光天平、电子全机械加码分析天平和电子天平。

1. 半机械加码分析天平

(1) 半机械加码分析天平的结构：各种型号和规格的双盘等臂天平，其构造和使用方法大同小异，现以 TG—3288 型半机械加码电光天平为例，介绍这类天平的构造和使用方法。

半机械加码分析天平的外形和结构如图 2.3 所示。

① 横梁：天平横梁是天平的主要构件，一般由铝合金制成。三个玛瑙刀等距安装在梁上。指针用以指示平衡位置。支点刀的后上方装有重心螺丝，用以调整天平的灵

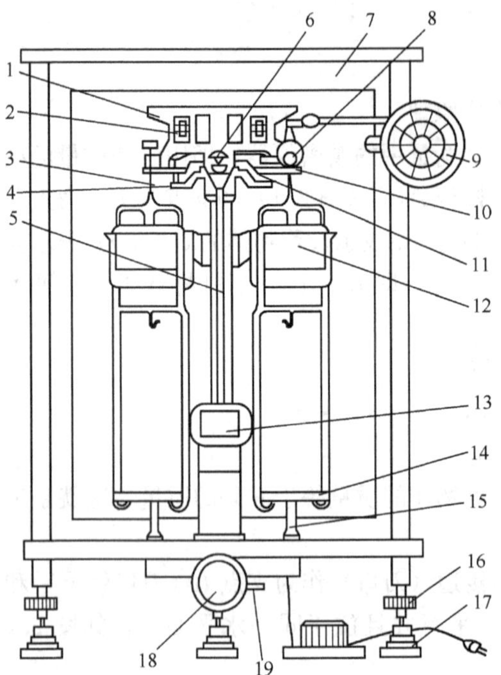

图 2.3　TG—328B 型半机械加码电光天平

1. 横梁；2. 平衡铊；3. 吊耳；4. 翼子板；5. 指针；6. 支点刀；7. 框罩；8. 圈形砝码；9. 指数盘；10. 支柱；11. 折叶；12. 阻尼内筒；13. 投影屏；14. 秤盘；15. 盘托；16. 螺旋脚；17. 垫脚；18. 升降旋钮；19. 投影屏调节杆

敏度。

② 立柱：天平正中是立柱，安装在天平底板上。柱的上方嵌有一块玛瑙平板，与支点刀口相接触。柱的上部装有能升降的托梁架，关闭天平时它托住天平梁，使刀口脱离接触，以减少磨损。柱的中部装有空气阻尼器的外筒。

③ 悬挂系统：

a. 吊耳，它的平板下面嵌有光面玛瑙，与力点刀口相接触，使吊钩及秤盘、阻尼器内筒能自由摆动。

b. 空气阻尼器，由两个特制的铝合金圆筒构成，外筒固定在立柱上，内筒挂在吊耳上。两筒间隙均匀，没有摩擦，开启天平后，内筒能自由上下运动，由于筒内空气阻力的作用使天平横梁很快停摆而达到平衡。

c. 秤盘，两个秤盘分别挂在吊耳上，左盘放被称物，右盘放砝码。

吊耳、阻尼器内筒、秤盘上一般都刻有“1”、“2”标记，安装时要分左右配套使用。

④ 读数系统：指针下端装有缩微标尺，光源通过光学系统将缩微标尺上的分度线放大，再反射到投影屏上，从屏上（光幕）可看到标尺的投影，中间为零，左负右正。屏中央有一条垂直刻线，标尺投影与该线重合处即为天平的平衡位置。天平箱下的投影屏调节杆可将光屏在小范围内左右移动，用于细调天平零点。

⑤ 升降旋钮：位于天平底板正中，它连接托梁架、盘托和光源。开启天平时，顺时针旋转升降旋钮，托梁架即下降，梁上的三个刀口与相应的玛瑙平板接触，吊钩及秤盘自由摆动，同时接通了光源，屏幕上显出标尺的投影，天平已进入工作状态。停止称量时，关闭升降旋钮，则横梁、吊耳及秤盘被托住，刀口与玛瑙平板离开，光源切断，屏幕黑暗，天平进入休止状态。

⑥ 天平脚：天平箱下装有三个脚，前面的两个脚带有旋钮，可使底板升降，用以调节天平的水平位置。天平立柱的后上方装有气泡水平仪，用来指示天平的水平位置。

⑦ 机械加码器：转动圈码指数盘，可使天平梁右端吊耳上加 10～990mg 圈形砝码。指数盘上刻有圈码的质量值，内层为 10～90mg 组，外层为 100～900mg 组。

⑧ 砝码：每台天平都附有一盒配套使用的砝码，盒内装有 1g、2g、2g、5g、10g、20g、20g、50g、100g 的三等砝码共 9 个。标称值相同的砝码，其实际质量可能有微小的差异，所以分别用单点“·”单星“*”、双点“··”或双星“**”

作标记以区别。

我国生产的砝码（不包括机械挂码）过去分为 5 等，其中 1、2 等砝码主要在计量部门作为基准或标准砝码使用；3～5 等为工作用砝码．双盘分析天平上通常配备 3 等砝码。

新修订的国家计量检定规程《砝码》（JJG99—1990）中将砝码按其有无修正值分为两类：有修正值的砝码分为 1、2 等，其质量按标称值加修正值计；无修正值的砝码分为 9 个级别，其质量按标称值计。原来的 3 等砝码与现在的 4 级砝码的精度相近。1～7 级 100g 以下砝码的质量允差列于表 2.3。

表 2.3　各级砝码质量允差表

标称质量值 \ 质量允差/mg(±) \ 准确度级别	1 级 (E_1)	2 级 (E_2)	3 级 (F_1)	4 级 (F_2)	5 级 (M_1)	6 级 (M_2)	7 级 (O)
100g	0.05	0.15	0.5	1.5	5	15	5×10
50g	0.030	0.10	0.30	1.0	3	10	
20g	0.025	0.08	0.25	0.8	2.5	8	
10g	0.020	0.06	0.20	0.6	2.0	6	
5g	0.015	0.05	0.15	0.5	1.5	5	
2g	0.012	0.04	0.12	0.4	1.2	4	
1g	0.010	0.03	0.10	0.3	1.0	3	
500mg	0.008	0.025	0.08	0.25	0.8		
200mg	0.006	0.020	0.06	0.20	0.6		
100mg	0.005	0.015	0.05	0.15	0.5		
50mg	0.004	0.012	0.04	0.12	0.4		
20mg	0.003	0.010	0.03	0.10	0.3		
10mg	0.002	0.006	0.02	0.06	0.2		
5mg	0.002	0.006	0.02	0.06	0.2		
2mg	0.002	0.006	0.02	0.06	0.2		
1mg	0.002	0.006	0.02	0.06	0.2		

砝码产品均附有质量检定证书，无检定证书或其他合格印记的砝码不能使用。砝码使用一定时期（一般为 1 年）后应对其质量进行校准。

砝码在使用及存放过程中要保持清洁，2 等及 4 级以上的砝码不得赤手拿取，要防止划伤或腐蚀砝码表面，应定期用无水乙醇或丙酮擦拭，擦拭时应使用真丝绸布或麂皮，要避免溶剂渗入砝码的调整腔。

(2) 使用方法：分析天平是精密仪器，使用时要认真、仔细，要预先熟悉使用方法，否则容易出错，使得称量不准确或损坏天平部件。

① 检查：拿下防尘罩，叠平后放在天平箱上方，检查天平是否正常，例如，天平是否水平；秤盘是否洁净；圈码指数盘是否在“000”位；圈码有无脱位；吊耳是否错位等。

② 调节零点：接通电源，打开升降旋钮，此时在光屏上可以看到标尺的投影在移动，当标尺稳定后，如果屏幕中央的刻线与标尺上的 0.00 位置不重合，可拨动投影屏调节杆，移动屏的位置，直到屏中刻线恰好与标尺中的“0”线重合，即为零点。如果屏的位置已移到尽头仍调不到零点，则需关闭天平，调节横梁上的平衡螺丝（这一操作由教师进行），再开启天平继续拨动投影屏调节杆，直至调定零点，然后关闭天平，准备称量。

③ 称量：将欲称物体先在架盘药物天平上粗称，然后放到天平左盘中心。根据粗称的数据在天平右盘上加砝码至克位，半开天平，观察标尺移动方向或指针倾斜方向（若砝码加多了，则标尺的投影向右移，指针向左倾斜）以判断所加砝码是否合适及如何调整。克码调定后，再依次调整百毫克组和十毫克组圈码，每次均从中间量（500 或 50mg）开始调节。调定圈码至 10mg 位后，完全开启天平，准备读数。

加减法码的顺序是，由大到小，依次调定，砝码未完全调定时不可完全开启天平，以免横梁过度倾斜，造成吊耳脱落。

④ 读数：砝码调定，关闭天平门，待标尺停稳后即可读数，被称物的质量等于砝码总质量加标尺读数（均以克计）。标尺读数在 9～10mg 时，可再加 10mg 圈码，从屏上读取标尺负值，记录时将此读数从砝码总量中减掉。

⑤ 复原：称量、记录完毕，随即关闭天平，取出被称物，将砝码夹回盒内，圈码指数盘退回到“0.00”位，关闭两侧门，盖上防尘罩。

还需指出的是：按照双盘半机械加码分析天平的缩微标尺，它的灵敏度是每增加 10mg 砝码，天平指针应偏转 98～102 小格，准确地说是偏转 100 小格，因此其分度值为：

$$S = \frac{10\text{mg}}{100\ \text{格}} = 0.1\text{mg/格}$$

分度值为 0.1mg/格的天平，称为万分之一分析天平，TG—328B 型电光天平即属此类。

分析化学教学用的天平，其最大荷载多为 200g，分度值为 0.1mg/格，故分度数 $n=200/0.0001=2\times10^6$。由表 2.2 可知，此类天平级别为 3 级。

2. 全机械加码分析天平

这种天平的砝码都是用机械加码装置添加的。全部砝码分 3 组（10g 以上；1～9g；10～990mg），装在 3 个机械加码转盘的挂钩上，10mg 以下也是从屏幕标尺上直接读数。目前工厂实验室多用这种天平，使用简便，称量速度快，但学生操作时易发生加码器故障。TG—328A 型分析天平系全机械加码电光天平，见图 2.4。

3. 单盘天平

(1) 称量原理：单盘天平分等臂和不等臂两种类型，它们的另一个“盘”被配重体所代替，并隐藏在顶罩内后部，起杠杆平衡作用。为减小天平的外观尺寸，承重臂设计的长度一般短于配重力臂，故市售的单盘天平多为不等臂的。图 2.5 所示的是 DT—100 型不等臂横梁、全机械加码单盘减码式电光天平主体部件示意图。

这种不等臂单盘天平只有两个刀口，一个是支点刀，另一个是承重刀，承载悬挂系统，内含的砝码及秤盘都在同一悬挂系统中。横梁的另一端挂有配重锤并安装了缩微标尺。

天平空载时，砝码都在悬挂系统中的砝码架上。开启天平后，合适的配重锤使天平梁处于平衡状态，当被称物放在秤盘上后，悬挂系统由于增加了质量而下沉，横梁失去原有的平衡，为了保持原有的平衡位置，必须减去一定质量的砝码，即用被称物替代了悬挂系统中的内含砝码，所减去的砝码质量与被称物的质量相当，这就是不等臂单盘天平的称量原理。这种天平的称量方法相当于“替代称量法”。

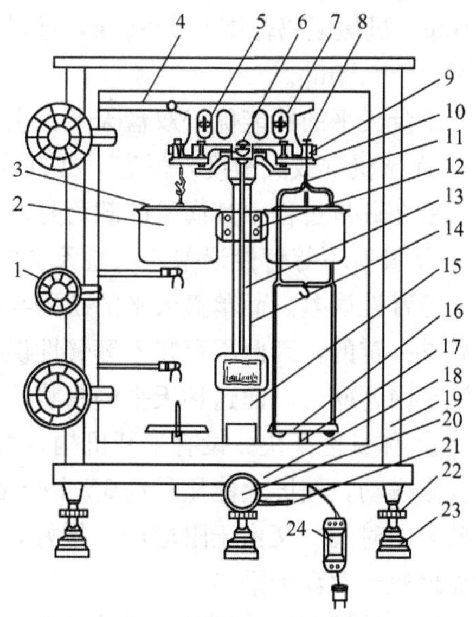

图 2.4　TG—328A 型全机械加码电光天平

1. 指数盘；2. 阻尼器外筒；3. 阻尼器内筒；4. 加码杆；5. 平衡螺丝；6. 中刀；7. 横梁；8. 吊耳；9. 边刀盒；10. 托翼；11. 挂钩；12. 阻尼架；13. 指针；14. 立柱；15. 投影屏座；16. 天平盘；17. 盘托；18. 底座；19. 框罩；20. 开关旋钮；21. 调零杆；22. 调水平底脚；23. 脚垫；24. 变压器

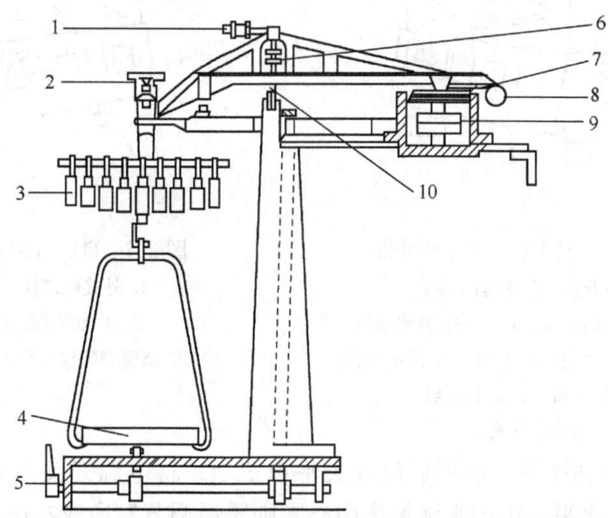

图 2.5　全机械加码单盘减码式电光天平

1. 调平衡螺丝；2. 补偿挂钩；3. 砝码；4. 天平盘；5. 升降钮螺丝；6. 调重心螺丝；7. 空气阻尼片；8. 微分标尺；9. 平衡锤；10. 支点刀及刀承

(2) 性能特点：这种单盘天平的精度等级为 4 级，最大载荷 100g，最小分度值

0.1mg，机械减码范围 0.1～99g，标尺显示范围－15～＋110mg，毫克组砝码的组合误差不大于 0.5mg。

单盘天平的性能优于双盘天平，主要有以下特点：

① 感量（或灵敏度）恒定。杠杆式天平的感量在空载与重载时不完全一致，而单盘天平在称量过程中其横梁的载荷是基本恒定的，因此感量也是不变的。

② 没有不等臂性误差。双盘天平的两臂长度不一定完全相等，因此往往存在一定的不等臂性误差。而单盘天平的砝码与被称物同在一个悬挂系统中，承重刀与支点刀的距离是一定的，因此不存在不等臂性误差。由于采用“替代称量法”，其称量误差主要来源于内含砝码，而这种天平的棒状砝码的精度高，优于 2 等砝码。

③ 称量速度快。设有半开机构，可以在半开状态下调整砝码。横梁在半开状态下可轻微摆动，使屏上能显示约 15 个分度，足以判断调整砝码的方向，明显地缩短了调整砝码的时间。又由于阻尼器效果好，使标尺平衡速度快（约 15s），所以，称量速度明显地快于双盘天平。

(3) 使用方法：天平外形及各操作机构见图 2.6 和图 2.7。使用方法是：

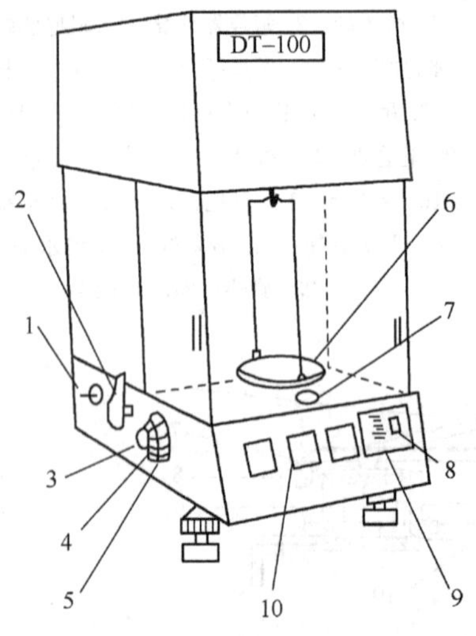

图 2.6 DT—100 型天平左侧外形

1. 电源开关；2. 停动手钮；
3. 0.1～0.9g 减码手轮；4. 1～9g 减码手轮；
5. 10～90.9 减码手轮；6. 称盘；7. 圆水平仪；
8. 微凑数字窗口；9. 投影屏；
10. 减码数字窗口

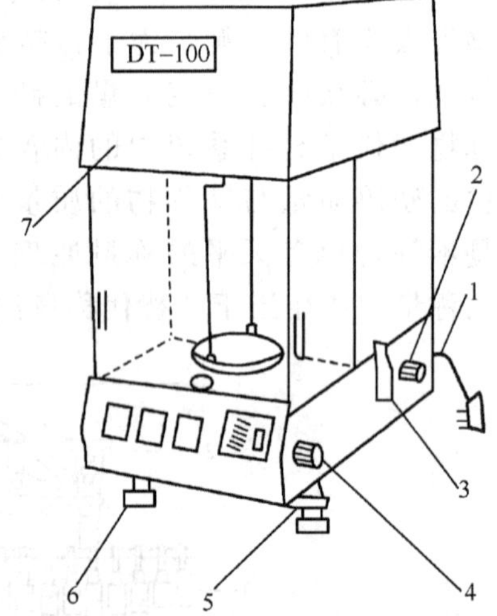

图 2.7 DT—100 型天平右侧外形

1. 外接电源线；2. 零调手钮；
3. 停动手钮；4. 微读手钮；
5. 调整脚螺丝；6. 减震脚垫；7. 顶罩

① 准备：打开防尘罩，叠平后放在天平顶罩上；将电源开关向上扳动；检查天平盘是否干净；如果水平仪中的水泡偏离中心，则缓慢调节左边或右边的调整脚螺丝使水泡位于中心；如果减码数字窗口不为“0”，则调节相应的减码手轮使窗口都显示“0”字；旋动微读手钮，使微读轮上的“0”线对准微读数字窗口左边的指标线。

② 校正零点：停动手钮是天平的总开关，它控制托梁架和光源的微动开关，手钮位于垂直状态时，天平处于关闭状态。将停动手钮缓缓向前转动 90°（即其尖端指向操

作者），天平即处于开启状态，投影屏上显示出缓慢移动的标尺投影，待标尺稳定后，旋动天平右后方的零调手钮，使标尺上的“00”线位于投影屏右边的夹线正中，即已调定零点，关闭天平。

③ 称量：推开天平侧门，放被称物于秤盘中心，关上侧门；将停动手钮向后（即背向操作者）转动约30°（有一停点，勿再用力!），此时天平处于“半开”状态，横梁可摆动15个分度左右，半开状态仅可调整砝码；先转动10～90g减码手轮，同时观察投影屏，当转动手轮至屏中标尺向上移动并显示负值时，随即退回1个数（例如，左边一个窗口的数字由2退为1），此时已调定10g组砝码；如此操作，再依次转动1～9g减码手轮和0.1～0.9g减码手轮以调定1g组和0.1g组砝码；将停动手钮缓缓向前转动至水平状态（天平由半开状态经关闭至全开），待标尺停稳后，再按顺时针方向转动微读手钮使标尺中离夹线最近的一条线移至夹线中央。重复一次关、开天平，若标尺的平衡位置没有改变即可读数。标尺上每一分度为1mg，微读轮转动10个刻度，则标尺准确移动1个分度，微读数字窗口只读1位数（0.1～0.9mg）。读数记录之后，随即关闭天平。

④ 复原：取出被称物，关上侧门，将各数字窗口均恢复为“0”。当天第一次使用天平时，可检查零点有无变化，将电源开关扳至水平状态，盖上防尘罩。

4. 电子天平

电子天平是最新一代的天平，目前应用的主要有顶部承载式（吊挂单盘）和底部承重式（上皿式）两种。尽管不同类型的电子天平的控制方式和电路不尽相同，但其称量原理大都依据电磁力平衡理论。

我们知道，把通电导线放在磁场中时，导线将产生电磁力，力的方向可以用左手定则来判定。当磁场强度不变时，力的大小与流过线圈的电流强度成正比。如果使重物的重力方向向下，电磁力的方向向上，并与之相平衡，则通过导线的电流与被称物体的质量成正比。

（1）电子天平结构：秤盘通过支架连杆与线圈相连，线圈置于磁场中。秤盘及被称物体的重力通过连杆支架作用于线圈上，方向向下。线圈内有电流通过，产生一个向上作用的电磁力，与秤盘重力方向相反，大小相等。位移传感器处于预定的中心位置，当秤盘上的物体质量发生变化时，位移传感器检出位移信号，经调节器和放大器改变线圈的电流直至线圈回到中心位置为止。通过数字显示出物体的质量（图2.8和图2.9）。

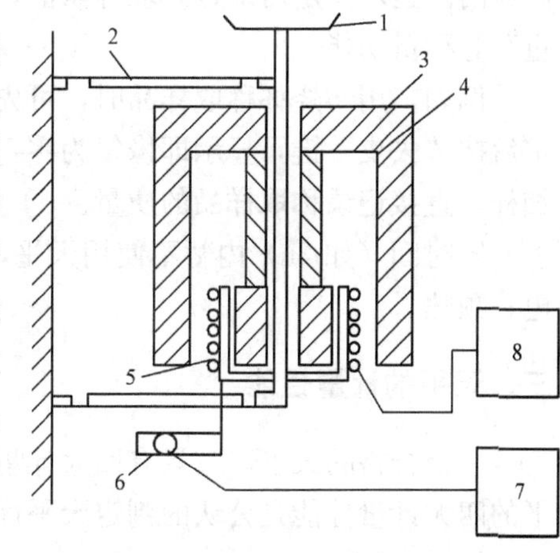

图2.8　电子天平结构示意图

1. 秤盘；2. 簧片；3. 磁钢；4. 磁回路体；5. 线圈及线圈架；6. 位移传感器；7. 放大器；8. 电流控制电路

（2）性能特点：

① 电子天平支撑点采用弹性簧片，没有机械天平的宝石或玛瑙刀，取消了升降框装置，采用数字显示方式代替指针刻度式显示。使用寿命长，性能稳定，灵敏度高，操作方便。

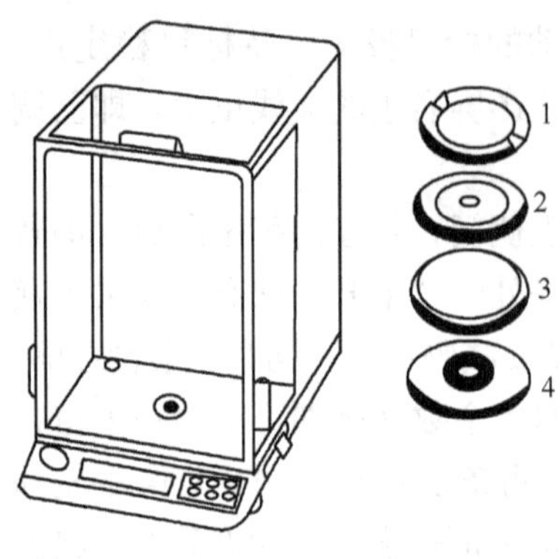

图 2.9　电子天平外形及相关部件
1. 秤盘；2. 盘托；
3. 防风环；4. 防尘隔板

② 电子天平采用电磁力平衡原理，称量时全量程不用砝码。放上被称物后，在几秒钟内即达到平衡，显示读数，称量速度快，精度高。

③ 有的电子天平具有称量范围和读数精度可变的功能，如瑞士梅特勒 AE240 天平，在 0～205g 称量范围，读数精度为 0.1mg，在 0～41g 称量范围内，读数精度 0.01mg。可以一机多用。

④ 分析及半微量电子天平一般具有内部校正功能，天平内部装有标准砝码，使用校准功能时，标准砝码被启用，天平的微处理器将标准砝码的质量值作为校准标准，以获得正确的称量数据。

⑤ 电子天平是高智能化的，可在全量程范围内实现去皮重、累加，超载显示、故障报警等。

⑥ 电子天平具有质量电信号输出，这是机械天平无法做到的。它可以连接打印机、计算机，实现称量、记录和计算的自动化。同时也可以在生产、科研中作为称量、检测的手段，或组成各种新仪器。

(3) 电子天平的使用方法如下：

① 使用前检查天平是否水平，调整水平。

② 称量前接通电源预热 30min。

③ 校准：首次使用天平必须先校准；将天平从一地移到另一地使用时或在使用一段时间（30 天左右）后，应对天平重新校准，为使称量更为精确，亦可随时对天平进行校准，校准可按说明书，用内装校准砝码或外部自备有修正值的校准砝码进行。

④ 称量：按下显示屏的开关键，待显示稳定的零点后，将物品放到秤盘上，关上防风门。显示稳定后即可读取称量值，操纵相应的按键可以实现“去皮”、“增重”、“减重”等称量功能。

例如，用小烧杯称取样品时，可先将洁净干燥的小烧杯放在秤盘中央，显示数字稳定后按“去皮”键，显示即恢复为零，再缓缓加样品至显示出所需样品的质量时，停止加样，直接记录称取样品的质量。

短时间（如 2h）内暂不使用天平，可不关闭天平电源开关，以免再使用时重新通电，预热。

三、天平的计量性能

一台合格的天平，应具有四大计量特性，即稳定性、正确性、变动性和灵敏性。天平的四大计量性能是公认的判定天平优劣的标准。

1. 天平的稳定性

天平的稳定性就是指天平在其受到扰动后，能够自动回到它们的初始平衡位置的能力。就拿 BL-P 系列精密天平来说，其平衡位置总是通过模拟指示或数字指示的示值来表现的，所以，一旦对电子天平施加某一瞬时的干扰，虽然示值发生了变化，但干扰消除后，天平又能回复到原来的示值，则我们称该电子天平是稳定的。一台电子天平，其天平的稳定性是天平可以使用的首要判定条件，不具备天平稳定性的电子天平根本不能使用。

2. 天平的正确性

天平的正确性就是天平示值的正确性，它表示天平示值接近（约定）真值的能力；从误差角度来看，天平的正确性，就是反映天平示值的系统误差大小的程度。

对于杠杆式天平，天平的正确性主要表现在天平臂比的正确性。但是，无论是机械天平，还是电子天平，天平的正确性还表现在天平的模拟标尺或数字标尺的示值正确性，以及由于在天平衡量盘上各点放置载荷时的示值正确性。

3. 天平示值的变动性

天平示值的不变性，是指天平在相同条件下，多次测定同一物体，所得测定结果的一致程度。

4. 天平的灵敏性

天平的灵敏性，就是天平能觉察出放在天平衡量盘上的物体质量改变量的能力。天平的灵敏性，可以通过角灵敏度，或线灵敏度，或分度灵敏度，或数字（分度）灵敏度来表示。对于电子天平，主要是通过分度灵敏度，或数字（分度）灵敏度来表示的。天平能觉察出来的质量改变量越小，则说明天平越灵敏，可见对于电子天平来说，天平的灵敏度依然是判定天平优劣的重要性能之一。

分析天平必须具有足够的灵敏度。天平的灵敏度是指在一个秤盘上增加一定质量时所引起指针偏转的程度，一般以分度/mg 表示。指针倾斜程度大表示天平的灵敏度高。设天平的臂长为 L，d 为天平横梁的重心与支点间的距离，m 为梁的质量，a 为在一个盘上加 1mg 质量时引起指针倾斜的角度，它们之间存在如下关系：

$$a = L/(m \cdot d)$$

a 即为天平的灵敏度。由上式可见，天平梁越轻，臂越长，支点与重心间的距离越短（即重心越高），则天平的灵敏度越高。天平的灵敏度还可用感量或分度值表示，它们之间的关系如下：

感量＝分度值＝1/灵敏度

对于一台天平而言，横梁臂长及质量是一定的，所以只能通过调整重心螺丝的高度，来适当改善并得到合适的灵敏度。

实际上，天平灵敏度在很大程度上取决于三个玛瑙道口的重量。若道口锋利，天平摆动时天平摩擦小，灵敏度也高；若道口缺损，不论如何移动重心螺丝，也不能显著提高灵敏度。因此，在使用天平时，应特别注意保护玛瑙刀口，不得损伤。

四、分析天平的称量

1. 分析天平的使用规则

（1）称量前，先将天平罩取下叠好。检查天平时候出于平衡状态。盘上有无污垢，必要时用软毛刷清扫干净，检查天平各部件是否正常，调节天平的零点。

（2）旋转升降枢纽时必须缓慢，轻开轻关，即可防止脱蹬，又能保护玛瑙道口。取放物体、加减砝码和游码时必须关闭天平，托起横梁，以免损坏玛瑙道口。

（3）称量时应先关好两个侧门，天平前门不要随便打开，以防呼出的热量、水蒸气和二氧化碳气流影响称量，他主要供装调天平使用。

（4）热的或冷的物体不能直接进天平称量，要先放在干燥器中冷至室温后再称量。样品不能直接放进称盘上，应根据其性能选用称量瓶，表面皿或硫酸纸等进行称量。

（5）砝码应放在砝码盒的固定位置上，取用砝码时必须用镊子来取，不能用手直接拿取，以免污染砝码，使其重量不准。加减砝码的原则一般是“由大至小，折半加入”，可以用砝码盒的空穴读出砝码的重量，然后在归回砝码时再读一遍。

（6）决不能使天平载重超过最大负载。

（7）称量数据应即使写在记录本上，不能写在纸片或其他地方。

（8）称量完毕，应检查天平是否已托起，砝码是否齐全，天平内外是否清洁。关好天平门，电光天平还应检查指数盘是否拨回零位，切断电源，然后罩好护罩。

（9）天平安装好后不准随便乱动，应保持天平处于水平状态。为了防潮，天平箱内应放有吸湿用的干燥剂，如变色硅胶。吸湿剂应定期检查是否失效，应保持良好的吸湿性能。

2. 分析天平的称量方法

根据不同的称量对象，需采用相应的称量方法。对机械天平而言，大致有如下几种常用的称量方法。

（1）直接法：天平零点调定后，将被称物直接放在秤盘上，所得读数即为被称物的质量。若平衡点与零点不重合，即加 1mg 游码时，平衡点落在零点的左方；减少 1mg 游码，平衡点落在零点的右方附近，可由灵敏度计算出该物质的重量。这种称量方法适用于称量洁净干燥的器皿、棒状或块状的金属及其他整块的不易潮解或升华的固体样品。注意，不得用手直接取放被称物，而可采用戴汗布手套、垫纸条、用镊子或钳子等适宜的办法。

（2）减量法（差减法）：对称量重量不固定在某数值，只需要求在某一范围内，时常采用差减法。

取适量待称样品置于一干燥洁净的容器（称量瓶、纸簸箕、小滴瓶等）中，在天平上准确称量后，取出欲称取量的样品置于实验器皿中，再次准确称量，两次称量读数之差，即为所称得样品的质量。如此重复操作，可连续称取若干份样品。这种称量方法适用于一般的颗粒状、粉末状试剂或试样及液体试样及对易吸收水、易被氧气或二氧化碳作用的物质的称量。

称量瓶的使用方法：称量瓶（图 2.10）是减量法称量粉末状、颗粒状样品最常用的容器，用前要洗净烘干，用时不可直接用手拿，而应用纸条套住瓶身中部，用手指捏紧纸条进行操作，这样可避免手汗和体温的影响。先将称量瓶放在台秤上粗称，然后将瓶盖打开放在同一秤盘上，根据所需样品量（应略多些）向右移动游码或加砝码，用药勺缓缓加入样品至台秤平衡，盖上瓶盖，再拿到天平上准确称量并记录读数，拿出称量瓶，在盛接样品的容器上方打开瓶盖并用瓶盖的下面轻敲称量瓶口的右上部，使样品缓缓倾入容器（图 2.11）。估计倾出的样品已够量时，再边敲瓶口边将瓶身扶正，盖好瓶盖后方可离开容器的上方，再准确称量。如果一次倾出的样品质量不够，可再次倾倒样品，直至倾出样品的量满足要求后，再记录第二次天平称量的读数。

图 2.10 称量瓶

图 2.11 倾出试样的操作

（3）固定重量称量法（增量法）：直接用基准物质配制标准滴定溶液时，有时需要配成一定浓度值的溶液，这就要求所称基准物质的质量必须是一定的，例如，配制 100mL 含钙 1.000mg · mL^{-1}的标准滴定溶液，必须准确称取 0.2497g$CaCO_3$基准试剂。称量方法是：准确称量一洁净干燥的小烧杯（50 或 100mL），读数后再适当调整砝码，在天平半开状态下，小心缓慢地向烧杯中加 $CaCO_3$ 试剂，直至天平读数正好增加 0.2497g 为止。这种称量操作的速度很慢，适用于不易吸潮的粉末状或小颗粒（最大颗粒应小于 0.1mg）样品。

（4）液体样品的称量：液体样品的准确称量比较麻烦。根据不同样品的性质有多种称量方法，现就主要的称量方法予以简单介绍。

① 性质较稳定、不易挥发的样品可装在干燥的小滴瓶中用减量法称取，应预先粗测每滴样品的大致质量。

② 较易挥发的样品可用增量法称量。例如，称取浓 HCl 试样时，可先在 100mL 具塞锥形瓶中加 20mL 水，准确称量后，加入适量的试样，立即盖上瓶塞，再进行准确称量，然后即可进行测定（例如，用 NaOH 标准滴定溶液滴定 HCl）。

③ 易挥发或与水作用强烈的样品需要采取特殊的方法进行称量。例如，冰乙酸样品可用小称量瓶准确称量，然后连瓶一起放入已盛有适量水的具塞锥形瓶，摇开称量瓶盖，样品与水混匀后进行测定。发烟硫酸及浓硝酸样品一般采用直径约 10mm、带毛细管的安瓿球称取。已准确称量的安瓿球经火焰微热后，毛细管尖插入样品，球泡冷却后

可吸入 1～2mL 样品，用火焰封住管尖后准确称量。将安瓿球放入盛有适量水的具塞锥形瓶中，摇碎安瓿球，样品与水混合并冷却后即可进行测定。

五、分析天平的常见故障及排除方法

分析天平的操作和维护是一项复杂而又细致的工作，需要掌握专门的知识。若在操作过程中出现故障，在未掌握一定的技术之前，不应乱调乱动，如果需要检修，应由专门人员进行修理。然而，作为经常使用天平的分析人员也应会针对天平的一般故障，寻找产生的原因，及时排除，以保证分析工作正常进行。表 2.4 列出了等臂双盘天平常见故障及排除方法。

表 2.4 等臂双盘天平常见故障及排除

天平故障	产生原因	修理方法
开启天平后灯泡不亮	1. 插销或灯泡接触不良 2. 灯泡坏 3. 由升降枢控制的微动开关触点长锈，接触不良或未接触上	1. 检查插头、小变压器接头、灯座 2. 更换灯泡 3. 卸下天平梁、挂码等活动零件，横放天平（注意，勿压坏玻璃框），修理微动开关
光幕上光线暗淡或有黑影缺陷	1. 光源与聚光管不在一条直线上 2. 第一、二反射镜位置不对	1. 使灯常亮（便于调节），取下灯光罩，调整灯座位置使小灯泡射出最亮光，再插上聚光管，调整聚光管前后位置，使 40mm 处成一圆形光最亮为止 2. 调动第一反射镜角度使光充满窗
标尺刻度模糊	1. 物镜焦距不对 2. 第一、二反射镜角度不对 3. 跳针引起开启天平时标尺模糊	1. 拧松物镜固定螺丝，把物镜筒推前，再渐渐向后推动至标尺清晰为止，拧紧固定螺丝 2. 拧动第一反射镜的调节钮 3. 调跳针
横梁摆动受阻：开启天平后，指针不摆动或摆动不灵活，光电天平的标尺时动时不动，或摆到某一位置突然受阻	天平活动部分和固定部分发生摩擦引起，主要有 1. 不水平 2. 活动阻尼筒与固定阻尼筒之间有纸毛或摩擦 3. 吊耳与刀盒或翼子板间相碰 4. 指针微分标牌与物镜相碰 5. 盘托杆与孔壁摩擦，盘托落不下去 6. 圈码和加码槽或加码杆及钩相碰，或圈码变形导致相碰	1. 检查并调整水平，必要时另取一水平仪放于天平，底板上校检天平的水平泡 2. 刷去内外阻尼筒的灰尘杂物；将内筒旋转 180 再挂上试之；从上部观察两阻尼筒之间的间隙，松开固定外阻尼筒的螺丝，移动外筒位置，使内外筒间隙相等后紧固 3. 调动支放吊耳的顶尖 4. 移动物镜使其不相碰 5. 检查盘托是否左右放错，修整盘托杆使其光滑易下落 6. 调整加码杆的高低长短位置，细致纠正加码钩的位置；整复圈码
加码器失灵	1. 加码器指数盘互相摩擦产生连动 2. 加码杆起落失灵	1. 拧松固定螺丝，略向外移动小指数盘，再拧紧螺丝 2. 取下加码装置的外罩，检查是否有螺丝松动或位置不对，调整之，适当上机油

续表

天平故障	产生原因	修理方法
天平灵敏度过高或过低（即感量过小或过大）	1. 天平梁的重心过高或过低 2. 天平刀刃磨损变钝，使灵敏度降低	1. 略微调整重心螺丝的高低，调一次测一次平衡位置及分度值，至合适为止 2. 此时提高重心螺丝无效，只能更换刀子
无刀缝（易使天平刀刃损坏及产生变动性）		调节翼子板上支放横梁的螺丝及支放吊耳的顶尖螺丝，使中刀缝为 0.25～0.3mm，边刀缝为 0.15～0.2mm
变动性大，检定变动性超出允许误差（1 分度），或在称量前后零点变动超过 1 分度	1. 外因引起的变动性包括：天平桌不稳、天平受震动，阳光、暖气等使室内温度改变，开关过猛，称过冷、过热的物体等 2. 刀垫不平或光洁度不够，刀刃不平或有严重崩缺 3. 刀刃或刀垫上灰尘过多 4. 阻尼筒间有脏物，阻尼筒四周间隙不一样大 5. 横梁上部件松动，如重心砣、感量砣、指针、微分标牌等松动 6. 安装不符合要求，如上述的刀缝不合适，跳针、耳折、带针、盘托过高，二刀刃不平行 7. 立柱不正，刀垫安装不水平，立柱松动，翼子板松动	1. 采取相应措施消除 2. 更换新刀 3. 可用软毛刷刷去，用麂皮或酒精棉轻擦刀垫和刀刃 4. 清洁阻尼筒并调整位置 5. 小心紧固螺丝 6. 修理安装上的毛病 7. 检查立柱及刀垫，调整紧固翼子板的螺丝

第二节　分析天平实训项目

项目一　灵敏度的测定

（一）实训目的

（1）熟悉天平各部件的名称和用途。

（2）学会分析天平和砝码的使用规则及使用方法。

（3）掌握测定分析天平的零点和灵敏度的方法。

（二）实训仪器

阻尼天平或半自动电光天平。

（三）实训步骤

1. 零点的测定

（1）按天平操作规则，先将天平调到水平，然后轻轻地启动天平升降枢钮，指针稳定后（约 0.5min），读出天平的零点，关好天平。过十几秒钟，再重复测定 3～5 次。零点宜在标牌正中“0”或“10”附近。若偏离太远，以平衡螺丝调平后测定。

（2）电光天平的零点测定是将标牌“0”刻度与投影屏固定刻线利用平衡螺丝和旋钮下的板手调重合。然后同上法测定 3～5 次。

2. 灵敏度的测定

(1) 空盘灵敏度的测定：用镊子镊取游码，移动游码杆，将游码放在游码标尺右边刻度1处，慢慢启动天平，记下平衡点。同样，将游码放在游码标尺左边刻度1处，记下平衡点。由平衡点和零点平均值计算空盘左右灵敏度。

(2) 载重灵敏度的测定：用镊子镊取两个20g砝码分别放在天平盘中，读出平衡点。再将游码放在游码标尺右边刻度1处，读出平衡点。由两平衡点之差计算载重灵敏度。

(四) 实训报告

实验报告示如表2.5所示。

表2.5 实验报告示例

次　　数	1	2	3	4	5	6	7	8	9	10
天平零点/格	0.3	0.4	0.5	0.5	0.4	0.3	0.4	0.3	0.3	0.4
天平零点平均值/格	0.4									
游码放在右盘时的平衡点/格	2.4									
空盘右边灵敏度/(格/mg)	2.4−0.4=2.0									
载重20g时的平衡点/格	0.2									
游码放在右盘的平衡点/格	2.9									
载重20g时的灵敏度/(格/mg)	2.9−0.2=2.7									

(五) 思考题

(1) 把物体或砝码从秤盘上取下或放上，为什么必须把天平关好？

(2) 天平称量时，通常只准开天平的左右边门，不得开前门，为什么？读数时，如果没有关好天平门，会引起什么后果？

项目二　直接称量法练习

(一) 实训目的

(1) 了解并熟悉双盘半机械加码电光天平的构造。

(2) 学会调节天平的水平和零点。

(3) 掌握直接称量法的一般程序。

(4) 养成正确、及时、简明记录实验原始数据的习惯。

(二) 实训原理

见第二章第一节中的有关内容。

(三) 仪器设备

仪器：分析天平、托盘天平、表面皿、小烧杯、称量瓶、瓷坩埚。

(四) 实训步骤

(1) 练习天平水平和零点的调节。

(2) 用托盘天平粗称称量瓶、小烧杯及称量瓶、瓷坩埚的质量。

(3) 在分析天平上用直接称量法分别称量称量瓶、小烧杯及称量瓶、瓷坩埚的质量。

(五) 数据记录（表 2.6）

表 2.6　直接称量法数据记录格式示例

物　品	表 面 皿	小 烧 杯	称 量 瓶	瓷 坩 埚
质量/g				
称量后天平零点/格				

(六) 注意事项

(1) 调节水平时应注意不要将旋转方向旋反，且应边调边观察，否则可能会将天平的脚调离底垫。

(2) 调节平衡调节螺丝时，应先将天平关闭。

(3) 天平打开时不要有任何动作，以免损坏天平。

(4) 未近平衡时天平只能半开。

(5) 读数或看零点时，天平的升降枢纽必须完全打开。

(6) 读数或看零点时，要关闭天平的左右侧门。

(七) 思考题

(1) 使用天平前要对天平进行检查，应做哪些检查？

(2) 为了保护天平的刀刃应注意哪些问题？

(3) 在什么情况下应该使用直接称量法？

项目三　差减法称量法练习

(一) 实训目的

(1) 熟练掌握差减称量法的一般程序。

(2) 学会用称量瓶敲样的动作和差减法操作。

(3) 经过练习做到熟练地使用天平。

(二) 实训原理

见第二章第一节中的有关内容。

(三) 仪器药品

双盘半机械加码电光天平、托盘天平、称量瓶、瓷坩埚、邻苯二甲酸氢钾。

(四) 实训步骤

用减量称量法称取 0.2～0.3g 邻苯二甲酸氢钾试样：

(1) 先用纸条取一洁净的称量瓶，装入邻苯二甲酸氢钾在托盘天平上粗称量试样。

(2) 然后再在分析天平上准确称量，得其质量（试样＋称量瓶）为 m_1。

(3) 按要求将试样小心转移到已编号的小烧杯中（0.2～0.3g），再称其质量（剩余量＋称量瓶）为 m_2，两次质量之差即为所要称取的试样重。这叫减量称量法（也叫差减法）。若需要，可继续用相同的方法取第二份、第三份……试样。

(五) 数据记录（表 2.7）

表 2.7 差减称量法数据记录格式示例

记录项目	第一份	第二份	第三份
倾出样品前称量瓶＋样品/g	m_1	m_2	m_3
倾出样品后称量瓶＋样品/g	m_2	m_3	m_4
倾出样品质量/g	m_1-m_2	m_2-m_3	m_3-m_4

(六) 注意事项

(1) 称量前要做好准备工作（调水平，检查各部件是否正常，清扫，调零点）。

(2) 拿取称量瓶时必须借助纸条或戴手套。

(3) 敲样过程中称量瓶口不能碰接受容器。

(七) 思考题

(1) 差减法称量调天平时未调零，对称量结果是否有影响？

(2) 天平梁没有托住时，可否在天平盘上取放物品？

(3) 在什么情况下应该使用减量称量法？

项目四 固体称量法练习

(一) 实训目的

(1) 熟悉双盘半机械加码电光天平的构造。

(2) 熟练掌握固定称量法的方法与步骤。

(二) 实训原理

见第二章第一节中的有关内容。

(三) 仪器药品

双盘半机械加码电光天平、托盘天平、小烧杯、角匙、称量瓶、NaCl、$CaCO_3$。

(四) 实训步骤

(1) 在分析天平上准确称小烧杯的质量。

(2) 在右边加一定质量的圈码或砝码。

(3) 用牛角匙将 NaCl 慢慢地加到小烧杯中，直到天平的平衡点与称量表面皿时的平衡点一致，此时称取的 NaCl 质量为圈码或砝码的质量。

(4) 用同样法称取 0.3014g$CaCO_3$固体三份。

(5) 计算样品质量。

(五) 数据记录（表 2.8）

表 2.8 固定称量法数据记录格式示例

记录项目	1	2	3	4
小烧杯＋样品质量/g				
空小烧杯质量/g				
样品质量/g				
称量后天平零点/格				

(六) 注意事项

(1) 试重时天平只能半开。

(2) 加样时注意不要碰到天平，若发生样品的洒落应及时清扫。

(3) 质量相差很小（在标尺范围内）时，天平应全开。

(七) 思考题

(1) 在什么情况下应该使用固定质量称量法?

(2) 使用天平时，为什么要强调先关闭天平，再加减物体或砝码? 否则会引起什么后果?

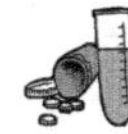

项目五　液体称量法练习

(一) 实训目的

(1) 熟练掌握天平的使用方法。

(2) 掌握液体样品的称量方法。

(二) 实训原理

见第二章第一节中的有关内容。

(三) 仪器药品

双盘半机械加码电光天平、托盘天平、滴瓶、容量瓶、磷酸。

(四) 实训步骤

(1) 称出装有磷酸样品的滴瓶的质量。

(2) 从滴瓶中取出 10 滴磷酸于接受器中，称出取样后滴瓶的质量，计算 1 滴磷酸的质量。

(3) 按上面计算的 1 滴磷酸的质量，算出 1.5g 磷酸的滴数。

(4) 加入相应量的磷酸，称量其质量，以同样方法再称取磷酸样品 2～3 份。

(5) 计算样品质量。

(五) 数据记录（表 2.9）

表 2.9　液体称量法数据记录格式示例

记录项目	1	2	3	4
滴瓶＋磷酸样品质量/g				
取出磷酸后滴瓶＋磷酸样品质量/g				
磷酸样品质量/g				
称量后天平零点/格				

(六) 注意事项

(1) 称量前要检查滴管的胶帽是否完好，否则应换胶帽。

(2) 滴瓶的外壁必须干净、干燥。

(3) 从滴瓶中取出滴管时，必须将下端所挂溶液靠去，否则会造成磷酸样品溶液的洒落。

(4) 加磷酸样品到容量瓶中时，注意滴管不要插入到容量瓶中，更不能碰容量瓶的瓶口或瓶内壁。

(5) 不能将滴管倒置，否则会弄脏磷酸样品。

(七) 思考题

(1) 浓氨水、浓硫酸、发烟硫酸的称量可分别用什么容器来进行称量?

(2) 电光分析天平称量前一般要调好零点，如未调到0，能否进行称量?

第三章　实验室一般溶液与试剂的配制

第一节　溶液浓度表示方法

溶液是由两种或多种组分所组成的均匀体系。所有溶液都是由溶质和溶剂组成的，溶剂是一种介质，在其中均匀的分布着溶质的分子或离子。溶剂和溶质的量十分准确的溶液叫标准滴定溶液，而把溶质在溶液中所占的比例称作溶液的浓度。

根据用途的不同，溶液浓度有多种表示方法如物质的量浓度、质量摩尔浓度、质量分数、重量百分浓度、体积百分浓度等。

一、物质的量浓度

单位体积溶液中所含溶质 B 的物质的量，称为溶液的物质的量浓度。用 c_B表示。

$$c_B = \frac{n_B}{V}$$

式中　c_B——体积摩尔浓度，mol/L；

n_B——溶质 B 的物质的量，mol；

V——溶液的体积，常用 L。

例如，1L 溶液中含有纯 H_2SO_4 98g，$c_{H_2SO_4}=1mol/L$，0.5L 溶液中含 NaOH40g，$c_{NaOH}=2mol/L$。

二、质量摩尔浓度

单位重量溶剂 A 中所含溶质 B 的物质的量，称为溶液的质量摩尔浓度。用 b_B表示。

$$b_B = \frac{n_B}{m_A}$$

式中　b_B——质量摩尔浓度，mol/kg；

n_B——溶质 B 的物质的量，mol；

m_A——溶剂 A 的质量，常用 kg。

例如，40gNaOH 固体溶于 100g 水中制成的 NaOH 溶液，其质量摩尔浓度是 10mol/kg。

三、质量分数

溶质 B 的质量与溶液的质量之比称为溶质 B 的质量分数。用 ω_B表示。

$$\omega_B = \frac{m_B}{m}$$

式中　ω_B——溶质 B 的质量分数；

m_B——溶质 B 的质量；

m——溶液的质量。

例如，10gNaOH 固体溶于 90g 水中制成的 NaOH 溶液，其质量分数是 0.1 或 10%。

四、体积百分浓度

100mL 溶液中所含溶质的体积（mL）数，如 95%乙醇，就是 100mL 溶液中含有 95mL 乙醇和 5mL 水。

五、体积比浓度

体积比浓度是指用溶质与溶剂的体积比表示的浓度。如 1∶1 盐酸，即表示 1 体积量的盐酸和 1 体积量的水混合的溶液。

六、滴定度

详见第四章第一节。

第二节　一般酸、碱、盐溶液的配制

实验室中一般使用的酸、碱及盐溶液的浓度不需要十分准确。配制时，固体试剂用台秤（即托盘天平）称量；液体试剂用量筒量取；有时溶液的体积还可根据所用的烧杯、试剂瓶的容积等来估计。在分析实验室中常用下列几种方法进行溶液的配制。

一、酸溶液的配制

1. 用市售的浓酸（已知百分浓度和密度）配制成一定物质的量浓度的溶液

【例 3.1】 如何用浓 HCl（密度 1.18，36%）配制 1L2mol/LHCl 溶液？

解：设取浓 HCl VmL。有两种计算方法：

第一种方法：利用稀释前后溶液中溶质的量不变。

$$V \times 1.18 \times 36\% = 2 \times 36.46 \times 1$$

$$V = 172(\mathrm{mL})$$

第二种方法：先计算出浓 HCl 溶液的物质的量浓度

$$(1000 \times 1.18 \times 36\%)/36.46 = 11.6\mathrm{mol/L}$$

因稀释前后溶液中溶质的物质的量不变，

$$11.6 \times V = 2 \times 1000$$

$$V = 172(\mathrm{mL})$$

用量筒取浓 HCl172mL，用水冲稀至 1L，即得所需溶液。

2. 酸溶液的稀释

【例 3.2】 如何用 2mol/LHCl 溶液配制成 1L0.1mol/LHCl？

解：设 取 2mol/L HCl V mL，则

$$2 \times V = 0.1 \times 1000$$
$$V = 50(\text{mL})$$

用量筒取 2mol/L HCl 50mL，用水稀释至 1L，即得所需溶液。

3. 酸溶液的增浓

【例 3.3】 现有 1L1mol/L HCl，欲配制成 2.5mol/L HCl 溶液，需加入浓 HCl（12mol/L）多少毫升？

解：设 取浓 HCl V mL，则

$$2.5(1000 + V) = 1 \times 1000 + 12 \times V$$
$$V = 158(\text{mL})$$

用量筒取 158mL 12mol/L HCl，倒入 1L1mol/L HCl 溶液中，即得所需溶液。

二、碱溶液的配制

在台秤或托盘天平上称出所需的碱，溶于适量水中，再稀释到所需的体积。

例如，配制 1L 2mol/L NaOH 溶液，称取 80g 固体 NaOH，溶于适量水中，因溶解时发热，待冷却后，稀释至 1L。

氨溶液的配制是量取所需浓氨水，再加水稀释。

三、盐溶液的配制

配制大多数盐溶液时，在台秤或托盘天平上称取一定量的试剂溶于适量水中，再加水稀释。但是有一些易水解的盐，配制溶液时，需加入水或稀酸稀释；如 $FeCl_3$、$SnCl_2$ 等盐溶液的配制时，常在盐溶液中加入少量盐酸，以抑制 Fe^{3+}、Sn^{2+} 等的水解防止溶液出现浑浊现象，减少盐溶液杂质。有些易被氧化或还原的盐，常在使用前临时配制，或采取措施，防止氧化或还原。现将分析中常用的几种配制方法举例说明如下：

（1）配制 1L0.1mol/L$CuSO_4$ 溶液，称取 25g$CuSO_4 \cdot 5H_2O$，溶于适量水中，再用水稀释至 1L。

（2）配制 1L0.1mol/L$FeCl_3$ 溶液，称取 270g $FeCl_3 \cdot 6H_2O$，溶于适量的含有 20mL 浓 HCl 的水中，再用水稀释至 1L。

（3）配制 1L0.1mol/L $Fe(NO_3)_3$ 溶液，称取 404g $Fe(NO_3)_3 \cdot 9H_2O$，溶于适量的含有 20mL 浓 HNO_3 的水中，再用水稀释至 1L。

（4）配制 1L0.1 mol/L $FeNH_4(SO_4)_2$ 溶液，称取 48g $FeNH_4(SO_4)_2 \cdot 12H_2O$，加热溶于适量水中，再加入 20mL1∶1$H_2SO_4$，再用水稀释至 1L。

（5）配制 1L0.1mol/L $Fe(NH_4)_2(SO_4)_2$ 溶液，称取 39g $Fe(NH_4)_2(SO_4)_2 \cdot 6H_2O$ 溶于水中，加入 20mL 1∶1H_2SO_4，再用水稀释至 1L，临用时配制。

（6）配制 1L0.1mol/L $Bi(NO_3)_3$ 溶液，称取 39.5g $Bi(NO_3)_3$ 溶于 1∶5HNO_3 溶液中，再用 1∶5HNO_3 溶液冲洗至 1L。

（7）配制 1L0.1mol/L$SnCl_4$ 溶液，称取 26g$SnCl_4$，溶于 6mol/LHCl 中，再用 6mol/LHCl 冲稀至 1L。

(8) 配制 1L0.1mol/L$SnCl_2$溶液，烧杯中先加入 170mL 浓 HCl，将 225.6g $SnCl_2 \cdot 2H_2O$溶于其中，再用水冲稀至 1L。加入少许纯 Sn 粒，以防止 Sn^{2+} 氧化。$SnCl_2$溶液不宜放置太久，最好临用时配制。

注意，配制溶液时，为了避免引入杂质离子，所以加入的酸应该与盐中酸根离子一致。

四、标准滴定溶液的配制

见第四章第一节。

第三节 其他溶液的配制

一、缓冲溶液的配制

1. 缓冲溶液

分析化学中，某些滴定反应要求在一定的酸度范围内才能定量进行。具有调节和控制溶液酸度作用的溶液，成为缓冲溶液。由于缓冲溶液的加入，在反应生成或外加少量的强酸或强碱后，也能保持溶液的 pH 基本不变。因此缓冲溶液起到稳定溶液酸度的作用。

缓冲溶液一般是由浓度较大的弱酸及其盐或弱碱及其盐组成，如 HAc-NaAc、NH_3-NH_4Cl 等。高浓度的强酸、强碱溶液，其 H^+或 OH^-浓度很大，对外来的少量酸或碱不会产生太大影响。在这种情况下，强酸（pH＜2）强碱（pH＞12）也可作为缓冲溶液。此外，有些酸式盐也可制成缓冲溶液如（$Na_2HPO_4 + NaH_2PO_4$）。

普通缓冲溶液，主要用于控制溶液酸度，这种缓冲溶液主要由浓度较大的弱酸及其共轭碱、弱碱及其共轭酸组成。

配制缓冲溶液时，可以查阅有关手册按配方配制，也可通过相关计算后进行配制。以 HAc-NaAc 缓冲溶液为例，计算溶液的 pH。

设 HAc 及 NaAc 的浓度分别是 c_a 及 c_s，两者在溶液中离解如下：

$$NaAc \longrightarrow Na^+ + Ac^-$$

$$HAc \Longleftrightarrow H^+ + Ac^-$$

$$[H^+] = Ka\frac{c_{HAc}}{c_{Ac^-}}$$

由于 NaAc 的 Ac^- 同离子效应，使 HAc 的离解平衡向左移动，离解度更小，可以认为［HAc］$\approx c_a$，［Ac^-］$\approx c_s$。因此：

$$C_{H^+} = Ka\frac{c_a}{c_s}$$

$$pH = pKa - \log\frac{c_a}{c_s}$$

对于弱酸及其盐组成的缓冲溶液，其［OH^-］及 pH 计算公式如下：

$$c_{OH^-}=Kb\frac{c_b}{c_s}$$

$$pH=14-pKb+\log\frac{c_b}{c_s}$$

由两性化合物组成的缓冲溶液，其 H^+ 浓度由下式计算：

$$c_{H^+}=\sqrt{Ka_1Ka_2}$$

$$pH=\frac{1}{2}pKa_1+\frac{1}{2}pKa_2$$

2. 缓冲容量

缓冲溶液的缓冲作用是由一定限度的。对每一种缓冲溶液而言，只有在加入一定数量的酸或碱时，才能保持溶液 pH 基本不变；当加入酸或碱及溶剂超过了一定的限度时，缓冲溶液就失去缓冲能力，即溶液的 pH 会发生较大幅度的变化。由此可见，每一种缓冲溶液只是具有一定的缓冲能力。通常用缓冲容量来衡量缓冲溶液缓冲能力的大小。缓冲容量是使 1L 缓冲溶液的 pH 增加或减少一个单位时所需要加入强碱或强酸的物质的量。显然，所需加入量愈大，溶液的缓冲能力愈大。

缓冲容量的大小与缓冲溶液的总浓度及其组分比有关。缓冲溶液的浓度愈大，其缓冲容量也愈大。缓冲溶液的总浓度一定时，缓冲组分比等于 1 时，缓冲容量最大，缓冲能力最强。通常将两组分的浓度比控制在 0.1～10 之间比较合适。

3. 缓冲范围

任何缓冲溶液的缓冲作用都有一定的范围，缓冲溶液所能控制的 pH 范围称为该缓冲溶液的有效作用范围，简称缓冲范围。这个范围一般在 pKa 值两侧各一个 pH 单位，即

$$pH=pKa\pm1$$

对于碱式缓冲溶液，则为

$$pH=14-(pKb\pm1)$$

例如，HAc-NaAc 缓冲溶液，pKa＝4.74，其缓冲范围为 pH 为 4.74±1，即 3.74～5.74。NH_3-NH_4Cl 缓冲溶液，pK_b＝4.74，其缓冲范围为 pH8.26～10.26。

4. 缓冲溶液的选择和配制

(1) 缓冲溶液的选择原则：

① 缓冲溶液对分析过程没有干扰。

② 缓冲溶液的 pH 应在所要求控制的酸度范围内。

③ 缓冲溶液应有足够的缓冲容量。

为此，选择缓冲体系的酸（碱）的 pKa（pKb）应等于或接近所要求控制的 pH；缓冲组分的浓度要大一些（一般在 0.1～1mol/L 之间）；实际应用中，使用的缓冲溶液在缓冲容量允许的情况下适当稀一点好，目的是既节省药品，又避免引入过多的杂质而

影响测定。一般要求缓冲组分的浓度控制在 0.05～0.5mol/L 之间即可，组分浓度比接近 1 较为合适。

例如，在需要 pH 为 5.0 左右的缓冲溶液时，选择 HAc-NaAc 缓冲体系，因为 HAc 的 pKa 为 4.74，接近所需要 pH。若需要 pH 为 9.5 左右的缓冲溶液时，选择 NH_3-NH_4Cl 体系。对需要保持溶液 pH 为 0～2 或 pH 为 12～14 时，可用强酸或强碱控制溶液的酸度。

在上述类型的缓冲体系中，都只有一个 Ka（或 Kb）值在起作用，缓冲范围比较窄。由多元酸或多元碱组成的缓冲体系，其中有多个 Ka 或 Kb 值，可以在比较广泛 pH 范围内起作用。例如，柠檬酸（$pKa_1=3.13$，$pKa_2=4.76$，$pKa_3=6.40$）和磷酸氢二钠（H_3PO_4 的 $pKa_1=2.12$，$pKa_2=7.20$，$pKa_3=12.30$）两种溶液按不同比例混合，可得到 pH 为 2.0～8.0 的一系列缓冲溶液。

（2）缓冲溶液的配制：一般情况下使用的缓冲溶液多由弱酸及其盐、弱碱及其盐或不同浓度的酸式盐组成。这类缓冲溶液的配制方法，可根据要求利用有关公式计算各组分的用量，也可在分析化学手册中直接查找配制方法。（见附录）

二、指示剂的配制

在滴定分析法中常用指示剂判断滴定的终点。按照滴定分析的方法，指示剂可分为下列几类：酸碱指示剂；金属指示剂；氧化还原指示剂；吸附指示剂。

指示剂的配制方法有下列几种：

（1）易溶于水，在水中较稳定的指示剂都用水作溶剂，例如，甲基橙、二苯胺磺酸钠等。

（2）对于难溶于水的指示剂，可用有机溶剂做溶剂，例如，酚酞、酚红等用乙醇作溶剂。

（3）有的指示剂根据它的特殊性质来配制。例如，二苯胺溶于浓 H_2SO_4，因此加浓 H_2SO_4 配制时，淀粉溶液极易腐坏，应在滴定时新配制。

（4）有些金属指示剂易被日光、氧化剂、空气所分解；有些在水溶液中不稳定；有些日久变质。例如，固体铬黑 T 很稳定，但其水溶液只能稳定数日。在酸性溶液中易发生聚合反应。聚合后，不再能与金属离子显色；在酸性溶液中易被氧化褪色而变质。针对它的这些性质用下列三种方法配制：

① 将铬黑 T 烘干，和研细的 NaCl 研磨混匀成固体混合物，可较长期地保存。

② 用乙醇作溶剂，加入三乙醇胺，防止聚合。

③ 用乙醇作溶剂，加入盐酸羟胺或抗坏血酸等还原剂，防止氧化。

用第②、③种配制方法配制的铬黑 T 指示剂约可保存一个月。

配好的指示剂一般贮存于棕色瓶中。各有关指示剂配制方法详见附录。

三、洗涤剂的配制

常用洗涤剂的配制和使用如下：

1. 铬酸洗涤液（重铬酸钾的硫酸溶液）

配制浓度各有不同，从5%～12%的各种浓度都有。配制方法大致相同：取一定量的$K_2Cr_2O_7$（工业品即可），先用约1～2倍的水加热溶解，稍冷后，将工业品浓H_2SO_4所需体积数徐徐加入$K_2Cr_2O_7$溶液中（千万不能将水或溶液加入H_2SO_4中），边倒边用玻璃棒搅拌，并注意不要溅出，混合均匀，待冷却后，装入洗液瓶备用。例如，配制12%的洗液500mL。取60g工业品$K_2Cr_2O_7$置于100mL水中（加水量不是固定不变的，以能溶解为度），加热溶解，冷却，徐徐加入浓H_2SO_4 340mL，边加边搅拌，冷后装瓶备用。

铬酸洗涤液具有强氧化性、腐蚀性、去除油污效果极佳，对玻璃仪器及少有侵蚀作用。这种洗液在实验室内使用最广泛。常用于不易用刷子刷洗的器皿，但作用比较慢，因此，使用时需将洗涤液倒入要洗涤的器皿中浸泡数分钟。在使用过程中，应避免稀释，并防止对衣物、皮肤造成腐蚀。铬酸洗涤液使用后，应倒回原来容器内以反复使用。如果洗涤液颜色变绿（还原成Cr^{3+}），表示洗液已无氧化洗涤力，必须回收后统一处理，再重新配制。

2. 碱性高锰酸钾洗液

用碱性高锰酸钾作洗液，作用缓慢，适合用于洗涤油污及有机物。配法：取高锰酸钾（$KMnO_4$）4g加少量水溶解后，再加入10%氢氧化钠（NaOH）100mL。析出的MnO_2可用草酸、浓盐酸、盐酸羟胺等还原剂除去。

3. 碱性乙醇洗液

2.5gKOH溶于少量水中，再用乙醇稀释至100mL或120gNaOH溶液于150mL水中用95%乙醇稀释至1L，主要用于去油污及某些有机物。

4. 盐酸-乙醇洗液

盐酸和乙醇1+1体积比混合，是还原性强酸溶液，适用于洗去多种金属离子的玷污。比色皿常用此洗液洗涤。

5. 乙醇-硝酸洗液

对难于洗净的少量残留有机物，可先于容器中加入2mL乙醇，再加10mL浓硝酸，在通风橱中静止片刻，待激烈反应放出大量NO_2后，用水冲洗。

6. 酸性草酸和盐酸羟胺洗涤液

适用于洗涤氧化性物质，如沾有高锰酸钾、三价铁等的容器。配制方法是，取10g草酸或1g盐酸羟胺溶于100mL20%的HCl溶液中即可。一般用前者较为经济。

7. 纯酸洗液

用盐酸（1+1）、硫酸（1+1）、硝酸（1+1）或等体积浓硝酸+浓硫酸均可配制，用于清洗碱性物质沾污或无机物沾污。

8. 碘-碘化钾洗液

用于洗涤 $AgNO_3$沾污的器皿和白瓷水槽。1g 碘和 2g 碘化钾溶于水中，加水稀释至 100mL。

9. 有机溶剂洗涤液

有机溶剂如汽油、丙酮、苯、乙醚、二氯乙烷、酒精等，可洗去油污及能溶于溶剂的有机物。使用这类溶剂时，注意其毒性及可燃性。有机溶剂价格较高，毒性较大。能用刷子洗刷的大件仪器尽量采用碱性洗液。只有无法使用刷子的小件或特殊形状的仪器才使用有机溶剂洗涤，如活塞内孔、移液管尖头、滴定管尖头、滴定管活塞孔、滴管、小瓶等。

10. 合成洗涤剂

高效、低毒，既能溶解油污，又能溶于水，对玻璃器皿的腐蚀性小，不会损坏玻璃，是洗涤玻璃器皿的最佳选择。

第四章　滴定分析技术

滴定分析是化学分析法中重要的定量分析方法之一，包括酸碱滴定法、配位滴定法、氧化还原滴定法和沉淀滴定法。它是通过滴定操作先将标准滴定溶液滴加到被测溶液里，然后根据标准滴定溶液的浓度和体积来计算分析结果，因此，在滴定分析中，为了使分析结果符合所要求的准确度，就必须准确地确定标准滴定溶液的浓度，准确地测量滴定过程中所消耗标准滴定溶液的体积。其基本操作技术包括常用仪器使用、标准滴定溶液的制备、被测物含量的测定。

第一节　标准滴定溶液的制备

一、标准滴定溶液的浓度

标准滴定溶液的浓度通常有以下两种方法表示。

1. 物质的量浓度

物质的量浓度也简称为浓度。物质的量浓度（c_B）是指单位体积溶液中所含溶质的物质的量，这种浓度的表达式为

$$c_B = \frac{\text{深质的物质的量}}{\text{溶液的体积}} = \frac{n_B}{V} \tag{4.1}$$

式中，n_B的单位为摩尔（mol），V 的单位为升（L），c_B的单位为摩尔/升（mol/L），简称（M）。物质 B 的物质的量浓度 c_B，与物质 B 的物质 m_B及其摩尔质量 M_B有关，其关系式为

$$n_B = \frac{m_B}{M_B} \tag{4.2}$$

式中　m_B——物质 B 的质量，g；

M_B——物质 B 的摩尔质量，g/mol；

n_B——物质 B 的量，mol。

例如，1L 溶液中含有 NaOH 4g（0.1mol），它的物质的量浓度为 0.1M；2L 溶液中含有 EDTA7.4g（0.02mol），它的物质的量浓度为 0.01M。

在使用物质的量 n_B 时，必须注明 B 为何种物质，常以计量式表示，计量式可以是原子、分子、离子、电子或其他粒子，也可以是这些粒子的特定组合。以碳酸钠为例，计量式既可以是 Na_2CO_3，也可以是碳酸钠分子的特定组合，如$\frac{1}{2}Na_2CO_3$。对于 105.99g 的碳酸钠，$n_{Na_2CO_3}$等于 1mol，而 $n_{\frac{1}{2}Na_2CO_3}$则为 2mol。可见采用不同的计量式，即使是同一种物质，其物质的量也不同。除非特别说明，通常不选离子的特定组合。

2. 滴定度

滴定度可以是每毫升标准滴定溶液中所含溶质的质量，通常用符号 T 表示。如 $T_{Fe^{2+}}=0.00025g/mL$，代表在每毫升标准铁溶液中含有 Fe^{2+} 0.00025g。

滴定度主要是指每毫升标准滴定溶液相当于待测物质的质量，通常以 $T_{待测物/标准滴定溶液}$ 表示，单位为 g/mL。例如，某硫酸标准滴定溶液，1mL 该溶液可与 0.05001g 氢氧化钠完全反应，则此硫酸标准滴定溶液对氢氧化钠的滴定度为 $T_{NaOH/H_2SO_4}=0.05001g/mL$。若以此标准滴定溶液滴定某烧碱溶液，共消耗硫酸标准滴定溶液 20.00mL，则该烧碱溶液中所含氢氧化钠的质量为

$$m_{NaOH}=T_{NaOH/H_2SO_4}\cdot V_{H_2SO_4}=0.05001g/mL\cdot 20.00mL=1.0002g$$

用滴定度表示标准滴定溶液浓度的方法，在生产部门和实验室中大批量同种待测物质的滴定分析中应用较多。这种浓度表示法在批量分析结果计算中十分方便。

二、标准滴定溶液的制备方法

在滴定分析中所使用的标准滴定溶液，其浓度不仅要已知而且必须准确，它的浓度准确与否会直接影响到滴定分析结果的准确程度。标准滴定溶液的制备包括直接法和标定法。

1. 直接法

用基准物质直接配制标准滴定溶液。即分析天平准确称取一定量的基准物质，溶解于适量水后定量转入容量瓶中，用蒸馏水稀释至刻度即成为标准滴定溶液。根据称取物质的质量和容量瓶的体积，可直接计算出该溶液的准确浓度。浓度计算公式为

$$c=\frac{n}{V}=\frac{\frac{m}{M}}{V}=\frac{m}{MV} \tag{4.3}$$

式中 c——标准滴定溶液的浓度，mol/L；

n——基准物物质的量，mol；

V——标准滴定溶液的体积，L；

m——基准物质的质量，g；

M——基准物质的摩尔质量，g/mol。

【例 4.1】 欲配制 0.01000mol/L$K_2Cr_2O_7$标准滴定溶液 1000.00mL，应称取$K_2Cr_2O_7$多少克？简要说明此标准滴定溶液配制步骤。(已知 $M_{K_2Cr_2O_7}=294.2g/mol$)

解：根据式 (4.3) 得

$$\begin{aligned}m_{K_2Cr_2O_7}&=c_{K_2Cr_2O_7}\cdot V_{K_2Cr_2O_7}\cdot M_{K_2Cr_2O_7}\\&=0.01000\times 1000\times 10^{-3}\times 294.2\\&=2.942(g)\end{aligned}$$

配制步骤：

(1) 根据计算结果用分析天平准确称量 $K_2Cr_2O_7$ 2.942g。

(2) 溶解后定量转入 1000mL 容量瓶，用蒸馏水稀释至刻度。

能用于直接配制或标定标准滴定溶液浓度的物质称为基准物（表 4.1）。作为基准物质，应符合表 4.1 中的条件。

表 4.1 常用基准物

基准物质		干燥后组成	干燥条件/℃	标定对象
名称	分子式			
碳酸钠	$Na_2CO_3 \cdot 10H_2O$	Na_2CO_3	180～200	酸
硼砂	$Na_2B_4O_7 \cdot 10H_2O$	$Na_2B_4O_7 \cdot 10H_2O$	相对湿 60%的恒温箱	酸
草酸	$H_2C_2O_4 \cdot 2H_2O$	$H_2C_2O_4 \cdot 2H_2O$	室温，空气干燥	碱或 $KMnO_4$
邻苯二酸氢钾	$KHC_8H_4O_4$	$KHC_8H_4O_4$	110～120	碱
重铬酸钾	$K_2Cr_2O_7$	$K_2Cr_2O_7$	140～150	还原剂
溴酸钾	$KBrO_3$	$KBrO_3$	130	还原剂
碘酸钾	KIO_3	KIO_3	130	还原剂
三氧化二砷	As_2O_3	As_2O_3	室温，干燥器中保存	氧化剂
草酸钠	$Na_2C_2O_4$	$Na_2C_2O_4$	130	氧化剂
碳酸钙	$CaCO_3$	$CaCO_3$	110	EDTA
锌	Zn	Zn	室温，干燥器中保存	EDTA
氧化锌	ZnO	ZnO	900～1000	EDTA
氯化钠	NaCl	NaCl	500～600	$AgNO_3$
氯化钾	KCl	KCl	500～600	$AgNO_3$
硝酸银	$AgNO_3$	$AgNO_3$	280～290	氯化物

① 纯度高。一般要求其纯度应在 99.9%以上。

② 物质的实际组成应与化学式完全符合（包括结晶水）。

③ 性质稳定。在烘干、放置和称量过程中不发生任何变化（如吸湿、分解、氧化等）。

④ 摩尔质量较大。对于相同物质的量而言，称量时取样较多，从而使称量相对误差减小。

2. 间接法（标定法）

有些物质不具备作为基准物质的条件，不能直接用来配制标准滴定溶液，这时可采用间接法。即将该物质先配成一种近似于所需浓度的溶液，然后用基准物质（或已知准确浓度的另一标准滴定溶液）来确定它的准确浓度（即标定）。例如，市售盐酸，具有挥发性，无法固定其准确浓度；氢氧化钠极易吸收空气中的水分和二氧化碳，引入杂质；又如，高锰酸钾等试剂本身含有杂质，且见光易分解，均不能作为基准物，必须采用间接法标定。标定方法如下：

(1) 基准物标定：基准物标定可以采取称量法：准确称取 n 份基准物质，分别溶于适量水中，用待标定标准滴定溶液滴定，根据基准物的质量及消耗待标定标准滴定溶液的体积计算其准确浓度，以 n 次浓度平均值作为其最后标定结果（每份基准物的称取量，以待标定标准滴定溶液滴定量 25mL 为参考量）。基准物标定也可以采取移液管法：准确称取较大一份基准物，溶解、稀释并定容于容量瓶中。用移液管移取 $1/n$ 整份（如用 25mL 移液管从 250mL 容量瓶中每份移取 1/10），分别用待标定标准滴定溶液滴定，根据基准物质量及消耗待标定标准滴定溶液的体积计算其准确浓度，以平行测定浓度的平均值作为其最后标定结果。

当基准物质摩尔质量较大时，标准滴定溶液的标定一般采用小份标定的称量法，但是当标准滴定溶液浓度较稀（0.01mol/L），基准物质摩尔质量较小或基准物质容易吸湿时，可采用移液管法，即用大份标定，这样称量误差较小。

【例 4.2】 用基准物以如下两种方法标定 NaOH 标准滴定溶液的浓度。

第一种：准确称取 0.5313g 邻苯二酸氢钾 $KHC_8H_4O_4$，用水溶解后以酚酞为指示剂，用待标定的 NaOH 溶液滴定，消耗 NaOH 溶液 24.68mL。

第二种：准确称取 1.5770g$H_2C_2O_4 \cdot 2H_2O$，用水溶解后，定量转移到 250mL 容量瓶中，稀释定溶到刻度，摇匀。移取此溶液 25.00mL，以酚酞为指示剂，用待标定的 NaOH 溶液滴定，消耗溶液 23.74mL。

解：第一种：滴定反应为

$$KHC_8H_4O_4 + NaOH = KNaC_8H_4O_4 + H_2O$$

$$1mol \quad : \quad 1mol$$

$$\frac{m_{KHC_8H_4O_4}}{M_{KHC_8H_4O_4}} : c_{NaOH} \cdot V_{NaOH}$$

则 NaOH 的准确浓度为

$$c_{NaOH} = \frac{m_{KHC_8H_4O_4}}{V_{NaOH} \cdot M_{KHC_8H_4O_4}} = \frac{0.5317 \times 1000}{204.22 \times 24.68} = 0.1054(mol/L)$$

第二种：滴定反应为

$$H_2C_2O_4 + 2NaOH = Na_2C_2O_4 + 2H_2O$$

$$1mol \quad : \quad 2mol$$

$$\frac{m_{H_2C_2O_4 \cdot 2H_2O} \frac{25}{250}}{M_{H_2C_2O_4 \cdot 2H_2O}} : c_{NaOH} \cdot V_{NaOH}$$

则 NaOH 的准确浓度为

$$c_{NaOH} = \frac{2m_{H_2C_2O_4 \cdot 2H_2O} \cdot \frac{25}{250}}{M_{H_2C_2O_4 \cdot 2H_2O} \cdot V_{NaOH}}$$

$$= \frac{2 \times 1.5770 \times 1000 \times \frac{25}{250}}{126.07 \times 25.00}$$

$$= 0.1054(mol/L)$$

(2) 标准滴定溶液标定：就是取一定体积待标定的标准滴定溶液，用另一种已知准确浓度的标准滴定溶液滴定，根据待标定的标准滴定溶液体积以及另一种标准滴定溶液的浓度及消耗体积，计算待标定标准滴定溶液的准确浓度。

这种方法比较简便，但它的准确度不及直接标定高。因为确定标准滴定溶液的浓度时，已经存在误差，再用它来标定待标定标准滴定溶液的浓度，又将引入误差。由于误差的积累，对结果影响较大。

为使标定的误差较小，应注意以下几点：

① 尽可能用直接法标定。这样可以减小误差，提高分析结果的准确度。

② 基准物的称取量不易太少。由于分析天平称量误差为±0.1mg，所以每一次滴定至少需称取基准物200mg，以便称量的相对误差不大于±0.1%。为此，尽量选用摩尔质量较大的基准物。例如，标定0.1mol/LNaOH标准滴定溶液时，选邻苯二甲酸氢钾基准物比草酸好，因邻苯二甲酸氢钾摩尔质量（204.22g/mol）比草酸摩尔质量（126.07g/mol）大得多。

③ 标准滴定溶液的用量不易太少。滴定管一次读数绝对误差为±0.01mL，最大绝对误差为±0.02mL。为使标定时体积的相对误差不大于0.1%，所用标准滴定溶液体积必须大于20mL。

④ 需多次平行标定。一般平行标定至少3次，测定结果相差在0.1%之内，但最高不超过±0.2%。

⑤ 标定时，基准物质溶液或标准滴定溶液的浓度和待标定溶液的浓度应相近。例如，两者的浓度都在0.1mol/L左右，而不能一种溶液为0.1mol/L，另一种溶液为0.01mol/L。

在实际工作中，特别是在工厂实验室，还常采用“标准试样”来标定标准滴定溶液的浓度。“标准试样”含量是已知的，它的组成与被测物质相近。这样标定标准滴定溶液的条件和测定被测物的相同，分析过程中的系统误差可以抵消，结果准确度较高。

已标定的标准滴定溶液，还要注意保存，应因性质选择保存条件。例如，$AgNO_3$标准滴定溶液见光易分解，可储存于棕色试剂瓶中。NaOH标准滴定溶液具有碱性，最好用聚乙烯类塑料瓶存放。贮存一段时间的标准滴定溶液，使用前应摇匀。如发现浓度有所改变，必须重新标定。对不稳定的标准滴定溶液一般应定期标定。

三、滴定分析常用标准滴定溶液的制备

滴定分析中的标准滴定溶液包括酸碱滴定法、配位滴定法、氧化还原滴定法、沉淀滴定法的标准滴定溶液。

（一）酸碱标准滴定溶液的制备

酸碱标准滴定溶液是酸碱滴定法中所用标准滴定溶液，由于酸碱滴定法是以酸碱中和反应为基础的滴定分析法，一般酸、碱以及能与酸碱直接或间接反应的物质，几乎都可以用酸碱标准滴定溶液进行测定。

酸碱标准滴定溶液浓度的使用范围通常是0.1～1mol/L，多数情况下使用0.1～

0.2mol/L。常用浓度为0.1mol/L。如果酸碱标准滴定溶液浓度过高时，为了使标准滴定溶液消耗的体积达到分析要求，必须加大试样质量，不仅给操作带来困难，而且消耗大量试剂，造成不必要的浪费；浓度太低，滴定的突跃范围减小，指示剂变色不明显，将引起误差。

配制酸碱标准滴定溶液的物质一般为非基准物，用标定法制备，即溶液先配制成近似浓度然后再标定。

1. 盐酸标准滴定溶液的配制与标定

盐酸标准滴定溶液是最常用的酸标准滴定溶液。盐酸没有氧化性，化学计量点附近的pH突跃较明显，指示剂变色也较显著，而且大多数氯化物易溶于水，各种阳离子存在时一般不干扰滴定；硫酸溶液稳定性好，但它的第二级电离常数较小，滴定突跃相应小些，指示剂变色较差。而且，硫酸能与某些阳离子生成硫酸盐沉淀，所以硫酸标准滴定溶液只在需硝酸加热或浓度较高的情况下使用；硝酸具有氧化性，由于稳定性较差，能破坏某些指示剂，应用较少。

(1) 配制：市售盐酸，密度为1.19g/mL，含HCl为37%，其物质的量浓度约为12mol/L。浓盐酸易挥发，只能用间接法配制标准滴定溶液，即将浓盐酸稀释成所需近似浓度，再用基准物或氢氧化钠标准滴定溶液进行标定。配制时所取盐酸的量应适当大些。

例如，用浓盐酸配制0.1mol/L盐酸溶液1000mL。这实际属于溶液稀释，由于稀释前后溶质的物质的量没有改变，所以需浓盐酸的体积为

$$V=\frac{0.1\times1000}{12}=8.3(\text{mL})\qquad\text{实际取量为 9mL}$$

(2) 标定：

① 用碳酸钠基准物标定。用碳酸钠标定盐酸的反应为

$$Na_2CO_3+2HCl \xlongequal{} NaCl+CO_2+H_2O$$

滴定的突跃范围是pH5.3～3.5（反应完全时，溶液的pH为3.89），通常选用甲基橙作指示剂，滴定终点溶液由黄色变为橙色（在滴定至近终点时应剧烈摇动锥形瓶，促进H_2CO_3分解或将溶液煮沸，去除CO_2，以防终点提前）。

用碳酸钠基准物标定，既可以用称量法也可以用移液管法，但因易吸潮，摩尔质量小，通常用移液管法。碳酸钠使用前应在烘箱内180℃条件下干燥2～3h，或放在坩埚中270～300℃灼烧至恒重，在干燥器中冷却至室温备用。

② 用硼砂基准物标定：用硼砂基准物标定盐酸的反应为

$$NaB_4O_7+2HCl+5H_2O \xlongequal{} 4H_3BO_3+2NaCl$$

由上面滴定反应可以看出，在化学计量点时，生成酸性很弱的硼酸（H_3BO_3）。$K_a=5.7\times10^{-10}$，此时溶液的pH为5.1，选用甲基红为指示剂，滴定终点溶液由黄色变为微红色。

硼砂摩尔质量大，称量误差较小，吸湿性也小，是标定盐酸溶液的较好基准物。但由于含有结晶水，相对湿度小于39%时，易失去部分结晶水。作为标定用的硼砂应保

存在相对湿度约为60%的恒湿容器中。

③ 用NaOH标准滴定溶液标定：用NaOH标准滴定溶液标定，准确量取一定体积的待标定盐酸标准滴定溶液，用NaOH标准滴定溶液滴定，滴定的突跃范围是pH4.3～9.7，指示剂可选用酚酞。滴定终点溶液由无色变为淡粉色。

标定反应为

$$HCl + NaOH = NaCl + H_2O$$

此法可减少（如碳酸钠基准物标定法）二氧化碳的影响，但标定误差较大。

2. 氢氧化钠标准滴定溶液的配制与标定

碱标准滴定溶液可以是NaOH或KOH溶液，但KOH溶液使用较少，以NaOH溶液较为常见。NaOH易吸收空气中的CO_2和H_2O，因而常含有Na_2CO_3，且含有少量的硅酸盐、硫酸盐和氯化物等，因此只能用间接法配制成近似浓度的溶液，再用基准物或盐酸标准滴定溶液进行标定。

（1）配制：由于NaOH溶液中Na_2CO_3的存在，会影响酸碱滴定的准确度，在精确的测定中应配制不含Na_2CO_3的NaOH溶液，配制方法如下：

将市售固体NaOH配制成50%的饱和浓溶液，其物质的量浓度约为18mol/L，在这种溶液中Na_2CO_3的溶解度很小。当Na_2CO_3结晶吸出后，取上部清液，用蒸馏水稀释到所需浓度。

如Na_2CO_3含量很少时，可采取以下简单方法：称取比需要量较多的固体NaOH，用少量水迅速清洗2～3次，以除去固体表面上所形成的Na_2CO_3，然后用蒸馏水溶解稀释到所需浓度。

配制好的NaOH溶液最好贮藏在塑料瓶中，也可以用玻璃瓶，但不可用玻璃塞，需用橡胶塞。

（2）标定：

① 用邻苯二甲酸氢钾标定：邻苯二甲酸氢钾标定NaOH溶液的反应为

$$KHC_8H_4O_4 + NaOH = KNaC_8H_4O_4 + H_2O$$

用氢氧化钠滴定邻苯二甲酸氢钾生成的产物邻苯二甲酸钾钠为强碱弱酸盐，达到化学计量点时溶液呈微碱性，pH为9.1，可用酚酞作指示剂。滴定终点无色变为粉红色。

邻苯二甲酸氢钾无吸湿性，易精制，摩尔质量大（204.22mol/L）且稳定，价格较低，是标定NaOH溶液较理想的基准物质。使用前应在105～110℃干燥至恒重。

② 用草酸标定：草酸标定NaOH溶液的反应为

$$H_2C_2O_4 + 2NaOH = Na_2C_2O_4 + 2H_2O$$

反应产物$Na_2C_2O_4$为强碱弱酸盐，达化学计量点时溶液呈微碱性，pH为8.4，可用酚酞作指示剂。滴定终点无色变为粉红色。

草酸固体非常稳定，但是草酸溶液不够稳定，所以在制成溶液后，应立即用NaOH溶液进行滴定。

③ 用HCl标准滴定溶液标定：准确量取一定体积的待标定的NaOH标准滴定溶液，用HCl标准滴定溶液滴定，滴定的突跃范围是pH9.7～4.3，指示剂可选用酚酞。

滴定终点溶液由红色变为无色。

（二）配位滴定法标准滴定溶液的制备

配位滴定法是以配位反应为基础的滴定分析法。配位滴定法中的标准滴定溶液主要是指 EDTA（乙二胺四乙酸及乙二胺四乙酸二钠盐），所以配位滴定法又称为 EDTA 滴定法。由于乙二胺四乙酸难溶于水，在实际分析中通常使用其易溶于水的二钠盐配制标准滴定溶液。

EDTA 提纯较为复杂，基准物不易得到，所以在工厂和实验室中该标准滴定溶液常用间接法先配制成近似浓度，然后再标定。

常用做标定 EDTA 标准滴定溶液的基准物有 $CaCO_3$、ZnO 等。标定的具体方法如下：

1. 以 $CaCO_3$ 基准物标定

在 pH≥12 时，以钙指示剂为指示剂，用 EDTA 标准滴定溶液滴定至酒红色变为纯蓝色即为终点。其标定反应如下：

钙指示剂（以 H_3In 表示）在水溶液中存在下列电离式子：

$$H_3In \rightleftharpoons 2H^+ + HIn^{2-}$$

在 pH≥12 溶液中，HIn^{2-} 与 Ca^{2+} 形成比较稳定的配离子，溶液显酒红色。

$$\underset{\text{纯蓝色}}{HIn^{2-}} + Ca^{2+} \rightleftharpoons \underset{\text{酒红色}}{CaIn^-} + H^+$$

当用 EDTA 滴定，开始到化学计量点前，Ca^{2+} 与 EDTA（以 H_2Y^{2-} 表示）首先进行如下主反应：

$$Ca^{2+} + H_2Y^{2-} \rightleftharpoons CaY^{2-} + 2H^+$$

当用 EDTA 滴定到化学计量点时，由于 EDTA 与 Ca^{2+} 形成的配合物 CaY^{2-} 的稳定性大于 $CaIn^-$，所以 $CaIn^-$ 不断转为更稳定的 CaY^{2-}，使钙指示剂被释放出来，溶液颜色由红色变为蓝色，其反应如下：

$$\underset{\text{酒红色}}{CaIn^- + H_2Y^{2-}} \rightleftharpoons CaY^{2-} + \underset{\text{纯蓝色}}{HIn^{2-}} + H^+$$

2. 以 Zn 或 ZnO 基准物标定

用 Zn 或 ZnO 基准物标定 EDTA 标准滴定溶液时，可以在 pH 为 10 的 NH_3-NH_4Cl 缓冲溶液中，以铬黑 T 为指示剂，直接标定。

pH 为 10 时，HIn^{2-}，它与 Zn^{2+} 的配合物呈红色。

$$Zn^{2+} + \underset{\text{纯蓝色}}{HIn^{2-}} \rightleftharpoons \underset{\text{酒红色}}{ZnIn^-} + H^+$$

当用 EDTA 滴定，开始到化学计量点前，Zn^{2+} 与 EDTA（以 H_2Y^{2-} 表示）首先进行如下主反应：

$$Zn^{2+} + H_2Y^{2-} \rightleftharpoons ZnY^{2-} + 2H^+$$

当用 EDTA 滴定到化学计量点时，EDTA 将夺取 $ZnIn^{2-}$ 中的 Zn^{2+}，释放出指示剂，引起溶液颜色的变化，溶液呈现指示剂的蓝色，即为终点。

$$\underset{\text{酒红色}}{ZnIn^{2-}} + H_2Y^{2-} \rightleftharpoons ZnY^{2-} + \underset{\text{纯蓝色}}{HIn^{2-}} + H^+$$

或以二甲酚橙为指示剂，在 pH 为 5～6 的溶液中，用 EDTA 滴定，溶液由紫红色变为亮黄色即为终点。

（三）氧化还原滴定法标准滴定溶液的制备

氧化还原滴定法是以氧化还原反应为基础的滴定分析法。本法是以氧化剂或还原剂作标准滴定溶液。由于所用标准滴定溶液的不同分为高锰酸钾法、重铬酸钾法、碘量法等。

1. 高锰酸钾标准滴定溶液的配制与标定

高锰酸钾标准滴定溶液是高锰酸钾法中所用的标准滴定溶液。市售 $KMnO_4$ 常含有少量杂质，如 Cl^-、SO_4^{2-}、NO_3^- 等。另外，由于 $KMnO_4$ 的氧化性强，稳定性不高，因此不能直接配制标准滴定溶液，必须进行标定。

（1）配制：为使 $KMnO_4$ 溶液浓度稳定，常进行如下配制：

① 先称取略多于理论量的固体 $KMnO_4$，然后用蒸馏水粗略地配制成所需浓度的溶液。

② 配好的溶液加热煮沸并在暗处放置 7～10d，使水中的还原性杂质与 $KMnO_4$ 充分作用，待溶液浓度趋于稳定，将还原性产物 MnO_2 过滤除去，贮存于棕色瓶待标定。

（2）标定：标定 $KMnO_4$ 溶液用的基准物有 $H_2C_2O_4 \cdot 2H_2O$、NaC_2O_4、As_2O_3 和纯铁等。实验室常用 NaC_2O_4。NaC_2O_4 不含结晶水，容易提纯。$KMnO_4$ 与 NaC_2O_4 的标定反应如下：

$$5C_2O_4^{2-} + 2MnO_4^- + 16H^+ = 2Mn^{2+} + 8H_2O + 10CO_2$$

以 $KMnO_4$ 为自身指示剂。

要使滴定正常进行必须控制好下列条件：

① 温度：温度应控制在 75～85℃。滴定温度不应低于 60℃，如果温度太低，反应速度太慢。但也不能过高，如温度高于 90℃，会使形成的草酸分解。

② 酸度：为使滴定反应按反应式进行，必须保持足够的酸度。要求滴定开始酸度为 0.5～ 1mol/L。

③ 滴定速度：反应开始慢，滴定速度也应慢，待溶液中产生 Mn^{2+} 后，由于 Mn^{2+} 的催化作用，反应越来越快，滴定速度也应与反应速度相一致，但接近终点时，滴定速度必须放慢，以防过量。

④ 终点判断：$KMnO_4$ 为自身指示剂，滴定到微过量呈淡粉色 30s 不褪色即为终点。

2. 硫代硫酸钠标准滴定溶液的配制与标定

碘量法包括直接碘量法和间接碘量法。硫代硫酸钠标准滴定溶液是间接碘量法配制的标准滴定溶液。

（1）配制：结晶 $Na_2S_2O_3 \cdot 5H_2O$ 一般含有杂质，如亚硫酸钠、硫酸钠、碳酸钠等，在空气中易风化和潮解，不能用直接法配制标准滴定溶液，且 $Na_2S_2O_3$ 溶液不稳定，容易分解。引起 $Na_2S_2O_3$ 分解的原因如下：

① 溶液酸度：在中性和碱性溶液中 $S_2O_3^{2-}$ 较稳定。在酸性溶液中不稳定，可发生如下反应：

$$H^+ + S_2O_3^{2-} = HSO_3^- + S\downarrow$$

$$H_2S_2O_3 = H_2S + S\downarrow$$

水中溶解的 CO_2 可促进 $Na_2S_2O_3$ 的分解。

② 空气的氧化作用：

$$2Na_2S_2O_3 + O_2 = 2NaSO_4 + 2S\downarrow$$

使 NaS_2O_3 浓度降低。

③ 微生物的作用：空气及水中有能使 $Na_2S_2O_3$ 分解的微生物。当溶液的 pH 为 9～10 时，微生物活力较低。

④ 光线的作用使 $Na_2S_2O_3$ 分解。

由于以上原因，制备溶液所用的水必须是新煮沸并冷却的蒸馏水，在配制溶液时加入 0.02%Na_2CO_3，使溶液的 pH 为 9～10，以除去 CO_2 和微生物，抑制 $Na_2S_2O_3$ 的分解。因日光能促使 $Na_2S_2O_3$ 分解，溶液最好保存在棕色试剂瓶中，放置 8～10 天，待溶液稳定后再标定。

（2）标定：可以用 $K_2Cr_2O_7$、KIO_3 等基准物标定。

用 $K_2Cr_2O_7$ 基准物标定时，$K_2Cr_2O_7$ 与 NaS_2O_3 不能直接反应，需间接进行。即在弱酸性溶液中，$K_2Cr_2O_7$ 与过量的过量 KI 作用析出 I_2，以淀粉为指示剂，用 NaS_2O_3 溶液滴定析出的 I_2，有关反应式如下：

$$Cr_2O_7^{2-} + 6I^- + 14H^+ = 2Cr^{3+} + 3I_2 + 7H_2O$$

$$I_2 + 2S_2O_3^{2-} = 2I^- + S_4O_6^{2-}$$

$Na_2S_2O_3$ 标准滴定溶液的标定条件：

① 溶液酸度越大越好。酸度越大，反应速度越快，但酸度太大时，I^- 易被空气中 O_2 氧化，所以一般酸度以 0.2～0.4mol/L 为宜。

② $K_2Cr_2O_7$ 与 KI 的反应缓慢，所以先在浓溶液中进行，并放置 5min，待反应完全后再稀释。这样既能降低酸度，保证 NaS_2O_3 滴定 I_2 时所需微酸性或近中性的条件，同时还可减少 Cr^{3+} 的绿色对终点的影响。

③ I_2 微溶于水，但溶于 KI 溶液，可加入过量的 KI，既可以提高 I^- 浓度加快反应速度，同时使 I_2 形成 I_3^-，减少挥发（为防止 I_2 挥发还应在反应过程中及时盖好瓶盖，并放在暗处）。

④ 在近终点时加入指示剂淀粉。如果加入太早，由于大量 I_2 与淀粉反应形成蓝色吸附配合物，I_2 就很难很快与 $Na_2S_2O_3$ 反应。

3. I_2 标准滴定溶液的配制与标定

试剂碘含有杂质，即使是纯碘因升华不宜用直接法配制标准滴定溶液而采用间接法。

（1）配制：碘微溶于水（每升水中约溶 0.3g），易溶于碘化钾浓溶液中形成 I_3^-，一般是将碘和碘化钾溶于少量水后稀释至一定体积配成溶液。溶液保存在棕色瓶中，经标定确定其准确浓度。

(2) 标定：用 As_2O_3 基准物标定。

三氧化二砷难溶于水，易溶于氢氧化钠溶液中，使之生成亚砷酸钠。

$$As_2O_3 + 6NaOH \longrightarrow 2Na_3AsO_3 + 3H_2O$$

再以碘滴定生成的亚砷酸钠，见下式。

$$AsO_3^{3-} + I_2 + H_2O \longrightarrow AsO_4^{3-} + 2I^- + 2H^+$$

此反应可逆，可加入固体碳酸氢钠，以中和反应生成的 H^+，保持 pH≈8，使反应进行完全。由于三氧化二砷是剧毒品，故此法的应用受到一定限制。

用 $Na_2S_2O_3$ 标准滴定溶液标定。

可用 $Na_2S_2O_3$ 标准滴定溶液标定 I_2 溶液，即用 I_2 溶液滴定一定体积的 $Na_2S_2O_3$ 标准滴定溶液。淀粉为指示剂，终点为无色到蓝色。反应为

$$I_2 + 2S_2O_3^{2-} \longrightarrow 2I^- + S_4O_6^{2-}$$

(四) 沉淀滴定法标准滴定溶液的制备

沉淀滴定法中常用的为银量法，银量法包括莫尔法、佛尔哈德法、法扬司法，其所用标准滴定溶液各不相同。

1. 硝酸银标准滴定溶液的制备

硝酸银是莫尔法的标准滴定溶液。硝酸银标准滴定溶液的制备方法有直接法和间接法两种，分析纯硝酸银一般以间接法制备比较多。

间接法制备硝酸银标准滴定溶液，配成相近浓度的标准滴定溶液后，采用氯化钠基准试剂标定，以铬酸钾或荧光黄为指示剂。反应式为

$$Ag^+ + Cl^- \longrightarrow AgCl\downarrow$$

注意：配制硝酸银溶液用的纯水不能含 Cl^-，配好后的溶液应保存在棕色试剂瓶中置于暗处，滴定时使用棕色酸式滴定管，以免见光分解。

$$2AgNO_3 \longrightarrow 2Ag + 2NO_2\downarrow + O_2\uparrow$$

2. NaSCN 标准滴定溶液的制备

硫氰酸钠溶液是佛尔哈德法的标准滴定溶液。硫氰酸钠中常含有硫酸盐、氯化物等杂质，故采用间接配制法，即先配成相近浓度的溶液后，以硝酸银基准试剂标定或用硝酸银标准滴定溶液比较。反应式为

$$Ag^+ + SCN^- \longrightarrow AgSCN\downarrow$$

第二节　滴定分析仪器与基本操作

在滴定分析中，分析结果要想符合所需要的准确度，除了准确地确定标准滴定溶液的浓度外，准确测量溶液的体积也很重要。滴定分析中常用准确测量溶液体积的量器有

滴定管、容量瓶和移液管。

量器分为量出式量器和量入式量器。量出式量器（量器上标有“EX”字）如滴定器和移液管等，用于测定从量器中排（放）出液体的体积；量入式量器（量器上标有“In”字）如容量瓶等。

溶液体积测量误差往往是滴定分析中误差的主要来源。体积测量如果不够准确，如误差大于0.2%，其他操作步骤即使做得很正确，也是徒劳的。溶液体积测量的准确度，一方面取决于所用量器的容积是否准确，另一方面，更重要的是取决于准备与使用量器是否正确。

一、滴定管

滴定管是滴定时准确测量标准滴定溶液体积的量器，它的主要部分管身是具有精确刻度而内径均匀的细长玻璃管，下端的流液口为一尖嘴，中间通过玻璃活塞或乳胶管（配以玻璃珠）连接以控制滴定速度。

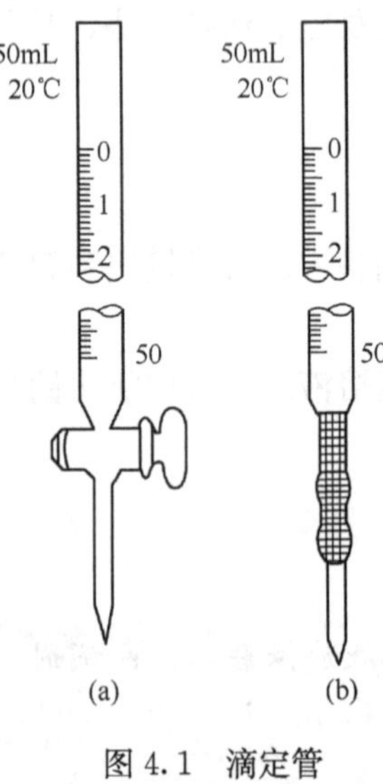

图 4.1　滴定管

滴定管一般分为两种：一种是酸式滴定管（a），另一种是碱式滴定管（b），如图 4.1 所示。此外还有自动零定位滴定管。酸式滴定管下端有玻璃活塞开关，用来装酸式溶液和氧化性溶液，不宜盛碱性溶液。因为碱性溶液能腐蚀玻璃，使活塞难于转动。碱式滴定管的下端连接一橡皮管，管内有玻璃珠以控制溶液的流出，橡皮管的下端再接一尖嘴玻璃管，碱式滴定管主要用于装碱性溶液，不能盛放氧化性溶液，如高锰酸钾、碘等溶液。

滴定管按其容积又可分为常量、半微量和微量滴定管。常量滴定管容积为 25mL、50mL 和 100mL，最小刻度为 0.1mL，读数可估计到 0.01mL。半微量和微量滴定管容积为 10mL、5mL、2mL、1mL、0.5mL、0.2mL、0.1mL 等。

滴定管还有无色、棕色之分。其中棕色滴定管用来装见光易分解、易挥发的溶液。

1. 滴定管的准备

新拿到一根滴定管，用前应先做一些初步检查，如酸式滴定管活塞是否匹配、其尖嘴和上口是否完好，碱式滴定管的乳胶管孔径与玻璃珠大小是否合适，乳胶管是否有空洞、裂纹和硬化等。初步检查合格后，进行下列准备工作。

（1）洗涤：滴定管无明显污染时，一般用自来水冲洗，零刻度线以上部位可用毛刷蘸洗涤剂或洗衣粉液刷洗，但不能用去污粉，去污粉的细微粒很容易黏附在管壁上，不易清洗除去，也不要用金属丝做的毛刷刷洗，因为容易划伤器壁，引起容量的变化。零刻度线以下部位如不干净，则采用洗液洗。如酸式滴定管，可装入约 10mL 洗液，先从下端放出少许，然后用双手平托滴定管，不断转动，直到洗液布满全管为止，让洗液润洗到滴定管整个内壁，操作时管口对准洗液瓶口，以防洗液外流。洗完后开启活塞使洗涤液从下口流出少许，然后关闭活塞让其余部分从上口放回原瓶。如果滴定管太脏，可将洗液装满整根滴定管浸泡一段时间，然后用上述方法洗涤干净。碱式滴定管的洗涤方法与酸管相同，但滴定管应先取下乳胶管，用橡胶乳头将滴定管下口套住，然后用洗液浸泡。无论用那种方法洗，最后都要用自来水充分洗涤，然后用蒸馏水润洗 2～3 次，每次 10～15mL。洗净后的滴定管内壁应被水均匀润湿而不挂水珠。如挂水珠，应重新洗涤。注意，酸式滴定管应先涂凡士林再进行洗涤。

(2) 涂凡士林酸式滴定管简称酸管，为了使其玻璃活塞转动灵活并防止漏水现象，一般在塞子与内壁涂少许凡士林。具体操作如下：

① 取下活塞小头处的橡皮圈，并取下活塞。

② 活塞及活塞套内壁用吸水纸擦干［图 4.2(a)］。擦拭时可将滴定管平放在桌面上，以免滴定管壁上的水进入活塞套内。

(a) 用滤纸片擦干净活塞槽

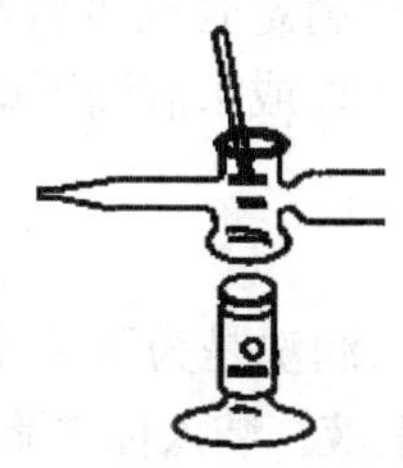

(b) 活塞用布擦干净后，在粗端涂少量凡士林，细端不要涂，以免玷污活塞槽上、下孔

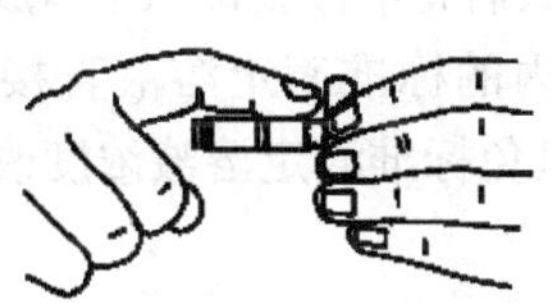

(c) 活塞涂好凡士林，再将滴定管的活塞槽的细端涂上凡士林

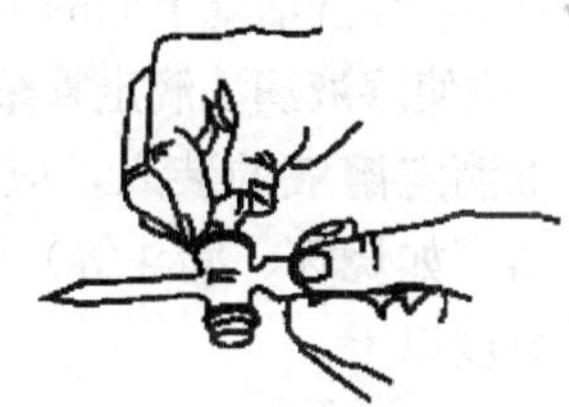

(d) 活塞平行插入活塞槽后，向一个方向转动，直至凡士林均匀

图 4.2　旋塞涂油操作

③ 活塞涂油可用以下两种办法：一种是在活塞粗的一端和塞槽细的一端内壁涂一薄层凡士林［图 4.2(b)］。另一种办法是用手指蘸少许凡士林均匀地涂在活塞两头，涂上薄薄的一层，在活塞孔的两旁少涂一些，以免凡士林堵住活塞孔［图 4.2(c)］。

④ 涂油后，将活塞直接插入活塞套中，插时活塞孔应与滴定管平行，此时活塞不要转动，这样可以避免将凡士林挤到活塞孔中去，然后，向同一方向不断旋转活塞，直至旋塞转动灵活并全部呈透明状为止［图 4.2(d)］。如发现凡士林从旋塞缝隙溢出或被挤入塞孔，表示涂油太多；如果发现旋塞旋转不灵活，或出现纹路，或漏水，表示涂得太少。遇到这些情况，都应将活塞取出，重新涂凡士林。旋转时，应有一定的向活塞小头部分方向挤的力，以免来回移动活塞，使塞孔受堵。最后将滴定管活塞的小头朝上，用橡皮圈套在活塞的小头部分沟槽上，以防活塞脱落。在涂凡士林过程中要特别小心，

切莫让活塞跌落在地上，造成整根滴定管的报废。

若酸式滴定管活塞孔或出口尖嘴被凡士林堵塞时必须清除。活塞孔堵住时，可以取下活塞，用细铁（铜）丝疏通。若出口管孔堵塞，可将滴定管充满水，将活塞打开并用吸耳球在滴定管上部挤压、鼓气，可以将凡士林排除，或将出口管浸在热水中，温热片刻后打开活塞，使管内水突然冲下，把熔化的凡士林带出。

碱式滴定管不用涂油，只要选择大小合适的玻璃珠和橡皮管，将橡皮管（内有玻璃珠）、尖嘴管和滴定管连接好，并检查滴定管是否漏水，液滴是否能够灵活控制。如不合要求，则应重新装配。

（3）检漏：滴定管应检查是否漏水。检查酸式滴定管时，关闭活塞，将滴定管用水充满至“0”刻线附近，然后夹在滴定管夹上，用滤纸将滴定管外壁擦干，静置 2min，检查管尖及活塞周围有无水渗出，然后将活塞转动 180°，重新检查，如有漏水，必须重新涂凡士林。检验碱式滴定管是否漏水，只需要装水后直立 2min，仔细观察滴定管下端的尖嘴上是否挂有水珠或水滴滴下即可。如有漏水需更换乳胶管（或玻璃珠）。

2. 滴定操作

（1）润洗：滴定管的润洗是为了不使标准滴定溶液的浓度发生变化。准备好的滴定管，即可装入标准滴定溶液。装入标准滴定溶液前，先将试剂瓶中的标准滴定溶液摇匀，使凝结在瓶内壁上的水珠混入溶液，在天气比较热或室温变化较大时，此项操作更为必要。然后用待装标准滴定溶液润洗滴定管内壁 2～3 次。每次加入 10～15mL，操作时，先从滴定管下端放出少许，冲洗活塞下面的尖嘴部分，然后关闭活塞，双手平托滴定管的两端，边转动滴定管，边使溶液润洗滴定管整个内壁，最后将溶液全部从上口放出弃去。

（2）装液：标准滴定溶液的装入，应将试剂瓶内的标准滴定溶液直接倒入滴定管中，不得用其他容器（如烧杯、漏斗等）来转移，以免标准滴定溶液浓度改变或造成污染。直到充满至零刻度以上。

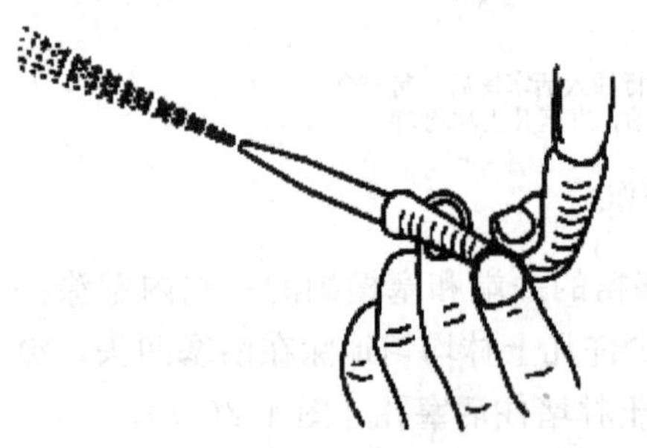

图 4.3　碱式滴定管赶气泡

（3）滴定管嘴气泡的检查及排除：滴定管充满标准滴定溶液后，应检查滴定管的出口下部尖嘴部分是否充满溶液，是否留有气泡，否则在滴定过程中，气泡将逸出，影响溶液体积的准确测量。为了排除碱管中的气泡，左手拇指和食指捏住玻璃珠部位，使橡胶管向上弯曲翘起，并捏挤胶管，使溶液从管口中喷出即可排除气泡，如图 4.3 所示。酸式滴定管的气泡，用右手拿滴定管上部无刻度处，并使滴定管倾斜 30°。左手迅速打开活塞，使溶液冲出尖嘴处，反复数次，一般即可排除气泡。

（4）调零点和读数：将溶液装至零刻度线以上约 5mL，静置 1～2min，慢慢打开活塞使溶液液面慢慢下降，直至弯月面下缘恰好与零刻度线相切即为零刻度。如液面不在零刻度处，则应记下初读数。一般读数应遵守下列原则。

① 滴定管读数前，应注意管出口嘴尖上有无气泡或挂着水珠。若在滴定后管出口

嘴尖上有气泡或挂有水珠读数，这时是无法读准确的。

② 装入或放出溶液后，需等 1～2min，使附着在内壁上的溶液流下来以后才能读数。读数时应将滴定管从滴定管架上取下，用右手大拇指和食指捏住滴定管上部无刻度处，滴定管应保持垂直，然后再读数。

③ 由于水的附着力和内聚力的作用，滴定管内的液面呈弯月形，无色和浅色溶液的弯面比较清晰，读数时读取与弯月面相切的刻度，即应读弯月面下缘实线的最低点（图 4.4）。为此，读数时，视线应与弯月面下缘线的最低点在同一水平面上。如视线高于液面，读数将偏低；反之，读数偏高。对于深色溶液（如 $KMnO_4$、I_2等），其弯月面不够清晰，读数时，视线应与液面两侧的最高点相切，这样才易读准（图 4.5）。

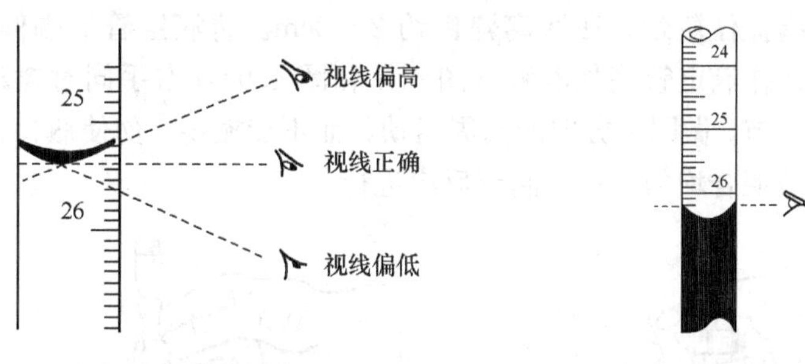

图 4.4　读数视线方向　　图 4.5　深色溶液的读数

④ 对于常量滴定管，读数应估算到最小分度的 1/10 值。即读数必须读到小数点后第二位，也就是要求估计到 0.01mL。滴定管上两个小刻度之间为 0.1mL，如液面在两个小刻度之间时，即为 0.05mL，液面在两个小刻度的 1/3 处，即为 0.03mL，液面在两个小刻度的 1/5 处，即为 0.02mL，液面在两个小刻度的 1/10 处，即为 0.01mL 等。

⑤ 对于乳白板蓝线衬背滴定管，应当以蓝线的最尖部分的位置读数（图 4.6）。

⑥ 为了便于读数，初学者可采用读数卡。读数卡可用墨纸或涂有墨的长方形（约3cm×1.5cm）白纸制成。读数时，将读数卡放在滴定管背后，使黑色部分在弯月面下约 1mm 处，此时即可看到弯月面的反射层呈黑色，然后读取与此黑色弯月面相切的刻度（图 4.7）。

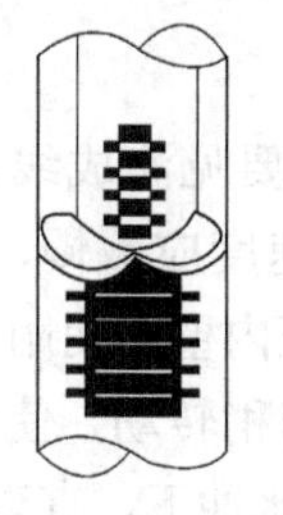

图 4.6　蓝条滴定管

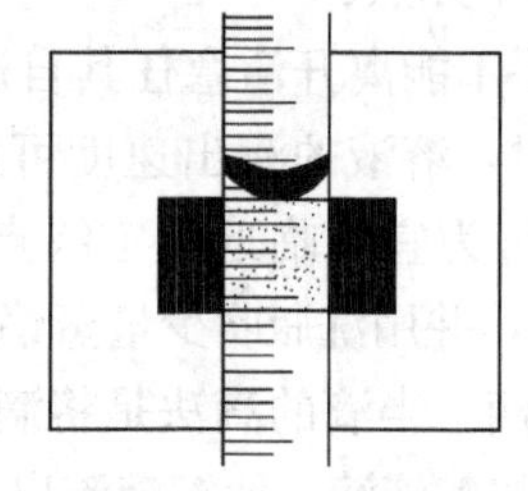

图 4.7　读数卡

(5) 滴定管的操作：用酸管滴定时，左手控制滴定管的活塞，无名指和小指向手心弯曲，轻轻地贴在活塞的下边，其余三指控制活塞的转动。其中大拇指在前，食指和中指在后，操作时轻轻向内扣住活塞，这样既容易操作又可防止把活塞顶出。转动活塞时，要注意勿使手心顶住活塞，以防活塞被顶出，造成漏水。用碱管滴定时，左手无名指和中指夹住尖嘴，拇指与食指在玻璃珠所在部位稍上处，往一旁捏挤乳胶管，玻璃珠移至手心一侧，使溶液从玻璃珠旁边空隙处流出。注意不要用力捏玻璃珠，也不能使玻璃珠上下移动，更不要捏到玻璃珠下部的乳胶管，以免空气进入而形成气泡，影响读数。停止滴定时，应先松开拇指和食指，最后无名指与小指。

无论使用哪种滴定管，都必须反复练习如下操作：

① 逐滴连续滴加（一般的滴定速度），约 3～4 滴/s。

② 加一滴。要做到需加一滴就能只加一滴的熟练操作。

③ 加半滴。使半滴液滴悬在出口管上而不落下。

(6) 滴定：进行滴定时，应该将滴定管垂直地夹在滴定管架上，并调节好滴定管的高低位置。滴定最好在锥形瓶中进行，必要时也可以在烧杯中进行。在锥形瓶中进行滴定时，右手前三指抓住瓶颈，瓶底离瓷板约 2～3cm。将滴定管下端伸入瓶口约 1cm。左手如前述方法操作滴定管滴加溶液（图 4.8 和图 4.9），右手同时摇动锥形瓶。摇瓶滴定时应转动腕关节，做同一方向的圆周运动，而不能振荡。勿使瓶口接触滴定管出口尖嘴。使瓶内溶液混合均匀，利于滴定反应进行。

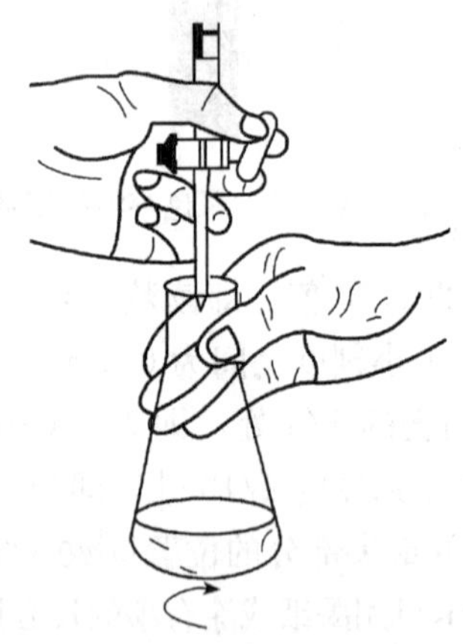

图 4.8　酸式滴定管的操作

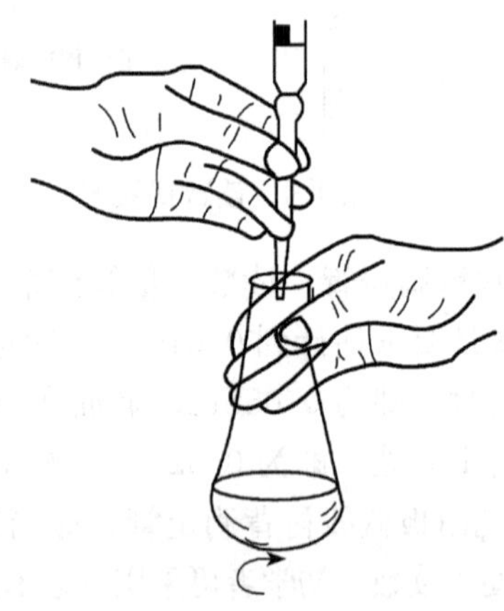

图 4.9　碱式滴定管的操作

在滴定时注意以下几点：

① 滴定时，左手不能离开活塞任其自流。

② 刚开始滴定时，溶液的滴出速度可以稍快些，要见滴成线，不要流成直线。滴定速度一般 3～4 滴/s 为宜，临近滴定终点时，滴定速度应减慢，要一滴一滴地加入，每加入一滴，摇几下，并用洗瓶吹少量蒸馏水洗锥形瓶内壁，使附着在瓶内壁的溶液全部流下，然后再加半滴。半滴的滴法是将滴定管活塞稍稍转动，使溶液悬挂在出口尖嘴上，用锥形瓶口内壁接触液滴，使溶液流出，并以蒸馏水冲下，直至准确到达滴定终点。

③ 滴定时，要观察滴落点周围颜色的变化。不要注意滴定管的液面。

④ 每次滴定前最好将液面调节在零刻度。操作熟练后，也可以不从零刻度开始，但需在零刻度稍下的位置从同一刻度开始，这样可固定在某一段体积范围内滴定，以减少体积误差。

⑤ 滴定结束后，弃去滴定管内剩余的溶液，洗净滴定管，并用水充满，夹在滴定管夹上；或将滴定管中的水控净后，倒夹在滴定管夹上。

二、容量瓶

容量瓶是一种细颈梨形的平底玻璃瓶，带有玻璃磨口、玻璃塞或塑胶塞，颈上有标度刻线，表示在指定温度下（一般为 20℃），当液体充满标度刻线时，液体体积恰好等于容量瓶标称容积。

容量瓶主要用于配制标准滴定溶液、试样溶液或定量地稀释溶液，故常和分析天平、移液管配套使用。滴定分析用的容量瓶通常有 25mL、50mL、100mL、250mL、500mL、1000mL 等规格。

1. 容量瓶的准备

(1) 检查：

① 瓶塞与容量瓶是否配套，瓶塞是否漏水。

② 标度刻线位置距离瓶口是否太近。如果漏水或标线离瓶口太近，不便混匀溶液，则不宜使用。

检查瓶塞是否漏水的方法如下：加水至标度刻线附近，盖好瓶塞后用滤纸擦干瓶口。用左手食指按住塞子，其余手指拿住瓶颈标线以上部分，右手用 3 个指尖托住瓶底边缘，如图 4.10 (b) 所示。将瓶倒立 2min 观察周围是否有水渗出（可用滤纸片检查），如不漏水，将瓶直立，转动瓶塞 180°后，再倒立 2min 检查，如果瓶塞漏水，该容量瓶不能使用。

使用容量瓶时，不要将其玻璃磨口塞随便取下放在桌面上，以免玷污或搞错，可用橡皮筋或细绳将瓶塞系在瓶颈上。

(2) 洗涤：洗涤容量瓶时，先用自来水洗几次，倒出水后，内壁不挂水珠，即可用蒸馏水洗涤 2～3 次后备用，否则必须用洗涤液洗涤。可用合成洗涤液浸泡或用洗液浸洗。用铬酸洗液洗时，先尽量倒出容量瓶中的水，倒入约 10～20mL 洗液，转动容量瓶使洗液布满全部内壁，然后放置数分钟，将洗液倒回原瓶。再用自来水充分冲洗容量瓶和瓶塞、最后用蒸馏水洗涤 2～3 次（一般每次用 15～20mL）。

2. 容量瓶的使用

(1) 溶液的配制：用容量瓶配制标准滴定溶液或分析试液时，最常用的方法是将待溶固体称出置于小烧杯中，加水或其他溶剂将固体溶解，然后将溶液定量转入预先洗好容量瓶中。转移溶液的操作方法是：右手将玻璃棒悬空伸入容量瓶口中 1～2cm，下端应靠在瓶颈内壁上，尽可能接近标线，但不能碰容量瓶的瓶口。左手拿烧杯，使烧杯嘴紧靠玻璃棒（烧杯离容量瓶口 1cm 左右），使溶液沿玻璃棒和内壁流入容量瓶中，如图 4.10 (a) 所示。烧杯中溶液流完后，将烧杯沿玻璃棒稍微向上提起，同时使烧杯直立，使附着在玻璃棒与烧杯嘴之间的溶液流回烧杯中，待竖直后移开。将玻璃棒放回烧杯中，不可放于烧杯尖嘴处，也不能让玻璃棒在烧杯滚动，可用左手食指将其按住。然后，用洗瓶吹洗玻璃棒和烧杯内壁，再将溶液定量转入容量瓶中，重复上述操作 3～4 次后，加蒸馏水到容量瓶的 3/4。

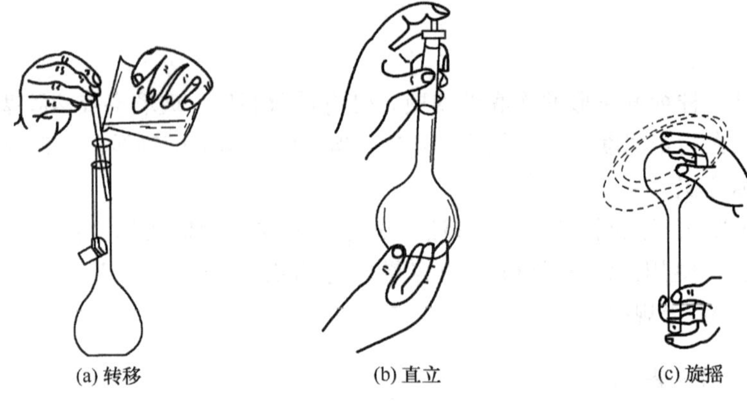

(a) 转移　　(b) 直立　　(c) 旋摇

图 4.10　容量瓶的使用

无论溶液有无颜色，其加水位置均为使水至弯月面下缘与标度刻线相切为标准。当加水至容量瓶的标度刻线时，盖上瓶塞，用左手食指按住塞子，其余手指拿住瓶颈标线上部分，而用右手的 3 个指尖托住瓶底边缘，然后将容量瓶倒转，使气泡上升到顶，旋摇容量瓶混匀溶液，如图 4.10（c）所示。再将容量瓶直立过来，再使容量瓶倒转，使气泡上升到顶部，旋摇容量瓶混匀溶液。如此反复 10 次左右。由于瓶塞部分的溶液此时可能还未完全混匀，为此，每摇几次后应将瓶塞打开，使瓶塞附近的溶液留下，然后塞上塞子再摇，再反复操作几次，使溶液全部混匀。

（2）稀释溶液：用移液管准确移取一定体积的溶液于容量瓶中，按前述方法混匀溶液即可。此外，在使用容量瓶时，还应注意以下几点：

① 用容量瓶配制标准滴定溶液或稀释溶液时，如液面超出刻线，则应弃去重做。

② 容量瓶不宜长期保存试剂溶液，如配好的溶液需保存时，应转移至磨口试剂瓶，不要将容量瓶当做试剂瓶使用。

③ 容量瓶使用完毕应立即用水冲洗干净，如长期不用，磨口处应洗净擦干，并用纸片将瓶口隔开。

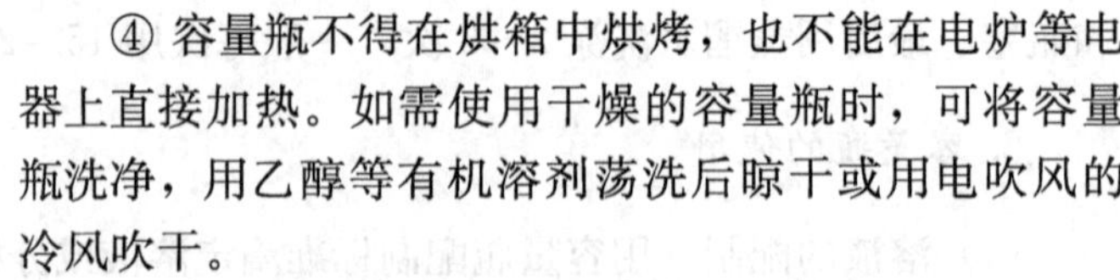

④ 容量瓶不得在烘箱中烘烤，也不能在电炉等电器上直接加热。如需使用干燥的容量瓶时，可将容量瓶洗净，用乙醇等有机溶剂荡洗后晾干或用电吹风的冷风吹干。

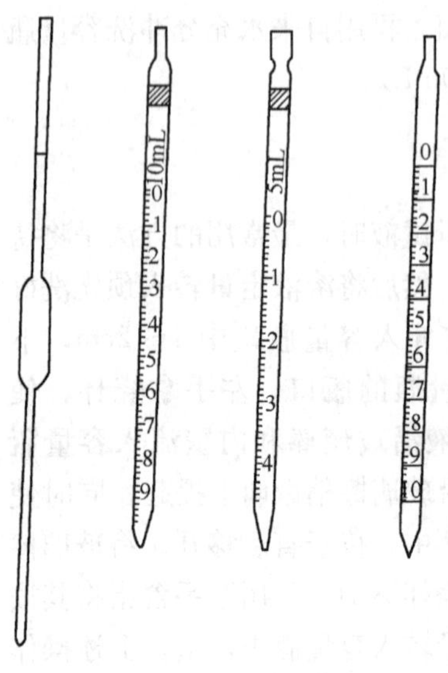

图 4.11　移液管和吸量管

三、移液管和吸量管

移液管和吸量管也称为吸管，都是准确移取一定量溶液的量器。移液管是用于准确量取一定体积溶液量出式玻璃管。它的形状细长而中间膨大，管的上端有一环形标线，用来控制所吸取溶液的体积。管上标有它的容积和标定时的温度（一般为 20℃），如图 4.11 所示。常用的移液管有 5mL、10mL、25mL、50mL 等规格。

吸量管是具有分刻度的量出式玻璃管，用于准确移取不同体积的溶液。两头直径较小，中间管身直径相同，常用的吸量管有1mL、2mL、5mL、10mL等规格，如图4.11所示。

1. 洗涤

洗涤可用自来水、蒸馏水洗，较脏时，可吸入铬酸洗液洗或浸泡。具体操作如下：将移液管或吸量管下端插到水中，右手拇指、中指及无名指拿住移液管管颈标线以上的部位或吸量管无刻度部分，左手执吸耳球，将食指或拇指放在吸耳球的上方，其余手指自然握住吸耳球，先把球内空气压出，然后将吸耳球对准移液管或吸量管管口，排除空气后，慢慢松开左手，将液体吸入，直到移液管球部的约1/3处或吸量管刻度部分约1/2处，移开吸耳球，用右手食指堵住管口，把管横过来，松开右手食指，左手扶住管的下端，右手扶住管的另一端，一边旋转，一边使管口降低，让水布满全管，最后将水从尖嘴放出。如需铬酸洗液洗，方法同上，只是吸取洗液时可稍少些，洗完后还需将洗液从吸管上口放回原瓶。最后，再依次用自来水和蒸馏水洗净。洗净的标准是管内壁及下端的外壁均不挂水珠。

2. 润洗

移取溶液前，为避免洗过的移液管或吸量管的尖端上残留的水滴进入所要移取的溶液，使溶液的浓度改变，可先用吸水纸将管的尖端内外的水除去，然后用待吸溶液润洗3次（注意：吸管吸待测液时，勿使溶液流回，以免稀释），洗法同前。润洗过的溶液应从尖口放出弃去。

3. 使用

(1) 吸取：用吸管从容量瓶中吸取溶液时，右手抓住吸管标线以上处，左手扶住容量瓶瓶颈，将吸管插入瓶中（深入液面下约1～2cm），用吸耳球慢慢将溶液吸上，让液体上升到刻度以上5～10mm。

(2) 调液面：用稍带潮湿的食指迅速堵住管口，拇指和中指捏住吸管，提离容量瓶液面，将吸管的流液口靠着容量瓶颈的瓶内壁，左手拿容量瓶，并使其倾斜30°。右手食指微微松动，用拇指和食指轻轻捻转管身，使液面缓慢下降，直到视线平视时，弯月面与标线相切。

(3) 放出溶液：按紧食指，使溶液不再流出。左手拿准备接受溶液的锥形瓶中，锥形瓶倾斜45°左右。吸管放入使其出口尖端靠住杯壁并保持垂直，仍使其流液口接触倾斜的器壁，松开食指，使溶液自由地沿壁流下，待溶液全部流尽，等待15s后取出（图4.12）。

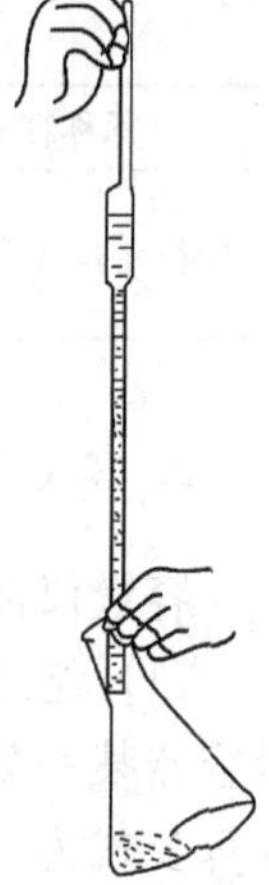

移液管和吸量管的使用大致相同。但在使用移液管时，当溶液从移液管自由流出，最后总有少量溶液留在管口。不要将这部分溶液吹出，因为移液管所指示的容积是根据自然流出的溶液体积来确定的。

图4.12 移液管的操作

量取整数如 5mL、10mL、20mL、25mL 等规格的溶液时应用相应大小的移液管，而不用吸量管；而吸量管上常标有“吹”字，特别是 1mL 以下的吸量管尤其如此，要特别注意。一般情况下，吸量管是为了量取小体积或非整数体积用的，例如，0.1mL、0.2mL、…、1mL、2mL、3mL 等溶液。使用吸量管时，尽量在最高标线调整零点，实验中尽量使用同一支吸量管，以免带来误差。

四、滴定分析仪器的校准

由于制造工艺的限制、试剂的侵蚀、温度的变化等原因滴定分析所用玻璃仪器的实际容积与其所标示的容积（标称容积）存在或多或少的误差，合格产品容量误差往往小于国家规定的标准（容量允差）。不合格产品其误差往往超过分析所允许的误差范围。

因此，在滴定分析中，特别准确度要求较高的分析工作中，必须对容量仪器进行校正。在滴定分析中主要对滴定管、移液管和容量瓶三种重要仪器进行校正。

1. 容量仪器的允差

常用滴定分析仪器的允差见表 4.2～表 4.4。

表 4.2　常用滴定管的容量允差

标称容积/mL		2	5	10	25	50	100
容量允差（±）	A	0.010	0.01	0.025	0.05	0.05	0.10
	B	0.020	0.020	0.050	0.10	0.10	0.20

表 4.3　常用容量瓶的容量允差

标称容积/mL		5	10	25	50	100	200	250	500	1000	2000
容量允差（±）	A	0.02	0.02	0.03	0.05	0.10	0.15	0.15	0.25	0.40	0.60
	B	0.04	0.04	0.06	0.10	0.20	0.30	0.30	0.50	0.80	1.20

表 4.4　常用移液管的容量允差

标称容积/mL		2	5	10	20	25	50	100
容量允差（±）	A	0.010	0.015	0.020	0.030	0.030	0.050	0.080
	B	0.020	0.030	0.040	0.060	0.060	0.100	0.160

2. 容量仪器的校准方法

容量仪器的校准在实际工作中通常采用绝对校准和相对校准两种方法。

（1）绝对校准法（称量法）：绝对校准即测定容量器皿的实际体积。采用称量法称量容器某一刻度内容纳或放出纯水的质量，除以水的密度，即得到容器的实际容积。其计算公式为

$$V_t = \frac{m_t}{\rho_水}$$

式中　V_t——t℃时水的体积，mL；

m_t——t℃时在空气中称得水的质量，g；

$\rho_{水}$——t℃ 时在空气中水的密度，g/mL。

玻璃器皿和水的体积均受温度的影响，称量时也受空气浮力的影响，故校正时应考虑下列三种因素。

① 水的密度随温度的变化而改变。

② 温度对玻璃仪器热胀冷缩的影响。

③ 在空气中称量时，空气浮力对称量纯水质量的影响。

在一定温度下，上述三个因素的校正值是一定的，所以可将其合并为一个总校正值。此值表示玻璃仪器中容积（20℃）1mL 的纯水在不同温度下，于用黄铜砝码称得的质量列表 4.5 中。利用此值可将不同温度下水的质量换算成 20℃时的体积，其换算公式为

$$V_{20}=\frac{m_t}{\rho_t}$$

式中　V_{20}——将 m_t 纯水换算成 20℃时的体积，mL；

m_t——t℃时在空气中称得水的质量，g；

ρ_t——1mL 的纯水在 t℃用黄铜砝码称得的质量，g/mL。

表 4.5　不同温度下玻璃容器中 1mL 水在空气中用黄铜砝码称得的质量

温度/℃	质量/g	温度/℃	质量/g	温度/℃	质量/g	温度/℃	质量/g
1	0.99824	11	0.99832	21	0.99700	31	0.99464
2	0.99832	12	0.99823	22	0.99680	32	0.99434
3	0.99839	13	0.99814	23	0.99660	33	0.99406
4	0.99844	14	0.99804	24	0.99638	34	0.99375
5	0.99848	15	0.99793	25	0.99617	35	0.99345
6	0.99851	16	0.99780	26	0.99593	36	0.99312
7	0.99850	17	0.99765	27	0.99569	37	0.99280
8	0.99848	18	0.99751	28	0.99544	38	0.99246
9	0.99844	19	0.99734	29	0.99518	39	0.99212
10	0.99839	20	0.99718	30	0.99491	40	0.99177

【例 4.3】 校准滴定管时，在 21℃时由滴定管中放出 0～10.02mL 水，称得其质量为 9.979g，计算该段滴定管在 20℃时的实际体积及校准值各是多少？

解： 查表 4.6 得，21℃时 ρ_{21}＝0.99700g/mL

$$V_{20}=\frac{9.979}{0.99700}=10.01(\text{mL})$$

该段滴定管在 20℃时的实际体积为 10.01mL。

体积校准值 ΔV＝10.01－10.02＝－0.01（mL）

该段滴定管在 20℃时的校准值为－0.01mL。

（2）相对校准法：相对校准法是相对比较两容器所盛液体体积的比例关系。在实验室中，由于移液管和容量瓶经常配套使用，有时并不一定要确知它的绝对准确体积，而

是要知道所用移液管和容量瓶的容积比是否正确。因此，移液管和容量瓶常用来确定其比例关系。

在分析工作中，滴定管一般采用绝对校准法进行校准，对于配套使用的移液管和容量瓶常采用相对校准法进行校准。若移液管用于取样，则必须采用绝对校准法进行校准。绝对校准法准确，但操作比较麻烦，相对校准法操作简单，但必须配套使用。

如 25mL 移液管与 250mL 容量瓶的相对校正，其方法如下：

取洁净、干燥的 250mL 容量瓶一只，用 25mL 移液管移取纯水 10 次，放入容量瓶中，仔细观察弯月面最低点是否与标线相切，如不相切应另做标记。经校正后的可配套使用。

第三节　滴定分析法实训项目

滴定分析法实训项目包括滴定分析仪器的基本操作、标准滴定溶液的制备和被测物含量的测定。

一、滴定分析仪器的基本操作

项目六　　滴定分析仪器基本操作

（一）实训目的

（1）掌握滴定分析仪器的洗涤方法。

（2）初步掌握滴定管、移液管、容量瓶的使用方法。

（3）练习滴定分析基本操作。

（二）仪器药品

（1）常用滴定分析仪器。

（2）去污粉（洗涤剂也可）或铬酸洗液。

（三）实训步骤

1. 认领、清点仪器：按实验仪器清单认领、清点所用滴定仪器。

2. 实验准备：

① 检查仪器：主要检查仪器是否完好。例如，酸式滴定管活塞是否匹配，碱式滴定管橡胶孔径与玻璃珠大小是否合适，胶管是否老化；容量瓶瓶塞与瓶口是否密合；移液管尖嘴有无破损等。

② 洗涤仪器：一般仪器可用毛刷蘸取去污粉溶液或洗涤剂洗涤；容量仪器如滴定管、移液管、容量瓶等洗涤时，依次用自来水、洗涤剂或铬酸洗液，洗涤至不挂水珠并用蒸馏水淋洗 3 次以上。

3. 操作练习

（1）滴定管的操作：

酸式滴定管：涂油⟶试漏⟶润洗（以水代替）⟶装溶液（以水代替）⟶赶气泡⟶调“零”⟶滴定⟶读数。

碱式滴定管：试漏⟶润洗（以水代替）⟶装溶液（以水代替）⟶赶气泡⟶调“零”⟶滴定⟶读数。

（2）移液管的操作（25mL 移液管）：润洗（以水代替）⟶吸液⟶调液面⟶放液（放入锥形瓶）。

（3）容量瓶的操作（250mL 容量瓶）：试漏⟶装溶液（以水代替）⟶转移溶液（以水代替）⟶稀释⟶定容⟶摇匀。

（四）思考题

（1）移液管、滴定管和容量瓶这三种仪器，移液管、滴定管要用溶液润洗，而容量瓶不用，为什么？

（2）玻璃仪器是否洗干净的标准是什么？

（3）滴定管中存在气泡对滴定有影响吗？酸管和碱管中的气泡分别怎样除去？

项目七　　滴定分析仪器的校准

（一）实训目的

（1）了解容量仪器校准的意义和方法。

（2）掌握称量法校准滴定管的方法。

（3）掌握移液管和容量瓶相对校准的方法。

（二）实训原理

滴定分析法主要量器有三种：滴定管、移液管和容量瓶。其容积与它所标示的体积并非完全一致，在准确度要求很高的分析中，必须进行校准。

滴定分析仪器校准通常采用绝对校准和相对校准两种方法。绝对校准法通常是称量容器容纳或放出纯水的质量，除以水的密度，由 $V_{20}=\dfrac{m_t}{\rho_t}$ 直接算出容器的实际容积（V_{20}）；相对校准法是相对比较两容器所盛液体体积的比例关系。如 25mL 移液管与 250mL 容量瓶能否配套使用，用 25mL 移液管量取 10 次水移入 250mL 容量瓶中，是否恰好在标线刻度处？相差多少？这时用相对校准法进行校准。

（三）仪器

250mL 容量瓶一个；25mL 移液管一支；50mL 滴定管（酸式或碱式）一支；50mL 磨口锥形瓶一个；温度计一支；分析天平；250mL 烧杯一个。

（四）实训步骤

1. 滴定管校准

（1）将 50mL 磨口具塞锥形瓶洗净烘干，并准确称量其质量，准确至 0.01g。

（2）测定并记录与室温相平衡的水温。

（3）50mL 酸式滴定管或碱式滴定管任选一支，洗净，加入与室温达平衡的蒸馏水，赶气泡后，调节液面至 0.00mL。

（4）对滴定管进行分段校准。首先从滴定管中放出 10.00mL 水于上述磨口锥形瓶中（勿将水滴在磨口上）盖紧，称量（准确至 0.01g）。与空磨口塞锥形瓶质量之差即为滴定管中放出的水质量。

用同样方法测得滴定管 0.00～15.00mL、0.00～20.00mL、0.00～25.00mL、…、0.00～50.00mL 刻度间放出水的质量，每段操作重复一次。

(5) 根据公式 $V_{20}=\frac{m_t}{\rho_t}$ 计算被校分度线对应的实际体积，再计算出相应的校准值。一支滴定管重复校准一次，同一段的两次校正值之差不得超过 0.02mL。按照表 4.6 列出滴定管校准表。

表 4.6　滴定管校准表

校准分段/mL	放出水的质量/g			实际体积/mL	校正值/mL
$V=V_{放水后}-V_{起始}$	$m_{瓶}$	$m_{瓶+水}$	$m_{水}$		$V_{20}-V$

用同样的方法也可以对移液管和容量瓶进行校准。

2. 移液管和容量瓶的相对校准

用洁净、干燥的 25mL 移液管准确移取纯水 10 次于干净且干燥的 250mL 容量瓶中，仔细观察容量瓶瓶颈出水的弯月面下缘是否与标线相切。若正好相切，说明移液管和容量瓶体积比例为 1∶10。若不相切，记下弯月面下缘的位置。平行校准两次。若连续两次实验结果相符，此移液管和容量瓶配套使用时，应以新标线为准。

(五) 思考题

(1) 滴定分析仪器为什么要校准?

(2) 怎样用称量法校准滴定管?

(3) 校准滴定管时为何用具塞锥形瓶且必须烘干?

(4) 影响滴定分析仪器校准的主要因素有哪些?

二、标准滴定溶液的制备

项目八　酸碱标准滴定溶液的配制及滴定终点练习

(一) 实训目的

(1) 熟练掌握酸式滴定管和碱式滴定管的使用。

(2) 练习酸碱标准滴定溶液的配制方法。

(3) 学会观察和判断甲基橙和酚酞滴定终点并初步掌握酸碱指示剂的选择方法。

(二) 实训原理

本实验是以酸碱滴定法中酸碱标准滴定溶液的配制和测量滴定终点消耗酸碱标准滴定溶液的体积来练习滴定分析的基本操作。

在滴定分析中，滴定终点的判断正确与否是影响滴定分析准确度的重要因素，必须学会正确判断终点的方法。

酸碱滴定中常用盐酸和氢氧化钠溶液作为标准滴定溶液。强酸 HCl 和强碱 NaOH 溶液的滴定反应突跃范围 pH 约为 4～10，在这一范围中可采用甲基橙（变色范围 pH3.1～4.4)、甲基红（变色范围 pH4.4～6.2)、酚酞（变色范围 pH8.0～9.6）等指示剂来指示终点。

(三) 仪器药品

常用滴定分析仪器；浓 HCl；NaOH 固体；甲基橙指示剂、酚酞指示剂。

(四) 实训步骤

1. 酸碱溶液的配制

(1) 0.1mol/L HCl 溶液：用量筒量取 4.3mL 浓 HCl（相对密度 1.19，约 12mol/L）于试剂瓶中，再加入约 495mL 水，盖上瓶塞，摇匀。

(2) 0.1mol/LNaOH 溶液：用台秤迅速称取 2g 固体 NaOH 于 250mL 烧杯中，加入适量水溶解后移入试剂瓶中，稀释至 500mL，盖上瓶塞，摇匀。

2. 酸碱互滴练习

(1) 将酸式滴定管和碱式滴定管洗净，并用待装的溶液润洗 2～3 次。

(2) 用 HCl 溶液滴定 NaOH 溶液：在碱式滴定管中装入 NaOH 溶液，排除玻璃珠下部管中的气泡，并将液面调 0.00mL 标线。在酸式滴定管中装入 HCl 溶液，赶除气泡后调定零点。以 3～4 滴/s 的流速放出 20.00mLNaOH 溶液至锥形瓶中（或者先快速放出 19.5mL，等待 30s，再继续放到 20.00mL)，加 1 滴甲基橙指示剂，用 HCl 溶液滴定到由黄变橙，记录所耗 HCl 溶液的体积（读准至 0.01mL)。再放出 2.00mLNaOH 溶液（此时碱式滴定管读数为 22.00mL)，继续用 HCl 溶液滴定至橙色，记录滴定终点读数。如此连续滴定 3 次，得到 3 组数据，均为累计体积。计算每次滴定的体积比 V_{HCl}/V_{NaOH} 及体积比的相对平均偏差，其相对偏差应不超过 0.2%，否则要重做。

(3) 用 NaOH 溶液滴定 HCl 溶液：在酸式滴定管中装入 HCl 溶液，赶除气泡后调定零点。在碱式滴定管中装入 NaOH 溶液，排除玻璃球下部管中的气泡，并将液面调节至 0.00mL 标线。以 3～4 滴/s 的流速放出 20.00mLHCl 溶液至锥形瓶中（或者先快速放出 19.5mL，等待 30s，再继续放到 20.00mL)，加 2 滴酚酞指示剂，用 NaOH 溶液滴定到溶液由无色变为粉红色且 30s 之内不褪色即到终点，记录所耗 NaOH 溶液的体积（读准至 0.01mL)。再放出 2.00mLHCl 溶液（此时酸式滴定管读数为 22.00mL)，继续用 HCl 溶液滴定至粉红色，记录滴定终点读数。如此连续滴定 3 次，得到 3 组数据，均为累计体积。计算每次滴定的体积比 V_{HCl}/V_{NaOH} 及体积比的相对平均偏差，其相对偏差应不超过 0.2%。

(4) 实验结束后将实验仪器洗净，并将滴定管倒夹在滴定台上。将仪器收回仪器柜子里。最后将实验台擦净。

（五）数据记录与处理（表 4.7 和表 4.8）

表 4.7 HCl 溶液滴定 NaOH 溶液 指示剂：甲基橙

项目＼次序	1	2	3
NaOH 溶液体积/mL	20.00	22.00	24.00
HCl 溶液体积/mL			
V_{HCl}/V_{NaOH}			
V_{HCl}/V_{NaOH}平均值			
相对平均偏差/%			

表 4.8 NaOH 溶液滴定 HCl 溶液 指示剂：酚酞

项目＼次序	1	2	3
HCl 溶液体积/mL	20.00	22.00	24.00
NaOH 溶液体积/mL			
V_{HCl}/V_{NaOH}			
V_{HCl}/V_{NaOH}平均值			
相对平均偏差/%			

（六）思考题

（1）甲基橙、酚酞变色范围是多少？

（2）配制 NaOH 溶液时应选用何种天平称取试剂，为什么？

（3）酸式滴定管和碱式滴定管是否要用待装溶液润洗？如何润洗？

三、滴定分析法应用实训项目——酸碱滴定法测定实训项目

酸碱滴定法常利用 HCl、H_2SO_4、NaOH 等标准滴定溶液以直接法测定具有一定强度的酸性或碱性物质，以间接法测定能与酸或碱定量反应的物质以及经过化学反应后能定量生成酸或碱的非酸性或碱性物质。在分析中占有重要地位，应用非常广泛。

项目九 盐酸标准滴定溶液的配制与标定

（一）实训目的

（1）学习并掌握 HCl 标准滴定溶液配制与标定方法。

（2）巩固减量法的称量。

（3）熟练滴定操作和甲基橙指示剂判断滴定终点。

（4）熟练掌握酸式滴定管进行滴定。

（二）实训原理

见本章常见标准滴定溶液的制备，以下实验类同。

(三) 试剂

盐酸（密度 1.19）；无水 $NaCO_3$ 基准试剂；甲基橙指示剂（1g/L）。

(四) 实训步骤

1. 配制（0.1mol/L HCl 溶液 500mL）

计算配制 0.1mol/L HCl 溶液 500mL 所需纯浓盐酸（约 12mol/L）的体积，量筒量取 4～4.5mL 浓盐酸，注入 500mL 试剂瓶中，加入蒸馏水稀释至 500mL，摇匀并贴上标签待标定。

2. 标定（用无水 $NaCO_3$ 基准试剂）

减量法准确称取 0.15～0.20g 基准试剂无水 $NaCO_3$（或准确称取 1.0～1.2g，溶解后，在容量瓶中配成 250mL，用移液管移取 25mL），放入 250mL 锥形瓶中，加入 25mL 蒸馏水溶解，再加甲基橙 1 滴，用 HCl 溶液滴定至溶液由黄色变为橙色即为终点。记下 HCl 溶液的体积。平行测定 3 次。

(五) 数据处理（表 4.9）

$$c_{HCl}=\frac{2m_{Na_2CO_2}\times 1000}{M_{Na_2CO_3}V_{HCl}}$$

或

$$c_{HCl}=\frac{2m_{Na_2CO_2}\times\frac{25}{250}\times 1000}{M_{Na_2CO_3}V_{HCl}}$$

式中　c_{HCl}——盐酸标准滴定溶液的浓度，mol/L；

$m_{Na_2CO_2}$——碳酸钠的质量，g；

$M_{Na_2CO_3}$——碳酸钠的摩尔质量，g/mol；

V_{HCl}——盐酸溶液的体积，mL。

表 4.9　0.1mol/L HCl 标准滴定溶液的标定

项目 \ 次数	1	2	3
称量瓶＋碳酸钠质量/g			
称量瓶＋剩余碳酸钠质量/g			
碳酸钠质量/g			
HCl 溶液的体积/mL			
c_{HCl}/(mol/L)			
平均浓度 c_{HCl}/(mol/L)			
相对偏差			
相对平均偏差			

(六) 思考题

(1) 制备盐酸标准滴定溶液能否采用直接法，为什么？

(2) 为什么在滴定时一般都从零刻度开始？

(3) 配制盐酸标准滴定溶液时，量取浓盐酸的体积是怎样计算的?

(4) 标定盐酸溶液（约 0.1mol/L）消耗体积 20～30mL 时，需称取的碳酸钠基准试剂如何计算?

(5) 无水碳酸钠基准试剂所用蒸馏水体积是否需要准确量取? 为什么?

(6) 以碳酸钠基准试剂标定盐酸溶液，可否选用酚酞作指示剂，为什么?

(7) 除用碳酸钠作基准物质外，还可用什么物质标定盐酸溶液? 为什么盐酸溶液一般用基准物质标定而不用标准滴定溶液标定?

(8) 标定盐酸标准滴定溶液时，引入的个人操作误差有哪些?

 项目十　氢氧化钠标准滴定溶液的配制与标定

(一) 实训目的

(1) 掌握氢氧化钠标准滴定溶液的制备方法。

(2) 熟练掌握碱式滴定管进行滴定。

(3) 熟练滴定操作并正确判断酚酞指示剂的滴定终点。

(二) 实训原理

(略)

(三) 试剂

氢氧化钠固体，酚酞指示剂（10g/L 乙醇溶液），邻苯二甲酸氢钾基准试剂。

(四) 实训步骤

1. 配制（0.1mol/L NaOH 溶液 500mL）

用台秤称取固体 NaOH2.2～2.5g 于烧杯中，以少量蒸馏水迅速清洗 2～3 次，弃去洗涤液，洗去可能含有的 Na_2CO_3，然后加适量蒸馏水使之全部溶解。移入 500mL 试剂瓶中，加水稀释至 500mL 盖上橡皮塞，摇匀，贴上标签，待标定。

2. 标定（用 $KHC_8H_4O_4$ 基准试剂）

准确称取邻苯二甲酸氢钾基准试剂 0.4～0.5g（如何计算?）于 250mL 锥形瓶中，用 250mL 蒸馏水溶解，加 1～2 滴酚酞指示液，用待标定的氢氧化钠溶液滴定至溶液呈粉红色，并保持 30s 不褪色为终点。记下氢氧化钠消耗的体积。平行标定 3 次。

(五) 数据处理

NaOH 标准滴定溶液的浓度 c_{NaOH}，单位为摩尔每升（mol/L），按下式计算

$$c_{NaOH} = \frac{m_{KHC_8H_4O_4} \times 1000}{V_{NaOH} \cdot M_{KHC_8H_4O_4}}$$

式中　$m_{KHC_8H_4O_4}$——邻苯二甲酸氢钾的质量，g；

V_{NaOH}——氢氧化钠溶液的体积，mL；

$M_{KHC_8H_4O_4}$——邻苯二甲酸氢钾的摩尔质量，g/mol。

(六) 思考题

(1) 怎样制备不含二氧化碳的纯水?

(2) 氢氧化钠标准滴定溶液能否采用直接法制备，为什么?

(3) 配制不含碳酸钠的氢氧化钠标准滴定溶液有几种方法？怎样配制？

(4) 以邻苯二甲酸氢钾基准试剂标定氢氧化钠溶液，可否选用甲基橙作指示剂，为什么？

(5) 除用邻苯二甲酸氢钾作基准试剂外，还可用什么物质标定氢氧化钠溶液？

项目十一　EDTA标准滴定溶液的配制与标定

(一) 实训目的

(1) 了解配位滴定基本条件、控制方法和原理。

(2) 掌握EDTA标准滴定溶液的制备方法。

(3) 熟悉金属指示剂的应用。

(二) 实训原理

(略)

(三) 试剂

EDTA ($Na_2H_2Y \cdot 2H_2O$)；ZnO基准试剂；浓HCl、HCl溶液 (1+1)；氨水溶液 (1+1)；KOH (100g/L)；氨-氯化铵缓冲溶液 (pH为10)：称取5.4g氯化铵溶于水中，加入浓氨水35mL，用水稀释至100mL。铬黑T指示液 (5g/L)；钙指示剂：钙指示剂与NaCl以1∶100混合磨匀，配成固体指示剂；ZnO基准试剂；$CaCO_3$基准试剂。

(四) 实训步骤

1. EDTA标准滴定溶液的配制 (0.02mol/L溶液500mL)

称取4g $Na_2H_2Y \cdot 2H_2O$ (乙二胺四乙酸二钠，也即EDTA)，于250mL烧杯中，加水微热溶解，冷却后转入试剂瓶中，加入蒸馏水稀释至500mL，摇匀并贴上标签待标定。

2. EDTA标准滴定溶液的标定

EDTA标准滴定溶液的标定可用Zn、ZnO或$CaCO_3$基准试剂标定。

(1) 用Zn或ZnO作基准试剂标定：

① Zn^{2+}标准滴定溶液的配制 (0.02mol/L)：

a. 用金属Zn配制Zn^{2+}标准滴定溶液：准确称取金属Zn 0.3～0.4g于小烧杯中，加少量水润湿，盖好表面皿，逐滴加入10mL HCl (1+1) 溶液，必要时可微热使之溶解，冷却后定量转入250mL容量瓶中，加水稀释至刻度，摇匀。

b. 用ZnO配制Zn^{2+}标准滴定溶液：准确称取基准试剂氧化锌0.5～0.6g于小烧杯中，加盖表面皿，逐滴加入HCl (1+1) 溶液使之溶解，必要时可微热，冷却后定量转入250mL容量瓶中，加水稀释至刻度，摇匀。

② 标定EDTA：用移液管移取25.00mLZn^{2+}标准滴定溶液于锥形瓶中，加水20mL，滴加氨水 (1+1) 至刚出现浑浊 (为什么?)，此时pH约为8，然后加入10mL氨-氯化铵缓冲溶液 (pH约为10) 及5滴铬黑T指示液，用配制好的乙二胺四乙酸二钠溶液滴定至溶液由紫色转变为纯蓝色为终点，记下消耗EDTA的体积。平行标定3次。

(2) 用 $CaCO_3$ 作基准试剂标定:

① Zn^{2+} 标准滴定溶液的配制 (0.02mol/L): 准确称取基准 $CaCO_3$ 0.5~0.6g, 放入 150mL 烧杯中, 用少量水润湿, 盖上表面皿, 慢慢滴加 HCl(1+1)10~20mL, 加热溶解。以少量水冲洗表面皿, 定量的转入 250mL 容量瓶中, 加水稀释至刻度, 摇匀。

② 标定 EDTA: 用移液管移取 25.00mL Ca^{2+} 标准滴定溶液于锥形瓶中, 然后加入 20mL 蒸馏水, 加入少量钙指示剂, 滴加 KOH 溶液 (大约 20 滴) 至溶液呈现稳定的紫红色, 然后用待标定的 EDTA 标准滴定溶液滴定, 终点时溶液由红色变为蓝色, 记下消耗 EDTA 的体积。平行标定 3 次。

(五) 数据处理

EDTA 标准滴定溶液的浓度按下式计算:

$$c_{EDTA}=\frac{m\times\frac{25}{250}\times1000}{M\times V_{EDTA}}$$

式中 m——Zn、ZnO 或 $CaCO_3$ 的质量, g;

M——Zn、ZnO 或 $CaCO_3$ 的摩尔质量, g/mol;

V_{EDTA}——EDTA 标准滴定溶液的体积, mL。

(六) 注意事项

(1) 配位反应速度较慢, 故滴加 EDTA 速度不能太快, 特别是近终点时, 应逐滴加入, 并充分摇动。

(2) 滴加氨水 (1+1) 调整溶液酸度时要逐滴加入, 且边加边摇动锥形瓶, 防止滴加过量, 以出现浑浊为限。滴加过快时, 可能使浑浊立即消失, 误以为没有出现浑浊。

(七) 思考题

(1) 标定 EDTA 溶液时为什么要加氨-氯化铵缓冲溶液 (pH 为 10)?

(2) 用氨水调节 pH 时, 先有白色沉淀生成, 后来又溶解, 如何解释这种现象, 写出反应式。

(3) 以 HCl 溶解 $CaCO_3$ 基准物时, 操作时应注意些什么?

(4) 用浓 HCl (37%) 怎么配制 HCl (1+1) 浓度的溶液?

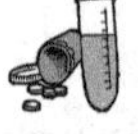

项目十二 $KMnO_4$ 标准滴定溶液的配制与标定

(一) 实训目的

(1) 掌握 $KMnO_4$ 标准滴定溶液的配制和贮存方法。

(2) 掌握用 $Na_2C_2O_4$ 基准物标定 $KMnO_4$ 溶液的原理和方法。

(3) 掌握 $KMnO_4$ 自身指示剂确定滴定终点。

(二) 实训原理

(略)。

(三) 试剂

$KMnO_4$ 固体; 基准试剂 $Na_2C_2O_4$, 在 105~110℃烘至恒重; H_2SO_4 溶液 (3mol/L)。

（四）实训步骤

1. $KMnO_4$标准滴定溶液的配制（0.02mol/L 溶液 500mL）

粗称 $KMnO_4$固体 1.6g 于 600mL 烧杯中，加入少量蒸馏水使之溶解，溶解部分倒入另一个烧杯中，全部溶解后再用蒸馏水稀释至 500mL，盖上表面皿，在电炉上加热至沸，缓缓煮沸 30min，冷却后置于暗处静置数天（至少 2～3d）后，用 G4 微孔玻璃砂心漏斗过滤，将滤液贮存于干燥具玻璃塞的棕色试剂瓶待标定。

2. $KMnO_4$标准滴定溶液的标定

准确称取 0.15～0.2g 基准试剂 $Na_2C_2O_4$于 250mL 锥形瓶中，加 30mL 蒸馏水溶解，加热近沸（75～85℃开始冒汽），再加入 3mol/L 的 H_2SO_4溶液 15mL，趁热用待标定的 $KMnO_4$标准滴定溶液滴定。注意滴定速度，开始时反应较慢，应在加入第一滴 $KMnO_4$溶液充分摇动至褪色后，再加下一滴。滴定至溶液呈粉红色且在 30s 不褪即为终点。记录消耗 $KMnO_4$标准滴定溶液的体积。平行测定 3 次。

（五）数据处理

$$c_{KMnO_4} = \frac{2m_{NaC_2O_4}}{5M_{Na_2C_2O_4}V_{KMnO_4}} \times 1000$$

式中　c_{KMnO_4}——标准滴定溶液的浓度，mol/L；

V_{KMnO_4}——滴定时消耗 $KMnO_4$标准滴定溶液的体积，mL；

$m_{Na_2C_2O_4}$——基准物 $Na_2C_2O_4$的质量，g；

$M_{Na_2C_2O_4}$——$Na_2C_2O_4$的摩尔质量，g/mol。

（六）思考题

（1）配制 $KMnO_4$标准滴定溶液时，为什么要将 $KMnO_4$溶液煮沸一定时间或放置数天再进行过滤？

（2）$KMnO_4$溶液应装于酸式滴定管还是碱式滴定管中？为什么要装在棕色酸式滴定管中？说明如何读取滴定管中 $KMnO_4$溶液体积。

（3）用基准物 $Na_2C_2O_4$标定 $KMnO_4$，其标定条件有哪些？为什么用 H_2SO_4调节酸度？而不用 HCl 或 HNO_3？

（4）在酸性条件下，以 $KMnO_4$溶液滴定 $Na_2C_2O_4$时，开始紫色褪去较慢，后来褪去较快，为什么？

（5）$KMnO_4$法中常用什么物质作指示剂，如何指示滴定终点？

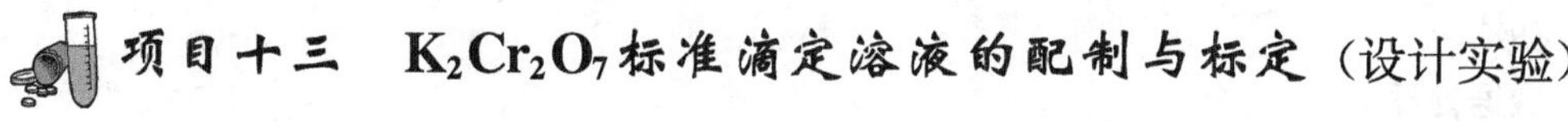

项目十三　$K_2Cr_2O_7$标准滴定溶液的配制与标定（设计实验）

（一）实训目的

（1）巩固直接法配制 $K_2Cr_2O_7$标准滴定溶液的原理、方法和计算。

（2）初步学会设计实验方案。

（二）基本要求

根据直接法配制标准滴定溶液的原理，并查阅相关参考资料，在老师指导下学习拟定实验设计方案，经讨论确定最终方案。

(三) 实训设计程序

(1) 实验原理：测定方法、反应方程式、指示剂等。

(2) 仪器（规格、数量）、药品（浓度及用量）。

(3) 实验步骤。

(4) 数据处理。

(5) 实验报告。

项目十四　硫代硫酸钠标准滴定溶液的配制与标定

(一) 实训目的

(1) 掌握硫代硫酸钠标准滴定溶液的配制与标定以及保存方法。

(2) 学会碘量瓶的使用方法。

(二) 实训原理

（略）

(三) 试剂

硫代硫酸钠（固体试剂）；$K_2Cr_2O_7$基准试剂；H_2SO_4（3mol/L）；KI 溶液（10%）；无水 Na_2CO_3；淀粉指示液（5g/L）。

(四) 实训步骤

1. $Na_2S_2O_3$标准滴定溶液的配制（0.1mol/L 溶液 500mL）

称取硫代硫酸钠 13g，溶于 500mL 已煮沸过的冷蒸馏水中，再加 0.1g 无水 Na_2CO_3，使其溶液呈弱碱性，以抑制细菌再生长，保存于具有磨口玻璃塞的棕色试剂瓶中，暗处放置两周后过滤、标定。

2. $Na_2S_2O_3$标准滴定溶液的标定

准确称取 0.12～0.15g 基准 $K_2Cr_2O_7$放于碘量瓶中，加入 25mL 煮沸并冷却的蒸馏水溶解后，加入 20mL 10%的 KI 溶液及 15mL 3mol/L 的 H_2SO_4溶液，立即盖上碘量瓶塞，摇匀，瓶口加少许蒸馏水密封，以防止 I_2的挥发。在暗处放置 10min，打开瓶塞，用蒸馏水冲洗磨口塞和瓶颈内壁，加 150mL 冷蒸馏水稀释，用待标定的 $Na_2S_2O_3$标准滴定溶液滴定至溶液出现淡黄绿色时，加 3mL（5g/L）的淀粉指示液，继续小心滴定至溶液由蓝色变为亮绿色即为终点。记录消耗 $Na_2S_2O_3$标准滴定溶液的体积。平行测定 3 次。

(五) 数据处理

$$c_{Na_2S_2O_3} = \frac{m_{K_2Cr_2O_7}}{M_{K_2Cr_2O_7}} \times 1000 \times \frac{6}{V_{Na_2S_2O_3}}$$

式中 $c_{Na_2S_2O_3}$——硫代硫酸钠标准滴定溶液物质的量浓度，mol/L；

$m_{K_2Cr_2O_7}$——基准物质 $K_2Cr_2O_7$的质量，g；

$M_{K_2Cr_2O_7}$——$K_2Cr_2O_7$的摩尔质量，g/L；

$V_{Na_2S_2O_3}$——$Na_2S_2O_3$标准滴定溶液的体积，mL。

(六) 注意事项

(1) 配制 $Na_2S_2O_3$标准滴定溶液，必须用煮沸过的冷蒸馏水，以除去 CO_2和杀死细菌。

(2) 硫代硫酸钠标准滴定溶液不易长期贮存，使用一段时间后要重新标定，如果发现溶液变浑浊或析出硫，应过滤后重新标定或弃去再重新配制溶液。

(3) 用 $Na_2S_2O_3$滴定生成的 I_2时应保持溶液呈中性或弱酸性。所以常在滴定前用蒸馏水稀释，降低酸度。通过稀释，还可以减少 Cr^{3+}绿色对终点的影响。

(4) 滴定至终点后，经过 5～10min，溶液又会出现蓝色，这是由于空气氧化 I_2所引起的，属正常现象。若滴定到终点后，很快又转变为 I_2^- 淀粉的蓝色，则可能是由于酸度不足或放置时间不够使 $K_2Cr_2O_7$与 KI 的反应未完全，此时应弃去重做。

(七) 思考题

(1) 配制 $Na_2S_2O_3$标准滴定溶液为什么需用新煮沸的蒸馏水？为什么要加入少量碳酸钠？

(2) $K_2Cr_2O_7$标定 $Na_2S_2O_3$标准滴定溶液时首先是让 $K_2Cr_2O_7$与过量的 KI 反应，其加入过量的 KI 的目的是什么？在其后用 $Na_2S_2O_3$标准滴定溶液滴定生成的 I_2时，为什么需先将溶液稀释？

(3) 标定 $Na_2S_2O_3$标准滴定溶液时，为什么淀粉指示剂要在临近终点时才加入？指示剂加入过早对标定结果有何影响？

项目十五　碘标准滴定溶液的配制与标定

(一) 实训目的

掌握碘标准滴定溶液的配制与标定方法以及保存方法。

(二) 实训原理

(略)。

(三) 试剂

固体试剂 I_2（分析纯）；固体试剂 KI（分析纯）；淀粉指示液（5g/L）；$Na_2S_2O_3$标准滴定溶液（0.1mol/L）；固体试剂 $NaHCO_3$（分析纯）；固体试剂 As_2O_3（基准纯）；NaOH 溶液（1mol/L）；酚酞指示液（10g/L）；H_2SO_4（0.5mol/L）。

(四) 实训步骤

1. I_2标准滴定溶液的配制（0.05mol/L 溶液 500mL）

称取 6.5g 碘及 17gKI 放于小烧杯中，加入 10～20mL 蒸馏水，用玻璃棒轻轻研磨，使碘逐渐全部溶解，转入棕色试剂瓶中，稀释至 500mL，盖好瓶盖，摇匀，待标定。

2. I_2标准滴定溶液的标定

(1) 用 As_2O_3标定：准确称取 0.12～0.18g 基准物 As_2O_3放于 250mL 碘量瓶中，加入 4mLNaOH 溶液溶解，加 50mL 水，2 滴酚酞指示液，用硫酸溶液中和至恰好无色。加 3g $NaHCO_3$及 3mL 淀粉指示液。用配好的碘溶液滴定至溶液呈蓝色。记录消耗 I_2 溶液的体积。平行测定 3 次。

（2）用 $Na_2S_2O_3$ 标准滴定溶液标定：用移液管移取已知浓度的 $Na_2S_2O_3$ 标准滴定溶液 25.00mL 于碘量瓶中，加水 50mL，3mL 淀粉（5g/L）溶液，用待标定的碘溶液滴定至溶液呈蓝色为终点。记录消耗 I_2 标准滴定溶液的体积。平行测定 3 次。

（五）数据处理

用 As_2O_3 标定时，碘标准滴定溶液浓度计算：

$$c_{I_2} = \frac{2m_{As_2O_3} \times 1000}{M_{As_2O_3} V_{I_2}}$$

式中　c_{I_2}——I_2 标准滴定溶液的浓度，mol/L；

$m_{As_2O_3}$——基准物 As_2O_3 的质量，g；

$M_{As_2O_3}$——As_2O_3 的摩尔质量，mol/L；

V_{I_2}——消耗 I_2 标准滴定溶液的体积，mL。

用 $Na_2S_2O_3$ 标准滴定溶液标定时，碘标准滴定溶液浓度计算：

$$c_{I_2} = \frac{c_{Na_2S_2O_3} V_{Na_2S_2O_3}}{2V_{I_2}}$$

式中　$c_{Na_2S_2O_3}$——$Na_2S_2O_3$ 标准滴定溶液的浓度，mol/L；

$V_{Na_2S_2O_3}$——$Na_2S_2O_3$ 标准滴定溶液的体积，mL；

V_{I_2}——消耗 I_2 标准滴定溶液的体积，mL。

由于 As_2O_3 为剧毒物，实际工作中常用已知浓度的 $Na_2S_2O_3$ 标准滴定溶液标定 I_2 溶液。

（六）思考题

（1）I_2 溶液应装在何种滴定管中，为什么？

（2）什么是直接碘量法和间接碘量法，它们的基本反应是什么？用淀粉作指示剂时，滴定终点有什么不同？

项目十六　$AgNO_3$ 标准滴定溶液的配制与标定

（一）实训目的

（1）掌握 $AgNO_3$ 标准滴定溶液的配制与标定方法。

（2）学会以 K_2CrO_4 为指示剂判断滴定终点的方法。

（二）实训原理

（略）。

（三）试剂

固体试剂 $AgNO_3$（分析纯）；固体试剂 NaCl 基准物质；K_2CrO_4 指示液（50g/L）。

（四）实训步骤

1. $AgNO_3$ 标准滴定溶液的配制（0.1mol/L 溶液 500mL）

台秤称取 8.5g $AgNO_3$ 溶于 500mL 不含 Cl^- 的蒸馏水中，贮存于带玻璃塞的棕色试剂瓶中，摇匀，置于暗处，待标定。

2. $AgNO_3$标准滴定溶液的标定

准确称取基准试剂 NaCl1.2～1.6g，放于小烧杯中，用蒸馏水溶解后转入 500mL 容量瓶中，稀释至刻度，摇匀。

用移液管移取此溶液 25.00mL 与锥形瓶中，加 25mL 蒸馏水，再加入 1mL 的 K_2CrO_4(50g/L) 指示液，在充分摇动下，用配好的 $AgNO_3$标准滴定溶液滴定至呈砖红色即为终点，记录消耗 $AgNO_3$标准滴定溶液的体积，平行测定 3 次。

(五) 数据处理

$$c_{AgNO_3} = \frac{m_{NaCl} \times \frac{25}{250} \times 1000}{M_{NaCl} V_{AgNO_3}}$$

式中 c_{AgNO_3}——$AgNO_3$标准滴定溶液的浓度，mol/mL；

m_{NaCl}——NaCl 基准试剂的质量，g；

M_{NaCl}——NaCl 的摩尔质量，g/mol；

V_{AgNO_3}——$AgNO_3$标准滴定溶液的体积，mL。

(六) 注意事项

(1) 试剂及其溶液具有腐蚀性，破坏皮肤组织，注意切勿接触皮肤及衣服。

(2) 配制 $AgNO_3$ 标准滴定溶液的蒸馏水应无 Cl^-，否则会出现白色浑浊，不能使用。

(3) 实验完毕后，盛装 $AgNO_3$溶液的滴定管应先用蒸馏水洗涤 2～3 次后，再用自来水洗净，以免 AgCl 沉淀残留于滴定管内壁。

(七) 思考题

(1) 为什么在滴定中对 K_2CrO_4 指示剂用量要控制？太多或太少对测定结果有何影响？

(2) 莫尔法中，为什么溶液的 pH 需控制在 6.5～10.5？

项目十七 NH_4SCN 标准滴定溶液的配制与标定

(一) 实训目的

(1) 掌握 NH_4SCN 标准滴定溶液的配制与标定方法。

(2) 学会以铁铵矾为指示剂判断滴定终点的方法。

(二) 实训原理

(略)。

(三) 试剂

固体试剂 NH_4SCN（分析纯）；固体试剂 $AgNO_3$基准物质；$NH_4Fe(SO_4)_2$指示液（400g/L）；硝酸溶液（1+3）；$AgNO_3$标准滴定溶液（0.1mol/L）。

(四) 实训步骤

1. 配制 NH_4SCN 标准滴定溶液（0.1mol/L 溶液 500mL）

称取 3.8gNH_4SCN，溶于 500mL 蒸馏水中，转入试剂瓶中，摇匀，待标定。

2. NH_4SCN标准滴定溶液标定

（1）用基准试剂 $AgNO_3$标定：准确称取基准试剂 $AgNO_3$ 0.5g 放于锥形瓶中，加100mL 蒸馏水溶解，再加 1mL $NH_4Fe(SO_4)_2$指示液和 10mL 硝酸溶液。在摇动下，用配好的 NH_4SCN 标准滴定溶液滴定至溶液呈浅红色保持 30s 不褪即为终点。记录消耗 NH_4SCN 标准滴定溶液的体积。平行测定 3 次。

（2）用 $AgNO_3$ 标准滴定溶液标定：用移液管准确量取 $AgNO_3$ 标准滴定溶液 25.00mL 放于锥形瓶中。加 1mL$NH_4Fe(SO_4)_2$指示液和 5mL 硝酸溶液。在摇动下，用配好的 NHSCN 标准滴定溶液滴定至溶掖呈浅红色保持 30s 不褪即为终点。记录消耗 NH_4SCN 标准滴定溶液的体积。平行测定 3 次。

（五）数据处理

$$c_{NH_4SCN}=\frac{m_{AgNO_3}\times 1000}{M_{AgNO_3}V_{NH_4SCN}}$$

式中 c_{NH_4SCN}——NH_4SCN 标准滴定溶液的浓度，mol/L；

m_{AgNO_3}——基准试剂 $AgNO_3$质量，g；

M_{AgNO_3}——$AgNO_3$摩尔质量，g/mol；

V_{NH_4SCN}——NH_4SCN 标准滴定溶液的体积，mL。

或

$$c_{NH_4SCN}=\frac{c_{AgNO_3}V_{AgNO_3}}{V_{NH_4SCN}}$$

式中 c_{AgNO_3}——$AgNO_3$标准滴定溶液的浓度，mol/L；

V_{AgNO_3}——$AgNO_3$标准滴定溶液的体积，mL；

V_{NH_4SCN}——消耗 NH_4SCN 标准滴定溶液的体积，mL。

（六）注意事项

AgSCN 沉淀强烈吸附 Ag^+ 会导致指示剂 $AgCrO_4$ 显色过早的出现，使终点提前，故滴定时必须剧烈摇动。

（七）思考题

（1）福尔哈德法标定 NH_4SCN 标准滴定溶液时采用的是直接滴定法还是返滴定法？

（2）$AgNO_3$标准滴定溶液应盛装在酸式还是碱式滴定管？在使用完毕后应如何洗涤？

项目十八　阿司匹林药片中乙酰水杨酸含量的测定

（一）实训目的

（1）掌握用酸碱滴定法测定乙酰水杨酸的原理和方法。

（2）学习试样的处理方法及中性乙醇溶液的配制。

（二）实训原理

阿司匹林（乙酰水杨酸）是常用的解热、消炎、镇痛药，它属于芳酸酯类药物。在乙酰水杨酸的分子结构中含有羧基，可作为一元酸（$pK_a=3.5$），故可用 NaOH 标准滴定溶液直接滴定，测定其含量。反应生成物乙酰水杨酸钠为弱碱，故用酚酞作指示剂。

反应式为

$$C_6H_4(COOH)(OCOCH_3) + NaOH \longrightarrow C_6H_4(COONa)(OCOCH_3) + H_2O$$

由于乙酰水杨酸中的乙酰基很容易水解生成乙酸和水杨酸，因此，用 NaOH 标准滴定溶液滴定时，NaOH 还会与其水解产物反应，使分析结果偏高。

乙酰水杨酸的水解反应为

$$C_6H_4(COOH)(OCOCH_3) + H_2O \longrightarrow C_6H_4(COONa)(OH) + CH_3COOH$$

根据阿司匹林微溶于水，易溶于乙醇的性质，在中性乙醇溶液中（10℃时），用 NaOH 标准滴定溶液滴定，以防止乙酰基水解。

（三）试剂

NaOH 标准滴定溶液：$c_{NaOH}=0.1$mol/L；酚酞指示液：(10g/L 乙醇溶液)；乙醇 (95%)；冰；阿司匹林试样。

（四）实训步骤

（1）中性乙醇溶液的配制：量取 60mL 的乙醇（95%）溶液于烧杯中，加 1～2 滴酚酞指示液，用 0.1mol/L 的 NaOH 标准滴定溶液滴至微红色，盖上表面皿，将此中性乙醇溶液冷至“10℃”以下备用。

（2）乙酰水杨酸含量的测定：将阿司匹林药片在研钵中研细后精确称量 1g，置于洁净干燥的 250mL 锥形瓶中，加入 20mL 冷的中性乙醇溶液，摇动使试样充分溶解。加酚酞指示剂 2 滴，在低于 10℃的温度下，用 0.1mol/L NaOH 标准滴定溶液滴定到微红色，30s 不褪色即为终点。平行测定 3 次，计算药片中乙酰水杨酸的含量。

（五）数据处理

$$\omega_{C_9H_8O_4}=\frac{c_{NaOH}V_{NaOH}M_{C_9H_8O_4}\times10^{-3}}{G}\times100\%$$

式中　c_{NaOH}——NaOH 标准滴定溶液的浓度，mol/L；

V_{NaOH}——NaOH 标准滴定溶液的体积，mL；

$M_{C_9H_8O_4}$——乙酰水杨酸的摩尔质量，g/mol；

G——阿司匹林试样的质量，g。

（六）注意事项

该实验，控制温度很关键。可将装有乙醇溶液的烧杯保存在盛有冰块的大烧杯中，以控制温度不超过 10℃。

（七）思考题

（1）本实验中阿司匹林试样能否用水溶解，为什么？

（2）量取 20mL 中性乙醇溶液，应选用何种量器？

项目十九 食醋中总酸度的测定

(一) 实训目的

(1) 进一步掌握移液管、容量瓶的使用方法和滴定操作技术。

(2) 了解强碱滴定弱酸的反应原理及指示剂的选择。

(3) 学会食醋中总酸度的测定方法。

(二) 实训原理

食醋的主要成分是醋酸，此外还含有少量其他弱酸如乳酸等。醋酸的电离平衡常数 $K_a=1.8\times10^{-5}$。用 NaOH 标准滴定溶液滴定醋酸，其基本反应为

$$NaOH + HAc = NaAc + H_2O$$

滴定到化学计量点时溶液呈弱碱性（pH 为 8.7），选用酚酞作指示剂，终点由无色到微红色。测得的是总酸度（HAc 及杂质酸都与 NaOH 反应），以醋酸的质量浓度（g/mL）表示。

(三) 试剂

0.1mol/LNaOH 标准滴定溶液；酚酞指示剂（1%乙醇溶液）；食醋试样。

(四) 实训步骤

用移液管准确移取 25.00mL 醋样，放入 250mL 容量瓶中，用蒸馏水稀释到刻度，摇匀。用移液管移取 25.00mL 稀释过的醋样于 250mL 锥形瓶，加酚酞指示剂 2 滴，用已标定的 NaOH 标准滴定溶液滴定至微红色，30s 内不褪色，即为终点。平行测定三次。根据 NaOH 标准滴定溶液的用量计算食醋的总酸度。

(五) 数据处理

$$\rho_{HAc}=\frac{c_{NaOH}\cdot V_{NaOH}\dfrac{M_{HAc}}{1000}}{25.00\times\dfrac{25.00}{250}}\times1000$$

式中 c_{NaOH}——NaOH 标准滴定溶液的浓度，mol/L；

V_{NaOH}——NaOH 标准滴定溶液的体积，mL；

M_{HAc}——醋酸的摩尔质量，g/mol；

ρ_{HAc}——醋酸的总酸度，g/L。

(六) 注意事项

(1) 食醋中醋酸的浓度较大，且颜色较深，必须稀释后再滴定，也可以选择白醋作试样。

(2) 稀释食醋试样所用蒸馏水必须经过煮沸以除去 CO_2，否则 CO_2 溶于水生成 H_2CO_3 将被 NaOH 标准滴定溶液同时滴定。

(七) 思考题

(1) 用 NaOH 标准滴定溶液滴定醋酸溶液，属于哪种滴定类型？滴定依据是什么？

(2) 滴定醋酸为什么用酚酞作指示剂？可否选用甲基橙或甲基红作指示剂，为什么？

 项目二十　烧碱中 NaOH、Na_2CO_3 含量的测定（双指示剂法）

（一）实训目的

（1）了解双指示剂法测定烧碱中 NaOH、Na_2CO_3 含量的原理和方法。

（2）掌握双指示剂法判断烧碱的组成。

（3）掌握双指示剂法测定烧碱中 NaOH、Na_2CO_3 含量的操作技术。

（二）实训原理

氢氧化钠俗称烧碱，在生产和存放过程中，常因吸收空气中的 CO_2，因而含有少量杂质 $NaCO_3$。对于烧碱中 NaOH 及 Na_2CO_3 含量，可在同一份试样中用两种不同的指示剂分别测定，此种方法称为“双指示剂法”。

本实验所用的两种指示剂是酚酞和甲基橙。在烧碱试液中，先以酚酞为指示剂，用 HCl 标准滴定溶液滴定至由红色变为无色，即第一化学计量点（pH 为 8.3），消耗 HCl 标准滴定溶液 V_1，此时，溶液中 NaOH 全部被中和，$NaCO_3$ 被中和至 $NaHCO_3$。

$$NaOH + HCl \xlongequal{} NaCl + H_2O$$

$$Na_2CO_3 + HCl \xlongequal{} NaHCO_3 + NaCl$$

在此溶液中再加甲基橙指示剂，继续用 HCl 标准滴定溶液滴定至溶液由黄色变为橙色，这是第二化学计量点（pH 为 3.89），消耗 HCl 标准滴定溶液 V_2，此时，溶液中 $NaHCO_3$ 被中和。

$$NaHCO_3 + HCl \xlongequal{} NaCl + CO_2 + H_2O$$

可见，中和 NaOH 所消耗 HCl 溶液的体积为 $(V_1 - V_2)$，中和 Na_2CO_3 所消耗 HCl 溶液的体积为 $2V_2$。

（三）试剂

烧碱液；0.1mol/LHCl 标准滴定溶液；酚酞指示液（10g/L 乙醇溶液）；甲基橙指示液（1g/L 水溶液）。

（四）实训步骤

用移液管吸取 25mL 试样于 250mL 容量瓶中，用蒸馏水稀释到刻度，摇匀。用移液管吸取 25.00mL 已稀释的试液于 250mL 锥形瓶中，加入 2 滴酚酞指示液，用 0.1mol/LHCl 标准滴定溶液滴定，边滴加边充分摇动（避免局部 Na_2CO_3 直接被滴至 $NaHCO_3$）滴定至溶液由红色恰好褪至无色为止，此时即为第一终点，记下所消耗 HCl 标准滴定溶液体积 V_1。然后再加 2 滴甲基橙指示液，继续用上述盐酸标准滴定溶液滴定至溶液由黄色恰好变为橙色，即为第二终点，记下所消耗 HCl 标准滴定溶液的体积 V_2。根据 V_1 和 V_2 计算试液中 NaOH、Na_2CO_3 的含量。平行测定 3 次。

（五）数据处理

$$\rho_{NaOH} = \frac{c_{HCl}(V_1 - V_2) \times M_{NaOH}}{25 \times \frac{25}{250}}$$

$$\rho_{Na_2CO_3} = \frac{c_{HCl} V_2 M_{Na_2CO_3}}{25 \times \frac{25}{250}}$$

式中 c_{HCl}——HCl 标准滴定溶液的浓度，mol/L；

M_{NaOH}——NaOH 摩尔质量，g/mol；

$M_{Na_2CO_3}$——Na_2CO_3摩尔质量，g/mol；

V_1——酚酞终点消耗 HCl 标准滴定溶液体积，mL；

V_2——甲基橙终点消耗 HCl 标准滴定溶液体积，mL；

$\rho_{Na_2CO_3}$——烧碱中 NaOH 含量，g/L；

ρ_{NaOH}——烧碱中 Na_2CO_3含量，g/L。

(六) 注意事项

本实验滴定速度宜慢：当滴定接近第一终点时，要充分摇动锥形瓶，滴定的速度不能太快，防止滴定液 HCl 局部过浓，否则 Na_2CO_3会直接被滴定成 CO_2；当滴定接近第二终点时，每加一滴后摇匀，至颜色稳定后再加第二滴，否则因为颜色变化较慢，容易过量。

(七) 思考题

(1) 什么叫双指示剂法？如果样品是碳酸钠和碳酸氢钠的混合物，可否用双指示剂法？应如何测定其含量？

(2) 采用双指示剂法测定混合碱，在同一份溶液中测定，试判断下列情况中的混合碱存在的成分是什么？

①$V_1=0$，$V_2>0$。②$V_1=V_2>0$。③$V_1>0$，$V_2=0$。④$V_1>V_2$。⑤$V_2>V_1$。

 项目二十一 硫酸铵中氮含量的测定（甲醛法）

(一) 实训目的

(1) 掌握甲醛法测定铵盐中氮含量的原理和方法。

(2) 熟悉消除试剂中的甲酸和试样中的游离酸的方法。

(二) 实训原理

硫酸铵是常见氮肥之一，它也可用于医药、染料、食品等行业。因 NH^{4+} 酸性太弱，($K=5.610^{-10}$)，故不能用氢氧化钠标准滴定溶液直接滴定。但可将硫酸铵与甲醛作用，定量生成六次甲基四铵盐和 H^+ 反应中生成的酸用 NaOH 标准滴定溶液滴定。以酚酞为指示剂，滴定至淡粉色 30s 不褪色，即为终点。反应如下：

$$4NH_4^+ + 6HCHO = (CH_2)_6N_4H^+ + 3H^+ + 6H_2O$$

$$(CH_2)_6N_4H^+ + 3H^+ + 4OH^- = (CH_2)_6N_4 + 4H_2O$$

由于溶液中存在的六亚甲基四胺是一种很弱的碱 ($K_b=1.4\times10^{-9}$)，化学计量点时，溶液的 pH 约为 8.7，故选酚酞作指示剂。

市售 40%的甲醛中含有少量的甲酸，使用前必须用酚酞为指示剂，用 NaOH 溶液中和。

一般情况下，化肥中常含有游离酸，加甲醛之前应事先以甲基红为指示剂，用 NaOH 标准滴定溶液中和，以免影响测定结果。

(三)试剂

0.1moL/LNaOH 溶液;甲基红指示剂(10g/L);酚酞指示剂(10g/L);甲醛溶液(1+1):取原瓶装甲醛上层清液,加入 1 倍水,以酚酞为指示剂,用 0.1moL/LNaOH 溶液中和至淡粉色,再用未中和的甲醛滴定至刚好无色。

(四)实训步骤

准确称取硫酸铵试样 0.2~0.3g 于 250mL 锥形瓶中,加 20mL 水使之溶解。加 1~2 滴甲基红指示液,如呈红色,需用氢氧化钠标准滴定溶液滴定至橙色(不计氢氧化钠标准滴定溶液消耗体积)。再加入 10mL 甲醛溶液(1+1),充分摇匀,放置 2~3min 后,加 2~3 滴酚酞指示剂,用氢氧化钠标准滴定溶液滴定至溶液呈粉红色并持续 30s 不褪色为终点。平行测定 3 次。

(五)数据处理

硫酸铵试样中氮的质量分数按下式进行计算:

$$\omega_N = \frac{c_{NaOH} V_{NaOH} M_N \times 10^{-3}}{G}$$

式中 c_{NaOH}——氢氧化钠标准滴定溶液的浓度,mol/L;

V_{NaOH}——氢氧化钠标准滴定溶液的体积,mL;

M_N——氮的摩尔质量,g/mol;

G——硫酸铵试样的质量,g。

(六)注意事项

(1)由于 NH_4^+ 与甲醛的反应在室温下进行较慢,故加入甲醛溶液后,需放置数分钟,使反应完全。也可温热至 40℃左右以加速反应的进行,但不能超过 60℃,以免生成的六亚甲基四胺分解。

(2)甲醛法准确度稍差,但其简单快速,故在生产上应用较多。此法适用于单纯含 NH_4^+ 的试样(如化肥)测定,试样中不能有钙镁或其他重金属离子存在。

(七)思考题

(1)硫酸铵试样溶解于水后呈酸性还是碱性?为什么不能用碱标准滴定溶液直接测定其中的氮含量?为什么选用酚酞指示剂?

(2)本方法中加入甲醛的作用是什么?使用甲醛前,为什么要用 NaOH 中和?

(3)中和甲醛及硫酸铵试样中的游离酸,为什么要采用不同的指示剂?

项目二十二 氨基乙酸的测定(非水溶液滴定)

(一)实训目的

(1)掌握高氯酸标准滴定溶液的制备方法。

(2)掌握弱酸碱性物质的非水滴定原理。

(3)掌握非水滴定结晶紫指示剂的终点判断。

(二)实训原理

氨基乙酸是组成蛋白质的基本单位之一,它同时含有—NH_2 和—COOH,故为两性物质。在水溶液中，氨基乙酸的—NH_2碱性很弱，—COOH 的酸性也很弱，无法准确滴定，但在冰醋酸溶剂中碱性得以增强，可用高氯酸为标准滴定溶液，结晶紫（或甲基紫）为指示剂进行滴定，由溶液紫色消失，粗现蓝色为终点。在冰醋酸溶剂中高氯酸的酸性最强，所以常用高氯酸的冰醋酸溶液作标准滴定溶液。其反应如下：

$$\begin{array}{c}H\\|\\H—C—COOH\\|\\NH_3\end{array} + HClO_4 = \begin{array}{c}H\\|\\H—C—COOH\\|\\NH_3^+ClO_4^-\end{array}$$

（三）试剂

冰醋酸；高氯酸；醋酐；邻苯二甲酸氢钾（基准试剂）；结晶紫指示液（5g/L 冰醋酸溶液）。

（四）实训步骤

1. 0.1mol/L 高氯酸标准滴定溶液的制备

（1）配制：量取 2.2 高氯酸，在搅拌下注入 100mL 冰醋酸中，混匀。滴加 5mL 乙酸酐，搅拌至溶液均匀。冷却后用冰醋酸稀释至 250mL。

（2）标定：称取邻苯二甲酸氢钾基准物 0.16～0.20g（称准至 0.0001g）于洁净且已干燥好的锥形瓶中，加入 20～25mL 冰醋酸使其溶解，必要时可温热数分钟。冷至室温，加 1～2 滴指示剂，用配制好的高氯酸标准滴定溶液滴定至溶液由紫色变为蓝色即为终点。平行测定 3 次。高氯酸标准滴定溶液浓度公式为：

$$c_{HClO_4} = \frac{m_{KHP} \times 1000}{V_{HClO_4} M_{KHP}}$$

式中 m_{KHP}——邻苯二甲酸氢钾的质量，g；

V_{HClO_4}——高氯酸标准滴定溶液的体积，mL；

M_{KHP}——邻苯二甲酸氢钾的摩尔质量，g/mol。

2. 氨基乙酸的测定

准确称取 0.10～0.15g（称准至 0.0001g）氨基乙酸试样于洁净且干燥的锥形瓶中，加入 30mL 冰醋酸使其溶解，再加入结晶紫指示液 1～2 滴，用高氯酸-冰醋酸标准滴定溶液滴定至紫色消失，刚出现蓝绿色即为终点。平行测定 3 次。计算试样中氨基乙酸的含量。

（五）数据处理

试样中氨基乙酸含量 $\omega_{C_2H_5O_2N}$ 按下式计算：

$$\omega_{C_2H_5O_2N} = \frac{c_{HClO_4} V_{HClO_4} M_{C_2H_5O_2N} \times 10^{-3}}{m}$$

式中 c_{HClO_4}——高氯酸标准滴定溶液的浓度，mol/L；

V_{HClO_4}——高氯酸标准滴定溶液的体积，mL；

$M_{C_2H_5O_2N}$——氨基乙酸的摩尔质量，g/mol；

m——氨基乙酸试样的质量，g。

（六）注意事项

（1）非水溶液滴定过程要严防水的引入，所用仪器均需干燥。

(2) 如试样溶解不完全，可加入 1mL 甲酸助溶，但需做空白实验。

(3) 市售高氯酸试剂含 $HClO_4$ 70%～80%，需加入醋酐以除去其中水分。除去高氯酸及冰醋酸中的水分时，所加酸酐不宜过量，否则会使测定结果偏低。当高氯酸与醋酐混合时，发生剧烈反应，并放出大量热。因此配制时先用冰醋酸稀释高氯酸，然后在不断搅拌下缓缓滴加醋酐。

(4) 邻苯二甲酸氢钾常用于标定氢氧化钠溶液的浓度，为何在本实验中可用于标定高氯酸冰醋酸标准滴定溶液？

(5) 能否在水中用高氯酸标准滴定溶液直接滴定氨基乙酸溶液，为什么？

四、被测物含量测定实训项目——配位滴定法实训项目

配位滴定法中所用标准滴定溶液主要为 EDTA 标准滴定溶液，它可与金属离子形成稳定的配合物，可以直接或间接测定许多种元素。

项目二十三　水的总硬度的测定

(一) 实训目的

(1) 熟悉水的硬度的表示方法。

(2) 掌握配位滴定法测定工业用水中钙镁含量的原理和方法。

(3) 掌握铬黑 T 指示剂的使用条件。

(二) 实训原理

工业用水常形成锅垢，这是水中钙、镁盐等所致。水中钙离子、镁离子等含量用硬度表示，其中钙离子、镁离子含量是计算硬度的主要指标。水的硬度测定可分为水的总硬度测定和钙、镁硬度的测定两种。水中 Ca^{2+}、Mg^{2+} 的总量称为总硬度，Ca^{2+} 含量即为钙硬度，Mg^{2+} 含量则为镁硬度。

水中硬度的测定，一般采用 EDTA 滴定法。

总硬度的测定应在 pH 为 10 的氨性缓冲溶液中，用铬黑 T 作指示剂进行滴定，溶液由酒红色变为蓝色即为终点。滴定时，Fe^{3+}、Al^{3+} 等干扰离子用三乙醇胺及酒石酸钾钠掩蔽，少量 Cu^{2+}、Pb^{2+}、Zn^{2+} 等则用 KCN、Na_2S 等掩蔽。

钙的硬度测定，用氢氧化钠溶液调节水样 pH 为 12，Mg^{2+} 形成 $Mg(OH)_2$ 沉淀，用 EDTA 标准滴定溶液直接滴定 Ca^{2+}，采用钙指示剂，终点溶液由红色变蓝色。

镁则可由总硬度与钙硬度之差求得。

水的硬度有多种方法表示。本书采用我国目前常用的表示方法：以度（°）计，即将钙、镁离子的量折算成 CaO 的重量，以 1L 水中含 10mgCaO 称为 1°。有时也以 mg/L 表示。

硬度小于 5.6°的水，一般称为软水。生活饮用水要求硬度小于 25°。工业用水则要求为软水，否则容易形成水垢，给工业生产造成危害。水的硬度测定是工业用水和生活用水水质分析的一项重要指标，其测定有很重要的实际意义。

(三) 试剂

0.02mol/LEDTA 标准滴定溶液；氨-氯化铵缓冲溶液（pH 为 10）；铬黑 T 指示

剂；三乙醇胺溶液（1+2）；盐酸溶液（1+1）；4mol/L 氢氧化钠溶液；钙指示剂。

（四）实训步骤

1. 水的总硬度测定

吸取水样 50.00mL 于 250mL 锥形瓶中，加入三乙醇胺溶液（1+2）3mL，摇匀后再加入氨-氯化铵缓冲溶液 5mL 及 3 滴铬黑 T 指示剂，摇匀，用 EDTA 标准滴定溶液滴定至溶液由酒红色转变为纯蓝色为终点，记下 EDTA 标准滴定溶液消耗的体积 V。平行测定 3 次。

2. 钙硬度的测定

吸取水试样 50.00mL 于 250mL 锥形瓶中，加入刚果红试纸（pH 为 3～5，颜色由蓝变红）一小块，用盐酸溶液酸化至试纸变为蓝紫色。煮沸 2～3min，冷却至 40～50℃，加入 4mol/L 氢氧化钠溶液 4mL，再加入少量钙指示剂，用 EDTA 标准滴定溶液滴定至溶液由红色转变为纯蓝色为终点，记下 EDTA 标准滴定溶液的体积，平行测定 3 次。

（五）数据处理

$$硬度\ (^\circ=10\mathrm{mgCaO/L}) = \frac{c_{\mathrm{EDTA}} \cdot V_{\mathrm{EDTA}} \cdot \frac{M_{\mathrm{CaO}}}{1000}}{V_{水}} \times 10^5$$

镁硬度＝总硬度－钙硬度

式中　c_{EDTA}——EDTA 标准滴定溶液的浓度，mol/L；

V_{EDTA}——滴定消耗 EDTA 标准滴定溶液的体积，mL；

M_{CaO}——CaO 的摩尔质量，g/mol；

$V_{水}$——水样的体积，mL。

（六）注意事项

（1）测定工业用水前应针对水样状况进行适当的前处理，如水呈酸性或碱性，要预先中和；水样如含有机物，颜色较深，需用 2mL 浓盐酸及少许过硫酸铵加热脱色后再测定；水样浑浊，需先过滤（但应注意用纯水先将滤纸洗净）；如水中含有较多 CO_3^{2-}，也影响滴定，需先加酸煮沸，驱逐 CO_2 后，再进行滴定。

（2）当水样中 Mg^{2+} 含量较低时，铬黑 T 指示剂终点变色不够敏锐，可加入一定量的 Mg-EDTA 混合液，以增加溶液中 Mg^{2+} 含量，使终点变色敏锐。

（七）思考题

（1）测定水总硬度时为什么要调节 pH 为 10？为什么采用铬黑 T 指示剂而不用二甲酚橙指示剂？

（2）用 EDTA 滴定水的硬度时，哪些离子存在有干扰？如何消除？

（3）钙硬度测定中，加入盐酸的作用是什么？加入氢氧化钠的作用又是什么？

项目二十四　葡萄糖酸钙中钙含量的测定

（一）实训目的

（1）掌握钙制剂的溶样方法。

(2) 掌握配位滴定法测定钙制剂的原理和方法。

(3) 掌握铬蓝黑 R 指示剂的应用条件。

(二) 实训原理

葡萄糖酸钙用酸溶解，并加入少量三乙醇胺，以消除 Fe^{3+} 等的干扰，调节 pH 为 12～13，以铬蓝黑 R 作指示剂，指示剂与钙生成红色的络合物，当用 EDTA 滴定至终点时，游离出指示剂，溶液呈现蓝色。

(三) 试剂

0.02mol/L EDTA 标准滴定溶液；5mol/L NaOH 溶液；6mol/L HCl 溶液；三乙醇胺 (200g/L)；铬蓝黑 R 乙醇溶液 (5g/L)。

(四) 实训步骤

称取葡萄糖酸钙 2g 左右（准确至 0.0001g），加 6mol/L HCl 5mL，加热溶解完全后，定量转移到 250mL 容量瓶中，用水稀释至刻度，摇匀。

用移液管移取上述试液 25.00mL，加三乙醇胺溶液 5mL，加 5mol/L NaOH5mL，加水 25mL，摇匀，加铬蓝黑 R 指示液 2～3 滴，用 0.02mol/L EDTA 标准滴定溶液滴定至溶液自红色变为蓝色即为终点，记下消耗 EDTA 的体积。平行测定 3 次。

(五) 数据处理

葡萄糖酸钙中钙的含量（质量分数）

$$\omega_{Ca}=\frac{c_{EDTA}\cdot V_{EDTA}\times 10^{-3}M_{Ca}}{m\times\dfrac{25}{250}}\times 100\%$$

式中 c_{EDTA}——EDTA 标准滴定溶液浓度，mol/L；

V_{EDTA}——EDTA 标准滴定溶液体积，mL；

M_{Ca}——Ca 的摩尔质量，g/moL；

m——样品的质量，g。

(六) 注意事项

钙制剂视钙含量多少而确定称量范围。有色有机钙因颜色干扰无法辨别终点，应先进消化处理。牛奶、钙奶均为乳白色，终点颜色变化不太明显，接近终点时再补加 2～3 滴指示剂。

(七) 思考题

(1) 简述铬蓝黑 R 的变色原理。

(2) 计算钙制剂含量的称量范围的依据是什么？

(3) 钙含量的测定除了用配位滴定法外还可以用其他滴定分析法吗？试拟定实验方案，并与配位滴定法进行比较。

项目二十五 胃舒平药片中铝镁含量测定

(一) 实训目的

(1) 学习片剂药物试样测定前的处理方法。

（2）掌握用配位滴定法测定铝、镁混合物的方法。

（3）掌握沉淀分离掩蔽法的操作。

（二）实训原理

胃舒平药片是胃病患者的常用药。其主要成分为氢氧化铝、三硅酸镁等。药片中铝和镁的含量用配位滴定法测定。为此先分离除去水不溶物质，然后分别取试液进行测定。

因 Al^{3+} 与 EDTA 作用缓慢．需加热才能配位完全，Al^{3+} 对二甲酚橙指示剂有封闭作用，且在酸度不高时易于水解，所以不能直接滴定，故测定时先于试液中加入过量的 EDTA 标准滴定溶液，调节 pH 为 4，煮沸使 EDTA 与 Al 配位完全，再以二甲酚橙为指示剂，用 Zn^{2+} 标准滴定溶液返滴定过量的 EDTA，测出铝含量。

另取试液，调节 pH，将 Al^{3+} 沉淀分离后，在 pH 为 10 的条件下以铬黑 T 为指示剂用 EDTA 标准滴定溶液即可滴定滤液中的 Mg^{2+}。

（三）试剂

0.02mol/L EDTA 标准滴定溶液；0.02mol/L 二甲酚橙指示液（2g/L）；氨溶液（1∶1）；盐酸溶液（1∶1）；三乙醇胺溶液（1∶2）；氨-氯化铵缓冲溶液 pH 为 10；甲基红指示液（2g/L 乙醇溶液）；铬黑 T 指示剂（5g/L）；氯化铵固体；六亚甲基四胺溶液（200g/L）。

（四）实训步骤

1. 试样处理

取胃舒平药片 10 片，研细混匀后，从中称出药粉 2g（准确至 0.0001g），加入 20mL 盐酸溶液（1∶1），加水 100mL，煮沸。冷却后过滤，并以水洗涤，收集滤液及洗涤液于 250mL 容量瓶中，稀释至刻度，摇匀。

2. 铝的测定

准确吸取上述试液 5.00mL，加水至 25mL，滴加氨溶液（1∶1）至刚浑浊，再滴加盐酸溶液（1∶1）至沉淀恰好溶解。加入 EDTA 标准滴定溶液 25.00mL，再加入六亚甲基四胺溶液（200g/L）10mL，煮沸 10min。冷却后加入二甲酚橙指示剂 2～3 滴，以 Zn^{2+} 标准滴定溶液滴定至蓝色转变为红色为终点，记下消耗的体积。平行测定 3 次。

3. 镁的测定

准确吸取以上试液 25.00mL，滴加氨溶液（1∶1）至刚出现沉淀，再加入盐酸溶液（1∶1）至沉淀恰好溶解。加入固体氯化铵 2g，滴加六亚甲基四胺溶液（200g/L）至沉淀出现并过量 15mL。加热至 80℃，保温 10～15min，冷却后过滤，以少量水洗涤数次。收集滤液与洗涤液于 250mL 锥形瓶中，加入三乙醇胺溶液（1∶2）10mL，氨化铵缓冲溶液 10mL 及甲基红指示液 1 滴，铬黑 T 指示剂少许，用 EDTA 标准滴定溶液滴定至试液由暗红色转变为蓝绿色为终点，记下消耗的体积，平行测定 3 次。

（五）数据处理

胃舒平药片中铝的质量分数 ω_{Al} 和镁的质量分数 ω_{Mg} 计算公式如下：

$$\omega_{Al}=\frac{[c_{EDTA}V_{EDTA}-c_{Zn^{2+}}V_{Zn^{2+}}]M_{Al}\times10^{-3}}{G\times\frac{5.00}{250.00}}$$

式中　c_{EDTA}——EDTA标准滴定溶液的浓度，mol/L；

V_{EDTA}——EDTA标准滴定溶液的体积，mL；

$c_{Zn^{2+}}$——Zn^{2+}标准滴定溶液的浓度，mol/L；

$V_{Zn^{2+}}$——Zn^{2+}标准滴定溶液的体积，mL；

M_{Al}——铝的摩尔质量，g/mol；

G——胃舒平试样的质量，g。

$$\omega_{Mg}=\frac{c_{EDTA}V_{EDTA}M_{Mg}\times 10^{-3}}{m\times\dfrac{25.00}{250.00}}$$

式中　c_{EDTA}——EDTA标准滴定溶液的浓度，mol/L；

V_{EDTA}——EDTA标准滴定溶液的体积，mL；

M_{Mg}——Mg的摩尔质量，g/mol；

m——胃舒平试样的质量，g。

（六）注意事项

（1）胃舒平药片试样中铝镁含量可能不均匀，为使测定结果具有代表性，应取较多样品，研细混匀后再取部分进行分析。

（2）试验结果表明，用六亚甲基四胺溶液调节pH以分离氢氧化铝，其结果比用氨水好，可以减少氢氧化铝沉淀对Mg^{2+}的吸附。

（3）测定镁时，加入甲基红指示液1滴，可使终点更为敏锐。

（七）思考题

（1）本实验为什么要称取大样溶解后再分取试液进行滴定？

（2）铝的测定中，滴加氨溶液至刚出现浑浊，再滴加盐酸溶液至沉淀恰好溶解的目的是什么？

（3）在控制一定的条件下能否用EDTA标准滴定溶液直接滴定Al^{3+}？

（4）在分离Al^{3+}后的滤液中测定Mg^{2+}，为什么还要加入三乙醇胺溶液？

项目二十六　铅、铋混合液中铅、铋含量的连续测定

（一）实训目的

（1）了解调节酸度提高EDTA选择性的方法。

（2）学会用EDTA标准滴定溶液进行连续滴定的原理和方法。

（二）实训原理

Bi^{3+}、Pb^{2+}均能与EDTA形成稳定的1∶1配合物，但Bi^{3+}与EDTA的配合物远比Pb^{2+}与EDTA的配合物稳定（$\lg K_{BiY}=27.94$，$\lg K_{PbY}=18.04$），故可利用酸效应，控制不同的酸度，用EDTA连续滴定Bi^{3+}和Pb^{2+}。

在Bi^{3+}和Pb^{2+}混合溶液中，首先调节溶液的pH为1，加入二甲酚橙指示剂后，Bi^{3+}与指示剂形成紫红色配合物（Pb^{2+}在此条件下不会与二甲酚橙形成有色配合物），用EDTA标准滴定溶液滴定Bi^{3+}，当溶液由紫红色恰变为黄色，即为滴定Bi^{3+}的终点。

在滴定 Bi^{3+} 后的溶液中，加入六亚甲基四胺溶液，使溶液的 pH 为 5～6，此时 Pb^{2+} 与二甲酚橙形成紫红色配合物，溶液再次呈现紫红色，然后用 EDTA 标准滴定溶液继续滴定至溶液由紫红色再转变为黄色时，即为滴定 Pb^{2+} 的终点。

（三）试剂

0.02mol/L EDTA 标准滴定溶液；二甲酚橙指示液（2g/L）；六亚甲基四胺缓冲溶液（20%）；硝酸（0.1mol/L；2mol/L）；2mol/L NaOH 溶液；精密 pH 试纸；Bi^{3+}、Pb^{2+} 混合液（各约 002mol/L）。配制：称取 $Pb(NO_3)_2$ 6.6g、$Bi(NO_3)_3$ 9.7g，放入已盛有 30mLHNO_3的烧杯中，在电炉上微热溶解后，稀释至 1000mL。

（四）实训步骤

1. Bi^{3+} 的测定

用移液管移取 25.00mLBi^{3+}、Pb^{2+} 混合液于 250mL 锥形瓶中，用 NaOH 溶液和 HNO_3 调节试液的酸度至 pH 为 1。然后加入 1～2 滴二甲酚橙指示液，这时溶液呈紫红色，用 EDTA 标准溶掖滴定至由紫红色恰变为黄色即为滴定 Bi^{3+} 的终点。记下消耗 EDTA 标准滴定溶液的体积。平行测定 3 次。

2. Pb^{2+} 的测定

在滴定 Bi^{3+} 后的溶液中，滴加六亚甲基四胺溶液，至呈现稳定的紫红色后，再过量加入 5mL，此时溶液的 pH 约 5～6。用 EDTA 标准滴定溶液滴定，当溶液由紫红色恰变为黄色即为滴定 Pb^{2+} 的终点。记下消耗 EDTA 标准滴定溶液的体积。平行测定 3 次。

（五）数据处理

混合液中 Bi^{3+}、Pb^{2+} 的含量 $\rho_{Bi^{3+}}$、$\rho_{Pb^{2+}}$（以 g/L 表示）为

$$\rho_{Bi^{3+}} = \frac{c_{EDTA}V_1M_{Bi}}{V}$$

$$\rho_{Pb^{2+}} = \frac{c_{EDTA}V_2M_{Pb}}{V}$$

式中　c_{EDTA}——EDTA 标准滴定溶液的浓度，mol/L；

V_1——滴定 Bi^{3+} 时消耗 EDTA 标准滴定溶液的体积，mL；

V_2——滴定 Pb^{2+} 时消耗 EDTA 标准滴定溶液的体积，mL；

V——所取试液的体积，mL；

M_{Bi}——Bi 的摩尔质量，g/mol；

M_{Pb}——Pb 的摩尔质量，g/mol。

（六）注意事项

调节试液的酸度至 pH 为 1 时，可用精密 pH 试纸检验，但是，为了避免检验时被带出而引起损失，可先用一份试液做调节试验，再按加入的 NaOH 量调节溶液的 pH 后进行滴定。

（七）思考题

（1）二甲酚橙指示剂使用的 pH 范围是多少？本实验如何控制溶液 pH？

（2）本实验能否先在 pH 为 5～6 时滴定 Pb^{2+} 然后调整 pH 为 1，再测定 Pb^{2+}？

（3）用 EDTA 连续滴定金属离子的条件是什么？

五、被测物含量测定实训项目——氧化还原滴定法实训项目

氧化还原滴定法可用于直接测定氧化性或还原性物质，也可间接测定一些非氧化性或还原性物质。

项目二十七　过氧化氢含量的测定

（一）实训目的

（1）了解氧化还原滴定条件控制的基本方法。

（2）掌握高锰酸钾测定过氧化氢含量的基本原理、方法。

（二）实训原理

过氧化氢（工业产品），俗称双氧水，一般为 30%的水溶液。其含量可用高锰酸钾法测定。在酸性溶液中 H_2O_2 遇到强氧化剂时，表现为还原剂。很容易发生氧化还原反应。可以在酸性溶液中，用高锰酸钾标准滴定溶液直接滴定测定 H_2O_2 含量。以 $KMnO_4$ 作自身指示剂。反应如下：

$$5H_2O_2 + 2MnO_4^- + 6H^+ = 2Mn^{2+} + 8H_2O + 5O_2\uparrow$$

（三）试剂

0.02mol/L $KMnO_4$ 标准滴定溶液；3mol/L H_2SO_4 溶液。

（四）实训步骤

用移液管准确移取 2mL 过氧化氢试液，注入 250mL 容量瓶中，加水稀释至刻度，充分摇匀。再准确移取上述稀释液 25.00mL，放于锥形瓶中，加水 20～30mL，再加 3mol/L H_2SO_4 溶液 20mL，用 $KMnO_4$ 标准滴定溶液滴定（注意滴定速度!）至溶液微红保持 30s 不褪色即为终点。记录消耗 $KMnO_4$ 标准滴定溶液体积。平行测定 3 次。

（五）数据处理

过氧化氢含量 $\rho_{H_2O_2}$ (g/L)：

$$\rho_{H_2O_2} = \frac{\frac{5}{2}c_{KMnO_4}V_{KMnO_4}M_{H_2O_2}}{V\times\frac{25.00}{250.00}}$$

式中　c_{KMnO_4}——标准滴定溶液的浓度，mol/L；

V_{KMnO_4}——滴定时消耗 $KMnO_4$ 标准滴定溶液的体积，mL；

V——测定时量取的过氧化氢试液体积，mL；

$M_{H_2O_2}$——H_2O_2 摩尔质量，g/mol。

（六）注意事项

（1）过氧化氢既可作为氧化剂又可作为还原剂。对皮肤有腐蚀性，有微量杂质存在易引起分解爆炸。应在塑料瓶中密封保存。

（2）滴定反应前可加入少量 $MnSO_4$ 催化 $KMnO_4$ 与 H_2O_2 反应。

（3）过氧化氢若工业产品常加稳定剂如乙酰苯胺，也消耗 $KMnO_4$ 使 H_2O_2 测定结

果偏高，可改用碘量法测定。

（七）思考题

（1）$KMnO_4$与H_2O_2反应较慢，能否通过加热溶液来加快反应速度？能否通过加入少量Mn^{2+}加快反应速度？为什么？

（2）用$KMnO_4$法测定H_2O_2时，为什么不能用HNO_3、HCl调节溶液的酸度？

项目二十八　氯化钙中钙含量的测定

（一）实训目的

（1）掌握$KMnO_4$间接滴定法测定氯化钙中钙含量的基本原理、方法和计算。

（2）了解沉淀分离法消除杂质干扰的方法。

（3）掌握沉淀、过滤、洗涤等沉淀分离法的操作技术。

（二）实训原理

测定氯化钙中钙含量时，在弱酸性溶液中，常把Ca^{2+}与$C_2O_4^{2-}$形成CaC_2O_4沉淀，过滤、洗涤后，用H_2SO_4溶解，用$KMnO_4$标准滴定溶液滴定生成的$C_2O_4^{2-}$，$KMnO_4$自身作为指示剂。由消耗$KMnO_4$标准滴定溶液的体积间接测得钙的含量。其反应如下：

$$Ca^{2+} + C_2O_4^{2-} = CaC_2O_4 \downarrow$$

$$CaC_2O_4 + 2H^+ = Ca^{2+} + H_2C_2O_4$$

$$2MnO_4^- + 5C_2O_4^{2-} + 16H^+ = 2Mn^{2+} + 10CO_2 + 8H_2O$$

（三）试剂

HCl溶液（6mol/L）；$(NH_4)_2C_2O_4$溶液（0.25mol/L）；甲基红指示剂（0.1%）；氨水溶液（5%）；$CaCl_2$溶液（0.1mol/L）；H_2SO_4溶液（10%）；$KMnO_4$标准滴定溶液（0.02mol/L）。

（四）实训步骤

1. 试样的准备

准确称取氯化钙样品0.2～0.3g两份，分别放入250mL烧杯中，加入20mL蒸馏水，小心加入，6mol/L HCl溶液使钙盐全部溶解。再加入35mL0.25mol/L $(NH_4)_2C_2O_4$溶液，用蒸馏水稀释至100mL，加入3～4滴甲基红指示剂，加热至75～80℃，然后在不断搅动下，逐滴加5%氨水溶液至溶液由红色恰好变为橙色为止（pH为4.5～5.5）。逐渐生成CaC_2O_4沉淀。继续在水浴上加热陈化30min，然后用定量滤纸倾注法对沉淀进行过滤。用$(NH_4)_2C_2O_4$溶液和蒸馏水洗涤烧杯及沉淀数次（用$CaCl_2$检验滤液中无$C_2O_4{}^{2-}$为止）。将滤纸取下，摊开贴于烧杯壁，用沸水100mL将沉淀洗入烧杯，并用50mL10%H_2SO_4溶液溶解沉淀。

2. 试样的测定

加热溶液温度为70～85℃之间，趁热用$KMnO_4$标准滴定溶液滴定至粉红色在30s内不褪即为终点，记录消耗$KMnO_4$标准滴定溶液的体积。

（五）数据处理

氯化钙试样中Ca质量分数为

$$\omega_{Ca}=\frac{\frac{5}{2}c_{KMnO_4}V_{KMnO_4}10^{-3}\times M_{Ca}}{m}\times 100\%$$

式中　c_{KMnO_4}——$KMnO_4$标准滴定溶液的浓度，mol/L；

V_{KMnO_4}——滴定消耗$KMnO_4$标准滴定溶液的体积，mL；

M_{Ca}——Ca 的摩尔质量，g/mol；

m——氯化钙试样的质量，g。

（六）注意事项

（1）洗涤沉淀时为了获得纯净的CaC_2O_4沉淀，必须严格控制酸度条件（pH 为 4.5～5.5），pH 过低有可能沉淀不完全，pH 过高可能造成 $Ca(OH)_2$沉淀和碱式CaC_2O_4沉淀。

（2）由于CaC_2O_4沉淀溶解度较大，用蒸馏水洗涤要少量多次，每次洗涤应将溶液全部转移至滤纸中过滤。

（七）思考题

（1）为什么用$(NH_4)_2C_2O_4$溶液洗涤沉淀，而不一开始用水洗涤？如果沉淀洗涤不干净，对沉淀结果有何影响？

（2）溶解样品时用 HCl，而滴定时用H_2SO_4溶解并控制酸度，为什么？

 项目二十九　软锰矿中二氧化锰含量的测定

（一）实训目的

（1）掌握$KMnO_4$返滴定法测定软锰矿中二氧化锰的基本原理和方法。

（2）掌握软锰矿的试液的制备方法。

（二）实训原理

软锰矿的主要成分是MnO_2，它是一种较强的氧化剂，不能用$KMnO_4$法直接滴定，而用间接法测定。在酸性溶液中，将MnO_2和过量的$Na_2C_2O_4$加热溶解，然后用$KMnO_4$标准滴定溶液返滴定剩余的$Na_2C_2O_4$，以$KMnO_4$自身为指示剂。从而测得MnO_2的含量。反应式为

$$MnO_2+C_2O_4^{2-}+4H^+ \xlongequal{} Mn^{2+}+2CO_2\uparrow+2H_2O$$

$$2MnO_4^-+5C_2O_4^{2-}(\text{剩余})+16H^+ \xlongequal{} 2Mn^{2+}+10CO_2\uparrow+8H_2O$$

（三）试剂

$Na_2C_2O_4$固体；H_2SO_4溶液（3mol/L）；$KMnO_4$标准滴定溶液（0.02mol/L）。

（四）实训步骤

准确称取研碎并干燥的软锰矿试样约 0.5g 两份，分别放入 400mL 烧杯中，再准确称取固体$Na_2C_2O_4$约 0.7g 2 份，放入同一烧杯中。加入 25mL 蒸馏水，再加入 3mol/L H_2SO_4溶液 50mL，加热并不断摇动锥形瓶至全部溶解（无CO_2气体生成，残渣内无黑色颗粒为止）。用蒸馏水冲洗内壁，并将溶液稀释至 200mL，加热至 75～80℃，趁热用$KMnO_4$标准滴定溶液滴定至粉红色在 30s 内不褪即为终点，记录消耗$KMnO_4$标准滴定溶液的体积。

（五）数据处理

软锰矿试样中 MnO_2 质量分数

$$\omega_{MnO_2}=\frac{\frac{1}{2}\left[\frac{2m_{Na_2C_2O_4}}{M_{Na_2C_2O_4}}-5c_{KMnO_4}V_{KMnO_4}\times 10^{-3}\right]M_{MnO_2}}{m}\times 100\%$$

式中 $m_{Na_2C_2O_4}$——MnO_2 的质量，g；

$M_{Na_2C_2O_4}$——$Na_2C_2O_4$ 的摩尔质量，g/mol；

c_{KMnO_4}——$KMnO_4$ 标准滴定溶液浓度，mol/L；

V_{KMnO_4}——滴定消耗 $KMnO_4$ 标准滴定溶液的体积，mL；

M_{MnO_2}——MnO_2 的摩尔质量，g/mol；

m——软锰矿试样质量，g。

（六）注意事项

测定时 $Na_2C_2O_4$ 的用量必须比还原 MnO_2 需用量适当多些，可以促进溶解作用。若剩余量太少，矿石往往残留难溶颗粒，影响滴定的准确度。但剩余量太多，需要 $KMnO_4$ 标准滴定溶液的量太大，同样也影响滴定的准确度。因此最好先做近似测定。

（七）思考题

（1）为什么 MnO_2 不能用 $KMnO_4$ 标准滴定溶液直接滴定？

（2）溶解样品能否用 HCl，为什么？

（3）样品溶解完全的标志是什么？若试样溶解不完全，对分析结果有何影响？

 项目三十 铁矿石中铁含量的测定（无汞测铁法）

（一）实训目的

（1）掌握铁矿石试样的分解方法。

（2）掌握 $K_2Cr_2O_7$ 法测定铁矿石中铁含量的基本原理、方法。

（二）实训原理

试样用盐酸加热溶解，在热溶液中，用 $SnCl_2$ 将大部分 Fe^{3+} 还原为 Fe^{2+}，然后以钨酸钠为指示剂，用 $TiCl_3$ 溶液定量还原剩余部分 Fe^{3+}，当 Fe^{3+} 全部还原为 Fe^{2+} 后，过量 1 滴 $TiCl_3$ 溶液使钨酸钠还原为蓝色的五价钨的化合物（俗称"钨蓝"），使溶液呈蓝色，滴加 $K_2Cr_2O_7$ 溶液使钨蓝刚好褪色。溶液中的 Fe^{2+} 在硫、磷混酸介质中，以二苯胺磺酸钠为指示剂，用 $K_2Cr_2O_7$ 标准滴定溶液滴定至紫色为终点。主要反应如下：

$$2Fe^{3+}+Sn^{2+} = 2Fe^{2+}+Sn^{4+}$$

$$Fe^{3+}+Ti^{3+} = Fe^{2+}+Ti^{4+}$$

$$6Fe^{2+}+Cr_2O_7^{2-}+14H^{+} = 6Fe^{2+}+2Cr^{3+}+7H_2O$$

（三）试剂

（1）浓 HCl 溶液（1.19g/mL）。

（2）HCl 溶液（1+1；1+4）。

(3) $SnCl_2$溶液 10%。配制：取 10g$SnCl_2 \cdot H_2O$ 溶于 100mLHCl 溶液（1+1）（临用前配制）。

(4) $TiCl_3$溶液（15g/L）。配制：取 10mL$TiCl_3$试剂溶液，用盐酸（1+4）稀释至 100mL，存放于棕色试剂瓶中（临用前配制）。

(5) Na_2WO_4溶液 10%。配制：取 10gNa_2WO_4溶于 95mL 水中，加 5mL 磷酸，混匀，存放于棕色试剂瓶中。

(6) 硫、磷混酸溶液。配制：在搅拌下将 100mL 浓硫酸缓缓加入到 250mL 水中，冷却后加入 150mL 磷酸，混匀。

(7) 二苯胺磺酸钠指示液，2g/L。配制：称取 0.5g 二苯胺磺酸钠，溶于 100mL 水中，加 2 滴浓硫酸，混匀，存放于棕色试剂瓶中。

(8) $K_2Cr_2O_7$标准滴定溶液，$c_{K_2Cr_2O_7}=0.02mol/L$。

(四) 实训步骤

1. 试样的溶解

铁矿石试样预先在 120℃烘箱中烘 1～2h，取出在干燥器中冷却至室温。准确称取 0.2～0.3g 试样于 250mL 锥形瓶中，加几滴蒸馏水，摇动使试样润湿，加 10mL 浓 HCl，盖上表面皿，缓缓加热使试样溶解（残渣为白色或近于白色 SiO_2）。此时溶液为橙黄色。用少量水冲洗表面皿，加热近沸。

2. Fe^{3+}的还原及过量 $SnCl_2$的除去

趁热用滴管小心滴加 $SnCl_2$溶液至溶液浅黄色（$SnCl_2$不宜过量，若溶液呈无色，说明 $SnCl_2$已过量，这时，应滴加氧化剂如 $KMnO_4$等，使之呈黄色为止。），冲洗瓶内壁，加 10mL 水、1mL Na_2WO_4溶液，滴加 $TiCl_3$溶液至刚好出现钨蓝。再加水约 60mL，放置 10～20s，用 $K_2Cr_2O_7$标准滴定溶液滴至呈无色（不计读数）。

3. 滴定

加入 10mL 硫、磷混酸溶液和 4～5 滴二苯胺磺酸钠指示液，立即用 $K_2Cr_2O_7$标准滴定溶液滴定至溶液呈稳定的紫色即为终点。记录消耗 $K_2Cr_2O_7$标准滴定溶液的体积。平行测定 2 次。

(五) 数据处理

铁矿石中总铁含量为 ω_{Fe}为

$$\omega_{Fe}=\frac{6c_{K_2Cr_2O_7}V_{K_2Cr_2O_7}\times 10^{-3}\times M_{Fe}}{m}\times 100\%$$

式中　$c_{K_2Cr_2O_7}$——$K_2Cr_2O_7$标准滴定溶液的浓度，mol/L；

$V_{K_2Cr_2O_7}$——$K_2Cr_2O_7$标准滴定溶液的体积，mL；

M_{Fe}——Fe 的摩尔质量，g/mol；

m——铁矿石试样的质量，g。

(六) 注意事项

(1) 在矿样溶解完全后，应还原一份试样，立即滴定一份，不要同时还原好几份样品，以免 Fe^{2+}在空气中暴露太久，被空气中氧氧化而影响结果。

(2) Fe^{2+}在磷酸介质中极易被氧化，必须在“钨蓝”褪色后1min内立即滴定，否则滴定结果偏低。

(七) 思考题

(1) 用$SnCl_2$还原溶液中Fe^{2+}时，$SnCl_2$过量溶液呈什么颜色，对分析结果有何影响?

(2) 简述无汞测定铁法测定铁矿石中铁的原理。

项目三十一　水中化学需氧量的测定（$K_2Cr_2O_7$法）

(一) 实训目的

(1) 掌握$K_2Cr_2O_7$法测定水中化学需氧量的基本原理、方法。

(2) 掌握氧化还原指示剂的应用。

(3) 熟练回流操作技术。

(二) 实训原理

水中化学需氧量是指1L水中还原性物质（包括亚硝酸盐、硫化物、亚铁盐等无机物和少量有机物），在一定条件下被氧化时所消耗氧化剂的量以氧气的质量浓度（单位：mg/L）表示。水中化学需氧量的大小是水质污染程度的主要指标之一，(简称COD)。

在硫酸酸性溶液中，准确加入一定过量的$K_2Cr_2O_7$标准滴定溶液，加热回流，将水样中的还原性物质（主要是有机物）氧化，过量的$K_2Cr_2O_7$溶液以试亚铁灵为指示剂，用硫酸亚铁铵标准滴定溶液回滴。根据消耗反应$K_2Cr_2O_7$标准滴定溶液的量计算水样化学需氧量。

$K_2Cr_2O_7$法适合于工业污水及生活污水中含有较多成分污染物质的测定。本法可将大部分有机物氧化，但直链烃、芳香烃等化合物不能被氧化，若加硫酸银做催化剂，直链烷烃可被氧化，但对芳香烃无效。氯化物在此条件下也能被氧化成氯气，消耗一定量的$K_2Cr_2O_7$，干扰测定，所以水样中氯化物的质量浓度高于30mg/L时，需加硫酸银消除干扰。

化学反应式为

$$Cr_2O_7^{2-} + 6Fe^{2+} + 14H^+ = 2Cr^{3+} + 6Fe^{3+} + 7H_2O$$

(三) 试剂

(1) $K_2Cr_2O_7$标准滴定溶液，$c_{\frac{1}{6}K_2Cr_2O_7}=0.2500mol/L$。配制：称取6.1288g（±0.0002g）$K_2Cr_2O_7$溶于水中，定量移入500mL容量瓶中，用水稀释至刻度，摇匀。

(2) 浓硫酸。

(3) 固体硫酸银试剂。

(4) 硫酸银-硫酸溶液。配制：于2500mL浓硫酸中加入33.3g硫酸银，放置1～2天，不断摇动使其溶解（每75mL硫酸中含1g硫酸银）。

(5) 硫酸汞（结晶状）。

(6) 试亚铁灵指示剂。配制：称取1.49g邻菲啰啉（$C_{12}H_8N_2H_2O$），0.695g硫酸亚铁（$FeSO_4 \cdot 7H_2O$）溶于水中，稀释至100mL，贮存于棕色试剂瓶中。

(7) 硫酸亚铁铵标准滴定溶液，$c_{FeSO_4 \cdot (NH_4)_2SO_4 \cdot 6H_2O}=0.25mol/L$，可以用基准物质

硫酸亚铁铵以直接法配制，或使用非基准试剂以间接法配制。

① 直接法：准确称取49g基准物质硫酸亚铁铵 $FeSO_4 \cdot (NH_4)_2SO_4 \cdot 6H_2O$，加入少量水溶解，加入10mL浓硫酸，冷却，定量转入500mL容量瓶中，用水稀释至刻度，摇匀。

硫酸亚铁铵标准滴定溶液浓度：

$$c_{FeSO_4 \cdot (NH_4)_2SO_4 \cdot 6H_2O} = \frac{m}{MV \times 10^{-3}}$$

② 间接法：

a. 配制：称取49g硫酸亚铁铵 $FeSO_4 \cdot (NH_4)_2SO_4 \cdot 6H_2O$，加入少量水溶解，加入10mL浓硫酸，冷却，稀释至500mL，摇匀。临用前用 $K_2Cr_2O_7$ 标准滴定溶液标定。

b. 标定：吸取25.00mL $K_2Cr_2O_7$ 标准滴定溶液于500mL锥形瓶中，用水稀释至250mL，加入20mL浓硫酸，冷却后加2～3滴试亚铁灵指示剂，用硫酸亚铁铵标准滴定溶液滴定。溶液由黄色经蓝绿色至刚转变为红褐色即为终点。

硫酸亚铁铵标准滴定溶液浓度：

$$c_{FeSO_4 \cdot (NH_4)_2SO_4 \cdot 6H_2O} = \frac{c_{\frac{1}{6}K_2Cr_2O_7} V_1}{V_2}$$

式中　$c_{\frac{1}{6}K_2Cr_2O_7}$——$K_2Cr_2O_7$ 标准滴定溶液浓度，mol/L；

V_1——标定时移取 $K_2Cr_2O_7$ 标准滴定溶液的体积，mL；

V_2——消耗硫酸亚铁铵标准滴定溶液的体积，mL。

（四）实训步骤

准确吸取50.00mL均匀水样，置于500mL磨口锥形瓶中，加入25.00mL $K_2Cr_2O_7$ 标准滴定溶液，慢慢加入75mL硫酸银-硫酸溶液和数粒玻璃珠，轻轻摇动锥形瓶使溶液混匀，加热回流2h，冷却后，先用少量蒸馏水冲洗冷凝器内壁，取下锥形瓶，用蒸馏水稀释至约350mL，加入2～3滴试亚铁灵指示剂，用硫酸亚铁铵标准滴定溶液滴定，溶液由黄色经蓝绿色至刚转变红褐色为止。记录消耗硫酸亚铁铵标准滴定溶液的体积。

同时以50.00mL蒸馏水代替水样做空白试验。

（五）数据处理

$$COD(O_2, mg/L) = \frac{(V_0 - V_3)c_{FeSO_4 \cdot (NH_4)_2SO_4 \cdot 6H_2O} \times 8}{V} \times 1000$$

式中　V_0——空白试验消耗硫酸亚铁铵标准滴定溶液的体积，mL；

V_3——滴定水样消耗硫酸亚铁铵标准滴定溶液的体积，mL；

$c_{FeSO_4 \cdot (NH_4)_2SO_4 \cdot 6H_2O}$——硫酸亚铁铵标准滴定溶液的浓度，mol/L；

8——以 $\frac{1}{4}O_2$ 为基本单元时 O_2 的摩尔质量，g/mol；

V——水样的体积，mL。

（六）注意事项

（1）化学耗氧量的测定结果受实验条件的影响较大。如氧化剂的浓度、反应液的酸度和温度、试剂加入顺序等条件对测定结果均有影响，必须严格控制操作步骤。

(2) 回流过程中若溶液颜色变绿，说明水样的化学耗氧量太高，需将水样适当稀释后重新测定。若水样化学耗氧量太低，则可以用较低浓度的重铬酸钾和硫酸亚铁铵标准滴定溶液进行测定。

(3) 若水样含易挥发有机物，在加入硫酸银-硫酸溶液时，应从冷凝器顶端慢慢加入，防止其挥发损失。

(七) 思考题

(1) 说明木实验做空白试验校正。

(2) 测定中加入硫酸银-硫酸溶液的作用是什么?

项目三十二 维生素C片中抗坏血酸含量的测定

(一) 实训目的

(1) 掌握直接碘量法测定维生素 C 的基本原理、方法。

(2) 掌握直接碘量法滴定终点的判断。

(二) 实训原理

维生素 C 又叫抗坏血酸，有预防和治疗坏血病作用。分子式为 $C_6H_8O_6$，简称 Vc。由于分子中的烯二醇基具有还原性，能被碘氧化成二酮基，故可用直接碘量法测定其含量。

维生素 C 的还原性很强，易溶于水或醇，在空气中极易被氧化，尤其在碱性介质中更易被氧化，在弱酸性条件下较稳定。测定时，以煮沸过的冷蒸馏水溶解试样，用醋酸调节溶液酸度，用 I_2 标准滴定溶液直接滴定。以淀粉指示剂确定终点。

$$C_6H_8O_6 + I_2 = C_6H_6O_6 + 2HI$$

或

HO—C═C—OH ... O═C—C═O

$$H_2C(OH)—CH(OH)—CH(\text{—O—})C{=}O + I_2 \longrightarrow H_2C(OH)—CH(OH)—CH(\text{—O—})C{=}O + 2HI$$

（左：环上 HO—C═C—OH；右：环上 O═C—C═O）

(三) 试剂

(1) 醋酸溶液 (2mol/L)。配制：冰醋酸 60mL，用蒸馏水稀释至 500mL。

(2) I_2 标准滴定溶液，(0.05mol/L)。

(3) 淀粉指示剂 (5g/L)。

(四) 实训步骤

准确称取维生素 C 试样约 0.2g，放于 250mL 锥形瓶中，加入新煮沸过的冷蒸馏水 100mL，醋酸溶液 10mL，轻摇使之溶解。加淀粉指示剂 2mL，立即用 I_2 标准滴定溶液滴定至溶液恰呈蓝色不褪为终点。记录消耗 I_2 标准滴定溶液的体积。平行测定 3 次。

(五) 数据处理

$$\omega_{V_c} = \frac{c_{I_2} V_{I_2} \times 10^{-3} \times M_{V_c}}{m} \times 100\%$$

式中　c_{I_2}——标准滴定溶液的浓度，mol/L；

V_{I_2}——标准滴定溶液的体积，mL；

m——称取维生素 C 试样的质量，g；

M_{V_c}——维生素 C 的摩尔质量，g/mol。

（六）思考题

（1）维生素 C 试样溶解时为什么要用新煮沸并冷却的蒸馏水？

（2）测定维生素 C 含量时，为什么要在醋酸溶液中进行？

 项目三十三　葡萄糖含量的测定（碘量法）

（一）实训目的

（1）掌握碘量法测定葡萄糖含量的原理和方法。

（2）掌握液体试剂的称样方法。

（二）实训原理

碘与 NaOH 作用可生成次碘酸钠（NaIO），葡萄糖（$C_6H_{12}O_6$）能定量地被次碘酸钠氧化成葡萄糖酸（$C_6H_{12}O_7$）。在酸性条件下，未与葡萄糖作用的次碘酸钠可转变成碘（I_2）析出，用 $Na_2S_2O_3$ 标准滴定溶液滴定析出的 I_2，以淀粉为指示剂。

其反应如下：

1. I_2 与 NaOH 作用

$$I_2 + 2NaOH = NaIO + NaI + H_2O$$

2. $C_6H_{12}O_6$ 与 NaIO 定量作用

$$C_6H_{12}O_6 + NaIO = C_6H_{12}O_7 + NaI$$

3. 总反应式

$$I_2 + 2NaOH + C_6H_{12}O_6 = C_6H_{12}O_7 + 2NaI + H_2O$$

4. $C_6H_{12}O_6$ 作用完后，剩下未作用的 NaIO 在碱性条件下发生歧化反应

$$3NaIO = 2NaI + NaIO_3$$

5. 在酸性条件下

$$NaIO_3 + 5NaI + 6HCl = 3I_2 + 6NaCl + 3H_2O$$

6. 析出过量的 I_2 可用 $Na_2S_2O_3$ 标准滴定溶液滴定

$$I_2 + 2Na_2S_2O_3 = Na_2S_4O_6 + 2NaI$$

由以上反应式可以看出：葡萄糖与 $Na_2S_2O_3$ 之间反应的化学计量比为 1∶2，以此计算葡萄糖含量。

（三）试剂

（1）HCl 溶液（2mol/L）。

（2）NaOH 溶液（0.2mol/L）。

（3）$Na_2S_2O_3$ 标准滴定溶液（0.05mol/L）。

（4）碘标准滴定溶液（$c_{\frac{1}{2}I_2}$ 0.05mol/L）。配制：称取碘 1.6g 于小烧杯中，加 6gKI，先用 30mL 溶解，待碘完全溶解后，稀释至 250mL，摇匀，置于棕色瓶中，放置暗处。

(5) 淀粉指示剂 (5g/L)。

(6) KI 固体。

(四) 实训步骤

移取 2.50mL5%葡萄糖注射液放于 250mL 容量瓶中，定量稀释至刻度，摇匀后移取 25.00mL 于碘量瓶中，准确加入 $c_{\frac{1}{2}I_2}$ 标准滴定溶液 25.00mL，慢慢滴加 0.2mol/L 的 NaOH 溶液，边加边摇，直至溶液呈淡黄色。加碱的速度不能过快，否则生成的 NaIO 来不及氧化葡萄糖，使测定结果偏低。盖好碘量瓶塞，在暗处放置 10～15min，加 2mol/L 的 HCl 溶液 6mL，使成酸性，立即用 $Na_2S_2O_3$ 标准滴定溶液滴定，至溶液呈浅黄色时，加入淀粉溶液 3mL，继续滴定至蓝色消失即为终点，记下消耗 $Na_2S_2O_3$ 标准滴定溶液体积。计算注射液中葡萄糖的质量浓度 (g/L)。

(五) 数据处理

葡萄糖的质量浓度为

$$\rho_{C_6H_{12}O_6} = \frac{[c_{\frac{1}{2}I_2}V_{I_2} - c_{Na_2S_2O_3}V_{Na_2S_2O_3}]M_{\frac{1}{2}C_6H_{12}O_6}}{2.50 \times \frac{25}{250}}$$

式中 $\rho_{C_6H_{12}O_6}$——葡萄糖注射液中葡萄糖的质量浓度，g/L；

$c_{\frac{1}{2}I_2}$——I_2标准滴定溶液的物质的量浓度，mol/L；

V_{I_2}——试样中加入 I_2标准滴定溶液的体积，mL；

$c_{Na_2S_2O_3}$——$Na_2S_2O_3$标准滴定溶液的物质的量浓度，mol/L；

$V_{Na_2S_2O_3}$——测定试样时加入的 $Na_2S_2O_3$标准滴定溶液的体积，mL；

$M_{\frac{1}{2}C_6H_{12}O_6}$——葡萄糖的摩尔质量，g/mol；

2.50——试液的体积，mL。

(六) 思考题

(1) 试分析本实验误差的主要来源。

(2) 淀粉指示液加入过早对测定结果有什么影响?

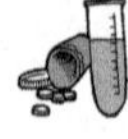 项目三十四　胆矾中 $CuSO_4 \cdot 5H_2O$ 含量的测定

(一) 实训目的

(1) 掌握间接碘量法测定胆矾中 $CuSO_4 \cdot 5H_2O$ 含量的方法。

(2) 掌握间接碘量法滴定终点的判断。

(二) 实训原理

本实验采用碘量法。将胆矾试样溶解后，加入过量 KI，反应析出的 I_2 用 $Na_2S_2O_3$ 标准滴定溶液滴定，反应为

$$2Cu^{2+} + 4I^- = 2CuI\downarrow + I_2$$

$$2S_2O_3^{2+} + I_2 = S_4O_6^{2-} + 2I^-$$

以淀粉指示剂确定终点。

（三）试剂

1mol/L H_2SO_4溶液；10％KI 溶液（使用前配制）；10％KSCN 溶液；20％NH_4HF_2溶液；0.1mol/L $Na_2S_2O_3$标准滴定溶液；0.1％淀粉指示液。

（四）实训步骤

准确称取胆矾试样 0.5～0.6g，置于碘量瓶中，加 1mol/L H_2SO_4溶液 5mL，蒸馏水 100mL 使其溶解，加 20％NH_4HF_2溶液 10mL，10％KI 溶液 10mL，迅速盖上瓶塞，摇匀。放置 3min，此时出现 CuI 白色沉淀。

打开碘量瓶塞，用少量水冲洗瓶塞及瓶内壁，立即用 0.1mol/L $Na_2S_2O_3$标准滴定溶液滴定至呈浅黄色，加 3mL 淀粉指示液，继续滴定至浅蓝色，再加 10％KSCN 溶液 10mL，溶液蓝色又变深，继续用 $Na_2S_2O_3$标准滴定溶液滴定至蓝色刚好消失为终点。此时溶液为米色的 CuSCN 悬浮液。记录消耗 $Na_2S_2O_3$标准滴定溶液的体积。平行测定 3 次。

（五）数据处理

胆矾中 $CuSO_4 \cdot 5H_2O$ 含量（质量分数）为

$$\rho_{CuSO_4 \cdot 5H_2O} = \frac{c_{Na_2S_2O_3} V_{Na_2S_2O_3} \times 10^{-3} \times M_{CuSO_4 \cdot 5H_2O}}{G} \times 100\%$$

式中　$c_{Na_2S_2O_3}$——$Na_2S_2O_3$标准滴定溶液的物质的量浓度，mol/L；

$V_{Na_2S_2O_3}$——测定试样时加入的 $Na_2S_2O_3$标准滴定溶液的体积，mL；

$M_{CuSO_4 \cdot 5H_2O}$——胆矾的摩尔质量，g/mol；

G——胆矾试样质量，g。

（六）注意事项

（1）加 KI 必须过量，使生成 CuI 沉淀的反应更为完全，并使 I_2形成 I_3^- 增大 I_2的溶解性，提高滴定的准确度。

（2）由于 CuI 沉淀表面吸附 I_3^-，使结果偏低。为了减少 CuI 对 I_3^- 的吸附，可在临近终点时加入 KSCN，使 CuI 沉淀转化为溶解度更小的 CuSCN 沉淀。使吸附的释放出来，以防结果偏低。

$$CuI + KSCN \xlongequal{} CuSCN \downarrow + KI$$

（3）为防止铜盐水解，试液需加 H_2SO_4（不能加 HCl，避免形成［$CuCl_3$］$^-$、［$CuCl_4$］$^{2-}$配合物）。控制 pH 在 3.0～4.0 之间，酸度过高，则 I^- 易被空气中的氧氧化为 I_2使结果偏高。

（4）Fe^{3+}对测定有干扰，因 Fe^{3+}能将 I^- 氧化成 I_2，使结果偏高。可加入 NH_4HF_2与 Fe^{3+}形成稳定的［FeF_6］$^{3+}$配离子，消除 Fe^{3+}的干扰。

（七）思考题

（1）测定铜含量时，加入 KI 为何要过量？

（2）本实验中加入 KSCN 的作用是什么？应在何时加入，为什么？

（3）间接碘量法一般选择中性或弱酸性条件，为什么？本实验测定铜含量时，加入 H_2SO_4的目的是什么？

项目三十五 苯酚含量的测定

(一) 实训目的

(1) 掌握溴量法测定苯酚含量的基本原理和方法。

(2) 了解空白试验的意义，熟悉空白试验的方法、应用。

(二) 实训原理

在苯酚中加入一定量过量的 Br_2 (因 Br_2 与苯酚反应较慢，且 Br_2 易挥发，Br_2 液不稳定，故一般使用 $KBrO_3$-KBr 标准滴定溶液，在酸性介质中，让 $KBrO_3$ 与 KBr 反应产生游离 Br_2)，Br_2 取代苯酚上的氢以后，剩余的 Br_2 用 KI 还原，析出的 I_2 再用 $Na_2S_2O_3$ 标准滴定溶液滴定。终点用淀粉指示剂确定。反应如下：

$$BrO_3^- + 5Br^- + 6H^+ = 3Br_2 + 3H_2O$$

$$C_6H_5OH + Br_2 \longrightarrow C_6H_2Br_3OH \quad 3HBr$$

$$Br_2(\text{剩余}) + 2KI = I_2 + 2KBr$$

$$I_2 + Na_2S_2O_3 = 2NaI + Na_2S_4O_6$$

(三) 试剂

NaOH 溶液 (10%)；$KBrO_3$-KBr 标准滴定溶液 ($c_{KBrO_3} = 0.02mol/L$)；浓盐酸溶液；KI 溶液 (10%)；$Na_2S_2O_3$ 标准滴定溶液 (0.1mol/L)；淀粉指示液 (1%)。

(四) 实训步骤

准确称取苯酚试样 0.2～0.3g (称准至 0.0001g)，放于盛有 5mL10%NaOH 溶液的 250mL 烧杯中，加入少量蒸馏水溶解。仔细将溶液转入 250mL 容量瓶中，用少量水洗涤烧杯数次，定量移入容量瓶中，以水稀释至刻度，充分摇匀。

用移液管吸取试液 25.00mL，放于 250mL 碘量瓶中，用滴定管准确加入 $KBrO_3$-KBr 标准滴定溶液 30.00～35.00mL，微开碘量瓶塞，加入浓盐酸 5mL，立即盖紧瓶塞，振摇 5～10min，用水封好瓶口，于暗处放置 15min，此时生成白色三溴苯酚沉淀和 Br_2，微开碘量瓶塞，加入 10%的 KI 溶液 10mL，盖紧瓶塞，充分振摇后，加氯仿 2mL，摇匀。打开瓶塞，冲洗瓶塞、瓶颈及瓶内壁，立即用 $Na_2S_2O_3$ 标准滴定溶液滴定，至溶液呈浅黄色时加淀粉指示液 1mL，继续滴定至蓝色恰好消失即为终点。记录消耗 $Na_2S_2O_3$ 标准滴定溶液的体积。

同时做空白试验：以蒸馏水 25.00mL 代替试液按上述步骤进行试验，记录消耗 $Na_2S_2O_3$ 标准滴定溶液的体积。

(五) 数据处理

苯酚质量分数为

$$\omega_{C_6H_5OH} = \frac{\frac{1}{6} c_{Na_2S_2O_3} (V_0 - V_1) \times 10^{-3} M_{C_6H_5OH}}{m \times \frac{25}{250}} \times 100\%$$

式中　$c_{Na_2S_2O_3}$——$Na_2S_2O_3$标准滴定溶液的物质的量浓度，mol/L；

V_1——测定苯酚试样时加入的$Na_2S_2O_3$标准滴定溶液的体积，mL；

V_0——空白试验消耗$Na_2S_2O_3$标准滴定溶液的体积，mL；

$M_{C_6H_5OH}$——苯酚的摩尔质量；

m——苯酚试样的质量，g。

（六）注意事项

（1）苯酚在水中溶解度较小，加入 NaOH 溶液后，与苯酚生成易溶于水的苯酚钠。

（2）实验操作中应尽量避免溴的挥发损失。$KBrO_3$-KBr 标准滴定溶液遇酸即迅速产生游离Br_2，Br_2易挥发，因此加 HCl 溶液和 KI 溶液时，应微开瓶塞使溶液沿瓶塞流入。

（3）本实验加入的$KBrO_3$-KBr 标准滴定溶液是过量的，在酸性介质中生成Br_2与苯酚反应后，剩余的Br_2不能用$Na_2S_2O_3$标准滴定溶液直接滴定。因为$Na_2S_2O_3$易被Br_2、Cl_2等较强氧化剂非定量地氧化为SO_4^{2-}，所以加过量 KI 与Br_2作用生成I_2，再用$Na_2S_2O_3$标准滴定溶液滴定。

（七）思考题

（1）空白试验有哪些作用？本实验中做空白试验时，为什么可不用标定$KBrO_3$-KBr 标准滴定溶液准确浓度？

（2）为什么测定苯酚要在碘量瓶中进行？若用锥形瓶代替碘量瓶会产生什么后果？

（3）苯酚含量的测定为何不能用溴标准滴定溶液直接测定？

（4）说明测定苯酚的原理、各步的注意事项及其理由。

六、被测物含量测定实训项目——沉淀滴定法实训项目

目前利用沉淀滴定法进行的测定，比较有实际意义的是生成微溶性银盐的沉淀反应，以此类反应为基础的沉淀滴定法称为银量法。根据方法所用指示剂的不同，银量法分为莫尔法、福尔哈德法、法扬斯法。银量法可以利用直接滴定和返滴定法测定Cl^-、Br^-、I^-、SCN^-和Ag^+等的含量以及一些含卤素的有机化合物的含量。

项目三十六　水中氯离子含量的测定（莫尔法）

（一）实训目的

（1）掌握莫尔法测定水中氯离子含量的基本原理和方法。

（2）学会K_2CrO_4指示剂正确判断滴定终点。

（二）实训原理

水中氯离子含量的测定通常用莫尔法。在中性或弱碱性溶液中，以K_2CrO_4为指示剂，用$AgNO_3$标准滴定溶液直接滴定Cl^-。其反应式为

$$Ag^+ + Cl^- = AgCl(白)\downarrow$$

$$2Ag^+ + CrO_4^{2-} = Ag_2CrO_4(砖红)\downarrow$$

(三) 试剂

(1) $AgNO_3$标准滴定溶液（0.01mol/L）。

(2) K_2CrO_4指示液（50g/L）。

(四) 实训步骤

准确吸取水试样 100.00mL，放于锥形瓶中，加 K_2CrO_4指示液 2mL，在充分摇动下，以 $AgNO_3$标准滴定溶液滴定至溶液呈微红色即为终点。记录消耗 $AgNO_3$标准滴定溶液的体积。平行测定 3 次。

(五) 数据处理

水中氯离子含量 ρ_{Cl}(g/L)

$$\rho_{Cl} = \frac{c_{AgNO_3} V_{AgNO_3} M_{Cl}}{V}$$

式中 c_{AgNO_3}——$AgNO_3$标准滴定溶液的浓度，mol/L；

V_{AgNO_3}——滴定消耗 $AgNO_3$标准滴定溶液的体积，mL；

M_{Cl}——Cl 的摩尔质量，g/mol；

V——水试样的体积，mL。

(六) 注意事项

(1) 试样中如果有铵盐存在，为了避免产生 $Ag(NH_3)^+$，滴定时溶液的 pH 应控制在 6.5～7.0，当 NH_4^+浓度大于 0.1mol/L 时，不能用莫尔法进行测定。

(2) 准确分析时，需做空白试验。

(七) 思考题

(1) 莫尔法测定水中 Cl^- 的酸度条件是什么？为什么？若测定 NH_4Cl 中 Cl^- 溶液的 pH 应控制在什么范围？

(2) 在本实验中，可能有哪些离子干扰氯的测定？如何消除干扰？

(3) K_2CrO_4指示剂的加入量太大或太小对测定结果会产生什么影响？

项目三十七 酱油中 NaCl 含量的测定（福尔哈德法）

(一) 实训目的

(1) 掌握酱油试样的称量方法。

(2) 掌握福尔哈德法测定酱油中 NaCl 含量的基本原理和方法。

(3) 掌握铁铵钒指示剂判断终点的方法。

(二) 实训原理

福尔哈德法测定 NaCl 含量时，常采用反滴法。即在含有 Cl^- 的 0.1～1mol/L 的 HNO_3介质中，加入过量的 $AgNO_3$标准滴定溶液，使 Ag^+ 与 Cl^- 作用生成 AgCl 沉淀，过量的 Ag^+ 以铁铵钒为指示剂，用 NH_4SCN 标准滴定溶液滴定至出现 $[Fe(SCN)]^{2+}$ 红色指示终点。其反应如下

$$Ag^+ + Cl \longrightarrow AgCl\downarrow$$

$$Ag^+ + SCN^- = AgSCN\downarrow$$
$$Fe^{3+} + SCN^- = [Fe(SCN)]^{2+}$$

(三) 试剂

(1) HNO_3溶液，16mol/L（浓）和 6mol/L。

(2) $AgNO_3$标准滴定溶液（0.02mol/L）。

(3) 硝基苯或邻苯二甲酸二丁酯。

(4) NH_4SCN 标准滴定溶液（0.02mol/L）。

(5) 铁铵钒指示液（80g/L）。配制：称取 8g 硫酸高铁铵，溶解于少许水中，滴加浓硝酸至溶液几乎无色，用水稀释至 100mL，装入小试剂瓶中，贴好标签。

(四) 实训步骤

准确称取酱油样品 5.00g，定量移入 250mL 容量瓶中，加蒸馏水稀释至刻度，摇匀。准确移取酱油样品稀释溶液 10.00mL 置于 250mL 锥形瓶中，加水 50mL，加 6mol/L HNO_3 15mL 及 $AgNO_3$标准滴定溶液 25.00mL，再加邻苯二甲酸二丁酯 5mL，用力振荡摇匀。待 AgCl 沉淀凝聚后，加入铁铵钒指示剂 5mL，用 NH_4SCN 标准滴定溶液滴定至血红色即为终点。记录消耗的 NH_4SCN 标准滴定溶液体积。

(五) 数据处理

酱油中 NaCl 含量计算式

$$\omega_{NaCl} = \frac{c_{AgNO_3}V_{AgNO_3} - c_{NH_4SCN}V_{NH_4SCN}}{5.00\times\frac{25}{250}}\times 0.05845\times 100\%$$

式中　c_{AgNO_3}——$AgNO_3$标准滴定溶液的浓度，mol/L；

V_{AgNO_3}——测定试样时加入 $AgNO_3$标准滴定溶液的体积，mL；

c_{NH_4SCN}——测定试样时滴定消耗 NH_4SCN 标准滴定溶液的体积，mL；

0.058 45——NaCl 毫摩尔质量，g/mol。

(六) 注意事项

操作过程应避免阳光直接照射。

(七) 思考题

(1) 用福尔哈德法测定酱油中 NaCl 含量要用 HNO_3酸化？改用 HCl 或 H_2SO_4行吗？能否在碱性溶液中进行测定？

(2) 福尔哈德法测定 Cl^-时，由加入邻苯二甲酸二丁酯或硝基苯有机溶剂的目的是什么？

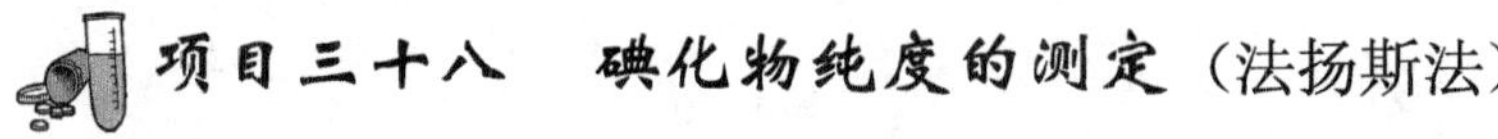

项目三十八　碘化物纯度的测定（法扬斯法）

(一) 实训目的

(1) 掌握法扬斯法测定卤化物的基本原理、方法和计算。

(2) 掌握吸附指示剂的作用原理。

(3) 学会以曙红为指示剂判断滴定终点的方法。

（二）实训原理

在醋酸酸性溶液中，用 $AgNO_3$ 标准滴定溶液滴定碘化钠，以曙红作为指示剂，反应式为

$$Ag^+ + I^- \longrightarrow AgI\downarrow \text{（黄色）}$$

达到化学计量点时，微过量的 Ag^+ 吸附到 AgI 沉淀的表面，进一步吸附指示剂阴离子使沉淀由黄色变为玫瑰红色指示滴定终点。

（三）试剂

$AgNO_3$ 标准滴定溶液（0.1mol/L）；醋酸溶液（1mol/L）；曙红指示液（2g/L 的 70％乙醇溶液或 5g/L 的钠盐水溶液）。

（四）实训步骤

准确称取 NaI 试样 0.2g，放于锥形瓶中，加 50mL 蒸馏水溶解，加 1mol/L 醋酸溶液 10mL，滴加曙红指示液 2～3 滴，用 $AgNO_3$ 标准滴定溶液滴定至溶液由黄色变为玫瑰红色即为终点。记录消耗 $AgNO_3$ 标准滴定溶液的体积。平行测定 3 次。

（五）数据处理

试样中 NaI 的质量分数为

$$\omega_{NaI} = \frac{c_{AgNO_3} V_{AgNO_3} \times 10^{-3} \times M_{NaI}}{m} \times 100\%$$

式中 c_{AgNO_3}——$AgNO_3$ 标准滴定溶液的浓度，mol/L；

V_{AgNO_3}——滴定时加入 $AgNO_3$ 标准滴定溶液的体积，mL；

M_{NaI}——NaI 的摩尔质量，g/mol；

m——称取 NaI 试样的质量，g。

（六）思考题

（1）举例说明在法扬斯法中吸附指示剂的变色原理及选择吸附指示剂的原则。

（2）试以方程式表示 $AgNO_3$ 标准滴定溶液滴定 NaI 时，AgI 沉淀表面结构变化过程。指示剂为铬黑 T 试剂。

第五章　重量分析技术

第一节　重量分析仪器和基本操作

重量分析法一般是先将试样中被测组分从其他组分中分离出来，然后根据试样减轻的质量或反应中生成的难溶化合物的质量来确定被测组分的含量。重量分析法包括气化法、沉淀法、电解法等。重量分析的基本操作包括试样的溶解、沉淀、沉淀的过滤与洗涤、干燥与灼烧、称重等。

一、试样的溶解和沉淀

1. 试样的溶解

首先，要根据被测试样的性质，选用不同的溶（熔）解试剂，以确保待测组分全部溶解，且不使待测组分发生化学反应造成损失，加入的试剂应不影响测定。

其次，所用的玻璃仪器内壁（与溶液接触面）不能有划痕，玻璃棒两头应烧圆，以防黏附沉淀物。

溶解试样操作如下：

(1) 试样溶解时不产生气体的溶解方法：称取样品放入烧杯中，盖上表面皿，溶解时，取下表面皿，凸面向上放置，试剂沿下端紧靠着烧杯内壁的玻璃棒慢慢加入，加完后将表面皿盖在烧杯上。

(2) 试样溶解时产生气体的溶解方法：称取样品放入烧杯中，先用少量水将样品润湿，表面皿凹面向上盖在烧杯上，用滴管滴加，或沿玻璃棒将试剂自烧杯嘴与表面皿之间的孔隙缓慢加入，以防猛烈产生气体，加完试剂后，用水吹洗表面皿的凸面，流下来的水应沿烧杯内壁流入烧杯中，用洗瓶吹洗烧杯内壁。

试样溶解需加热或蒸发时，应在水浴锅内进行，烧杯上必须盖上表面皿，以防溶液剧烈爆沸或崩溅，加热、蒸发停止时，用洗瓶洗表面皿或烧杯内壁。

溶解时需用玻璃棒搅拌的，此玻璃棒再不能作为它用。

2. 试样的沉淀

重量分析对沉淀的要求是尽可能地完全和纯净，所以应了解沉淀的不同类型，然后根据沉淀的不同性质采取不同的操作方法。

(1) 沉淀的类型及沉淀条件：根据沉淀的物理性质，将沉淀分为晶形沉淀和无定形沉淀两种。生成的沉淀属于何种类型，除取决于沉淀的性质外，还与沉淀形成时的条件有关。在沉淀的形成过程中，存在两种速度：聚集速度与定向速度。当将沉淀剂加入到待测溶液中，形成沉淀的离子互相碰撞而结合成晶核，晶核长大生成沉淀微粒的速度称为聚集速度；另外，组成沉淀的离子也可以按照一定的空间构型有规则地排列在晶核的表面，使晶核逐渐长成大颗粒结晶，这种排列的速度称为定向速度。在沉淀过程中，若定向速度大于聚集速度，将形成晶形沉淀，反之则形成无定形沉淀。

选择沉淀条件的原则是使被测组分完全沉淀，并有利于获得既纯净又便于过滤洗涤的大颗粒沉淀。下面分别讨论晶形沉淀和无定形沉淀的操作条件。

① 晶形沉淀的沉淀条件：重量分析时对被测组分的洗涤应是完全和纯净的。要达到此日的，对晶形沉淀的沉淀条件应做到“五字原则”，即稀、热、慢、搅、陈。

a. 稀：沉淀操作在稀溶液中进行，减小过饱和度，有利于生成大颗粒结晶。大颗粒结晶溶解度小，比表面积小，吸附杂质少，沉淀较纯净。

b. 热：在热溶液中进行沉淀，以增加沉淀溶解度，减小过饱和度，削弱沉淀的表面吸附能力。冷却后再过滤。

c. 慢：缓慢滴加沉淀剂，并不断搅拌，防止局部过浓，减小过饱和度，有利于获得大颗粒结晶。

d. 陈：即陈化。所谓陈化是沉淀结束后，让沉淀在母液中放置一段时间。由于小颗粒结晶溶解度大，大颗粒结晶溶解度小，母液对大颗粒结晶而言是饱和溶液，对小颗粒结晶则是未饱和，因而在陈化期间小颗粒结晶溶解，大颗粒结晶进一步长大，小颗粒结晶逐渐消失。在陈化过程中，小颗粒结晶携带的杂质又重新释放出来，从而可提高沉淀的纯度。

② 无定形沉淀的沉淀条件：无定形沉淀（胶体沉淀）的溶解度小，沉淀的过程中溶液的过饱和度大，颗粒微细，表面积大，吸附大量杂质和水分，体积大，过滤洗涤都困难。由于无定形沉淀的溶解度很小，很难降低溶液的过饱和度，难以得到颗粒较大的沉淀，因此，对无定形沉淀的沉淀条件，应考虑有利于胶体的聚沉，防止生成溶胶等。一般可采取下列措施：

a. 在浓溶液中沉淀，减少胶体吸水量，使沉淀的体积小，聚沉快。最后用热水洗涤胶体吸附的杂质。

b. 沉淀在热溶液中进行，以减少沉淀对杂质的吸附和含水量，并加速胶体聚沉。

c. 溶液中加入挥发性电解质，防止胶溶，有利于胶体微粒的凝聚。

d. 不必陈化，因无定形沉淀放置过久会失水，变得非常致密不透水，使过滤洗涤难于进行。

（2）沉淀操作一般要求：一般进行沉淀操作时，左手拿滴管（滴管口需接近液面以防溶液溅出），滴加沉淀剂（滴加的速度要慢，接近沉淀完全时可以稍快）。右手持玻璃棒不断搅拌溶液（形成非晶形沉淀时，加入沉淀剂的速度和搅拌的速度都可以快些），搅动时玻璃棒不要碰烧杯壁或烧杯底。充分搅拌的目的是防止沉淀剂局部过浓而形成的沉淀太细，太细的沉淀容易吸附杂质而难以洗涤。当需要在热溶液中沉淀时，应将试液和沉淀剂分别放在烧杯中，于电热板或水浴上加热，防止溶液沸腾而溅失。加入沉淀剂之后，应检查待测组分是否沉淀完全，检查的方法是：停止搅拌，静置，待沉淀充分沉降后，于上层清液中再加 1 滴沉淀剂，观察滴落处是否出现浑浊现象，若无浑浊，表明已沉淀完全；若有浑浊，说明待测组分未沉淀完全，应再加入沉淀剂至沉淀完全。

(3) 沉淀剂选择及用量。

① 沉淀剂选择原则。

a. 应具有挥发性，以便于除去过量的沉淀剂。

b. 选用所形成沉淀具有很小溶解度的沉淀剂（例如，测定硫，所选沉淀剂有氯化钙、氯化铅、氯化钡，其中硫酸钡沉淀的溶解度最小）。

c. 应具有较高的选择性，以便于测定被测离子和减少干扰物质的影响。

d. 应具有较大的溶解度，以减少测定对沉淀剂的吸附，得到纯净的沉淀。

e. 能获得较大分子质量的称量形式。

② 沉淀剂的用量：

通常试样的用量取决于沉淀的类型。生成体积小、易于过滤洗涤的晶形沉淀，其称量质量应控制在 0.2～0.5g。对于生成体积较大，不易过滤洗涤的无定形沉淀，应控制在 0.1～0.2g。据此依照被测组分的含量估算所取试样量，而沉淀剂的用量由试样中被测组分的量决定的，一般易挥发沉淀剂过量 50%～100%，不易挥发的沉淀剂过量 10%～30%。

二、沉淀的过滤和洗涤

需要灼烧的沉淀，要用定量（无灰）滤纸过滤，若滤纸灰分过重，则需进行空白校准；而对于过滤后只需烘干就可称量的沉淀，则可采用微孔玻璃滤埚过滤。

1. 滤纸过滤

(1) 滤纸的选择。滤纸分定性和定量滤纸两种，重量分析中应当用定量滤纸（或称无灰滤纸）进行过滤。定量滤纸灼烧后灰分极少，其质量在 0.1mg 以下可忽略不计，如果灰分较重，应扣除空白。一般市售定量滤纸都已注明每张滤纸的灰分质量，详见表 5.1。定量滤纸一般为圆形，按直径大小分为 11cm、9cm、7cm、4cm 等规格。按滤速可分为快、中、慢速三种。滤纸的选择应根据沉淀类型和沉淀的量进行。非晶形沉淀和粗大形沉淀如$Fe(OH)_3$、$Al(OH)_3$等不易过滤，应选择空隙较大的快速滤纸，以免过滤太慢；中等粒度的晶形沉淀如 $ZnCO_3$ 等，可用中速滤纸；细晶形沉淀如 $BaSO_4$、CaC_2O_4等应易穿透滤纸，应选用最紧密的慢速滤纸。选择滤纸的直径大小，应与沉淀的量相适应，沉淀的量应不超过滤纸圆锥的一半。

表 5.1 定量滤纸* 的规格

类别和标志	快速（白条）	中速（蓝条）	慢速（红条）
每平方米的质量/g	75	75	80
孔数	大	中	小
$\omega_{水分}$/%	≤7	≤7	≤7
$\omega_{灰分}$/%	≤0.01	≤0.01	≤0.01
应用实例	氢氧化铁	碳酸锌	硫酸钡

注：* 表示每张滤纸灼烧后灰分重量约 0.03～0.06mg，因为灰分极少，在称量沉淀时，滤纸灰量可忽略不计。俗称无灰滤纸。

(2) 漏斗的选择。重量分析中通常选用锥体角度为60℃、颈口倾斜角度为45℃的长颈漏斗；颈长一般为15～20cm；颈的内径不宜过粗，以3～5mm为宜，以便在颈内容易形成水柱，这样的漏斗过滤速度较快。漏斗出口处磨成45°角。

(3) 滤纸的折叠和漏斗的准备。一般来说，折叠时，先将滤纸对折成半圆，再按照漏斗的角度折成角形，如果漏斗的角度恰为60°，则对折成1/4圆的形状。为保证滤纸与漏斗密合，第二次对折时暂不压紧，可改变滤纸折叠的角度，直到与漏斗密合为止。展开后一边为三层，另一边为一层。然后从三层处撕去一角，使滤纸更好地贴紧漏斗(撕下的小块滤纸留作转移沉淀时擦烧杯用)。折好的滤纸如图5.1所示，将折叠好的滤纸放入漏斗中，其边缘应略低于漏斗的边缘0.5～1.0cm。

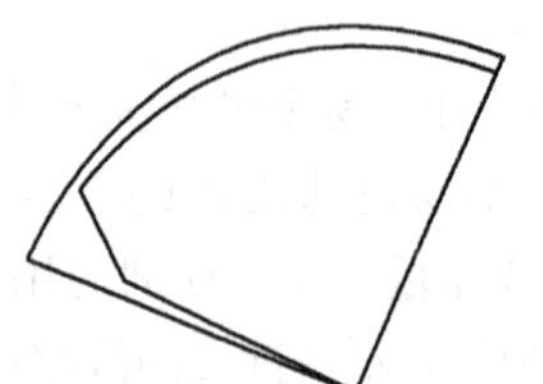
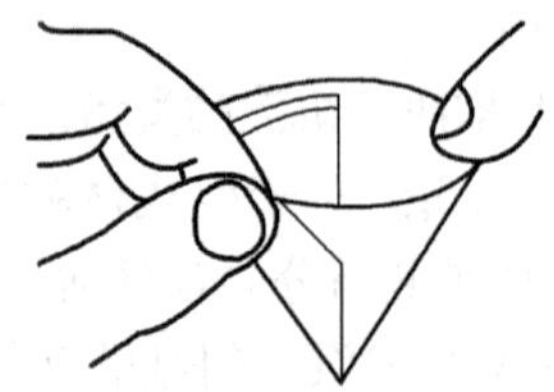

图5.1 滤纸的折叠

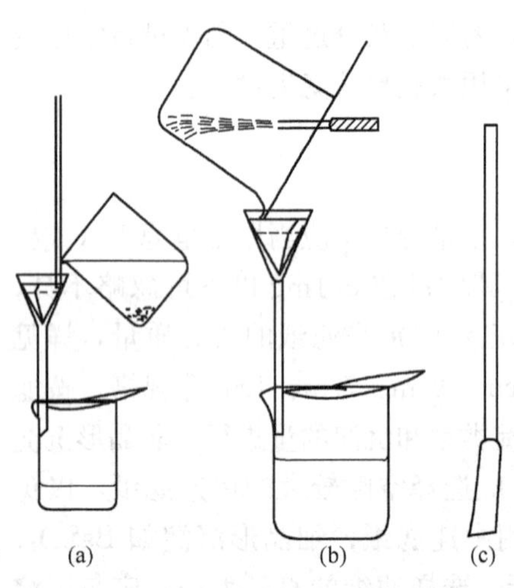

图5.2 沉淀的过滤

用玻璃棒按住滤纸中三层的一边，用洗瓶吹入少量水，均匀地润湿滤纸，再用玻璃棒轻压滤纸，赶去滤纸与漏斗壁间的气泡(以免影响过滤速度)，然后加水至滤纸边缘，此时漏斗颈内应全部充满水，形成完整的水柱。当滤纸上的水全部流尽后，漏斗颈内的水柱应仍能保住，这样由于液体的重力可起抽滤的作用，加快过滤速度。如不能形成水柱，或水柱不能保住，应检查漏斗特别是漏斗颈是否洗净，或漏斗颈是否太大。

(4) 过滤和洗涤操作。过滤分三步进行。第一步采用倾泻法，尽可能地过滤上层清液，如图5.2(a)所示；第二步转移沉淀到漏斗上；第三步清洗烧杯和漏斗上的沉淀。此三步操作一定要一次完成，不能间断，尤其是过滤胶状沉淀时更应如此。

第一步：采用倾泻法是为了避免沉淀过早堵塞滤纸上的空隙，影响过滤速度。沉淀剂加完后，静置一段时间，待沉淀下降后，将上层清液沿玻璃棒倾入漏斗中，玻璃棒要直立，下端对着滤纸的三层边，尽可能靠近滤纸但不接触。倾入的溶液量一般只充满滤纸的2/3，离滤纸上边缘至少5mm，否则少量沉淀因毛细管作用越过滤纸上缘，造成损失。

暂停倾泻溶液时，烧杯应沿玻璃棒使其向上提起，逐渐使烧杯直立，以免使烧杯嘴上的液滴流失。带沉淀的烧杯应在烧杯下放置一块木头，使烧杯倾斜，以利沉淀和清液分开，待烧杯中沉淀澄清后，继续倾注，重复上述操作，直至上层清液倾完为止。开始过滤后，要检查滤液是否透明，如浑浊，应另换一个洁净烧杯，将滤液重新过滤。

第二步：用倾泻法将清液完全过滤后，应对沉淀做初步洗涤。选用什么洗涤液，应根据沉淀的类型和实验内容而定，洗涤时，沿烧杯壁旋转着加入约10mL洗涤液（或蒸馏水）吹洗烧杯四周内壁，使黏附着的沉淀集中在烧杯底部，待沉淀下沉后，按前述方法，倾出过滤清液，如此重复3～4次，然后再加入少量洗涤液于烧杯中，搅动沉淀使之均匀，立即将沉淀和洗涤液一起，通过玻璃棒转移至漏斗上，再加入少量洗涤液于杯中，搅拌均匀，转移至漏斗上，重复几次，使大部分沉淀都转移到滤纸上，然后将玻璃棒横架在烧杯口上，下端应在烧杯嘴上，且超出杯嘴2～3cm，用左手食指压住玻璃棒上端，大拇指在前，其余手指在后，将烧杯倾斜放在漏斗上方，杯嘴向着漏斗，玻璃棒下端指向滤纸的三边层，用洗瓶或滴管吹洗烧杯内壁，沉淀连同溶液流入漏斗中，如图5.2(b)所示。如有少许沉淀牢牢黏附在烧杯壁上而吹洗不下来，可用前面折叠滤纸时撕下的纸角，以水湿润后，先擦玻璃棒上的沉淀，再用玻璃棒按住纸块沿杯壁自上而下旋转着把沉淀擦“活”，然后用玻璃棒将它拨出，放入该漏斗中心的滤纸上，与主要沉淀合并，用洗瓶吹洗烧杯，把擦“活”的沉淀微粒涮洗入漏斗中。在明亮处仔细检查烧杯内壁、玻璃棒、表面皿是否干净、不黏附沉淀，若仍有一点痕迹，再行擦拭，转移，直到完全为止。有时也可用沉淀帚，图5.2(c)在烧杯内壁自上而下、从左向右擦洗烧杯上的沉淀，然后洗净沉淀帚。沉淀帚一般可自制，剪一段乳胶管，一端套在玻璃棒上，另一端用橡胶胶水粘合，用夹子夹扁晾干即成。

第三步：沉淀全部转移至滤纸上后，接着要进行洗涤，目的是除去吸附在沉淀表面的杂质及残留液。洗涤方法，将洗瓶在水槽上洗吹出洗涤剂，使洗涤剂充满洗瓶的导出管后，再将洗瓶拿在漏斗上方，吹出洗瓶的水流从滤纸的多重边缘开始，螺旋形地往下移动，最后到多重部分停止，这称为“从缝到缝”，这样，可使沉淀洗得干净且可将沉淀集中到滤纸的底部。为了提高洗涤效率，应掌握洗涤方法的要领。洗涤沉淀时要少量多次，即每次螺旋形往下洗涤时，所用洗涤剂的量要少，以便于尽快沥干，沥干后，再行洗涤。如此反复多次，直至沉淀洗净为止，如图5.3所示。这通常称为“少量多次”原则。洗涤液的选择应视沉淀不同而异。对于溶解度较小的晶形沉淀，可用蒸馏水洗涤；对于无定形沉淀，宜用稀电解质溶液洗涤，必要时还要加洗涤剂加热，以免发生胶溶现象；对于溶解度较大的沉淀，应在洗涤剂中加入含有相同离子的电解质，以免在洗涤过程中发生较多的溶解损失。

图5.3　沉淀的洗涤

洗涤效果可用化学方法进行检查：用小烧杯收集滤液少许，用适当的方法检验。例如，测定$BaCl_2$中钡的含量时，$BaSO_4$表面吸附的Cl^-必须洗去，为了检查沉淀是否已洗净，可用小试管收集滤液3～4滴，酸化后，滴加$AgNO_3$溶液，若无AgCl沉淀生成，可视为沉淀已洗涤干净。

过滤和洗涤沉淀的操作，必须不间断地一次完成。若时间间隔过久，沉淀会干涸，粘成一团，就几乎无法洗涤干净了。无论是盛着沉淀还是盛着滤液的烧杯，都应该经常用表面皿盖好。每次过滤完液体后，即应将漏斗盖好，以防落入尘埃。

2. 微孔玻璃坩埚（漏斗）过滤

不需称量的沉淀或烘干后即可称量或热稳定性差的沉淀，均应在微孔玻璃坩埚（漏斗）内进行过滤，微孔玻璃滤器，这种滤器的滤板是用玻璃粉末在高温下熔结而成的，因此又常称为玻璃钢砂芯漏斗（坩埚）。

微孔玻璃过滤器分为埚形和漏斗形两种，如图 5.4（a）、（b）所示。前者称为玻璃坩埚式过滤器或玻璃坩埚；后者称为玻璃漏斗式过滤器或砂芯漏斗。这两种玻璃滤器虽然形状不同，但底部都是用玻璃砂在 600℃左右制成的多孔滤板。根据滤板平均孔径分级，可将微孔过滤器分成八种规格。

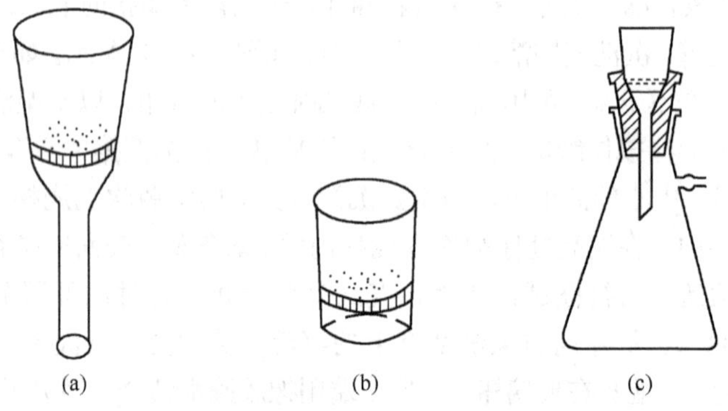

图 5.4　玻璃过滤器与吸滤瓶

玻璃滤埚一般可用稀盐酸洗涤，用自来水冲洗后再用蒸馏水荡洗，并在吸滤瓶上抽洗干净，抽洗干净的滤埚不能用手直接接触，可用洁净的软纸衬垫着拿取，将其放在洁净的烧杯中，同称量瓶的准备一样，盖上表面皿，置于烘箱中在烘沉淀的温度下烘干，直至恒重（连续两次称量之差不超过沉淀质量的千分之一）。

玻璃滤埚不能用来过滤不易溶解的沉淀（如二氧化硅等），否则沉淀将无法清洗；也不宜用来过滤浆状沉淀，因为它会堵塞烧结玻璃的细孔。砂芯滤板耐酸性强，但强碱性溶液会腐蚀滤板，因此不能用来过滤碱性强的溶液，也不能用碱液清洗滤器。

滤器用过后，先尽量倒出其中沉淀，再用适当的清洗剂清洗（表 5.2），不能用去污粉洗涤，也不要用坚硬的物体擦划滤板。

表 5.2　玻璃过滤器常用清洗剂

沉　淀　物	清　洗　剂
油脂等各种有机物	先用四氯化碳等适当的有机溶剂洗涤，然后用铬酸洗液洗
氯化亚铜、铁斑	含 $KClO_4$ 的热浓盐酸
汞渣	热浓 HNO_3
氯化银	氨水或 $Na_2S_2O_4$ 溶液
铝质、硅质残渣	先用 HF，继用浓 H_2SO_4 洗涤，随即用蒸馏水反复漂洗几次
二氧化锰	$HNO_3 \sim H_2O_2$

玻璃滤埚和砂芯漏斗配合吸滤瓶使用［图 5.4（c）］。玻璃滤埚通过一特制的橡皮座接在吸滤瓶上，用水泵抽气。过滤时应先开水泵，接上橡皮管，倒入过滤溶液。过滤完毕，应先拔下橡皮管，关水泵，否则由于瓶内负压，会使自来水倒吸入瓶。

三、沉淀的烘干和灼烧

沉淀的烘干和灼烧是获得沉淀称量式的重要操作步骤。通常在 250℃以下的热处理称为烘干；250～1200℃的热处理称为灼烧。凡是用微孔玻璃滤器过滤的沉淀，可用烘干方法处理。其方法为将微孔玻璃滤器连同沉淀放在表面皿上，置于烘箱中，选择合适温度。第一次烘干时间可稍长（如 2h），第二次烘干时间可缩短为 40min，沉淀烘干后，置于干燥器中冷至室温后称重。如此反复操作几次，直至恒重为止。注意每次操作条件要保持一致。

1. 坩埚和干燥器的准备

沉淀灼烧一般使用瓷坩埚，使用前要认真洗净并干燥，然后用蘸水钢笔蘸取 $Ni(NO_3)_2$ 和 $Co(NO_3)_2$ 的混合溶液将坩埚和坩埚附盖编号。然后把坩埚放入马弗炉中，于 800～1000℃下灼烧 20～30min（灼烧空坩埚的温度应与灼烧沉淀的温度保持一致）。取出坩埚后应先放在石棉板或石棉网上，稍冷，再放入干燥器中冷却，冷至室温后称量。再重复上述操作，称重。直到两次的称量值差小于 0.2mg，可认为已达恒重。

干燥器在使用前应检查其中干燥剂是否失效，若已被水饱和，应予以更换。

2. 烘干、炭化和灰化

烘干是用尖头玻璃棒将滤纸的三层部分掀起，再用手将带沉淀的滤纸从漏斗中取出，按图 5.5 所示的方法将滤纸折叠好。其步骤是：滤纸对折成半圆形，自右端约 1/3 半径处向左折，由上边向下折，再自右向左折卷成小卷，若发现漏斗上黏附有沉淀，需用滤纸擦下，与沉淀包在一起，若沉淀量较多，可按图 5.6 所示的方法用玻璃棒挑起滤纸边缘，向漏斗中间折叠，将沉淀全部盖住。包好后，使三层滤纸部分向上（便于炭化和灰化），移入坩埚。

沉淀移入坩埚后，用煤气灯或电炉上加热。坩埚盖半掩于坩埚上，按图 5.7 所示的方式将坩埚放在泥三角上，先用小火加热，使沉淀慢慢干燥，以免坩埚炸裂。加热的方法是：先将煤气灯火焰对准坩埚盖，由于盖的阻挡，热空气流入坩埚，在坩埚内形成平稳的热空气流，将水分带走。

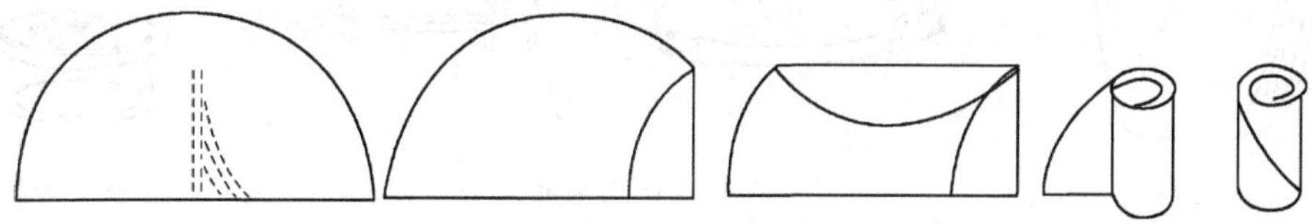

图 5.5　滤纸的折叠

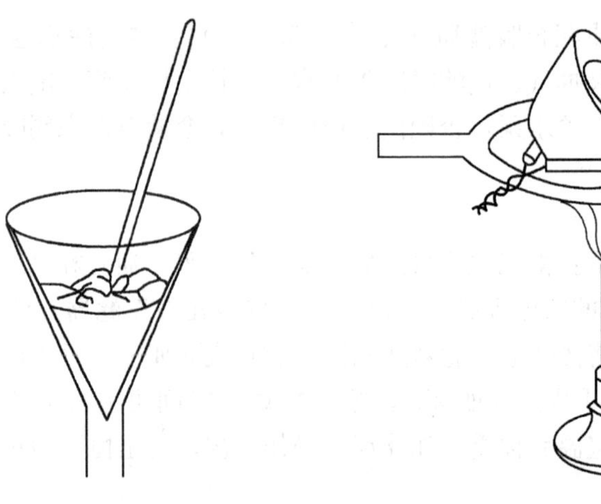

图 5.6　沉淀的包卷　　　　图 5.7　沉淀的干燥及灰化

当沉淀和滤纸烘干后，继续加热，待滤纸开始发黑，滤纸部分炭化时，将灯焰对准坩埚底部继续加热，先用小火使滤纸大部分炭化，再逐渐加大火焰并用坩埚钳不断转动坩埚，直至滤纸完全灰化，黑色碳素全部变成 CO_2 而除去。灰化时，应避免滤纸着火。万一着火，应迅速盖上坩埚盖，使火焰熄灭，切不可吹灭，以免沉淀飞溅而损失。

3. 灼烧与恒重

沉淀和滤纸炭化和灰化后，将坩埚盖上盖，但留有空隙，放入马弗炉中，在与灼烧空坩埚时相同温度下灼烧，第一次灼烧 40～50min 取出坩埚后，稍冷再放入干燥器中，冷至室温，称重。第二次灼烧 20min（第二次灼烧时间稍短些），冷却、称重。如此重复操作直至恒重。恒重无直观标准，一般定为两次质量差在 1～3mg 范围之内，即认为达到恒重。

四、仪器与设备

1. 坩埚及坩埚钳

坩埚是用来进行高温灼烧的器皿，如图 5.8(a) 所示，重量分析中常用 30mL 的瓷坩埚灼烧沉淀，为了便于识别坩埚，可用钴盐（如 $CoCl_2$）或铁盐（如 $FeCl_3$）在干燥的瓷坩埚上编号，烘干灼烧后，即可留下不褪色的字迹。

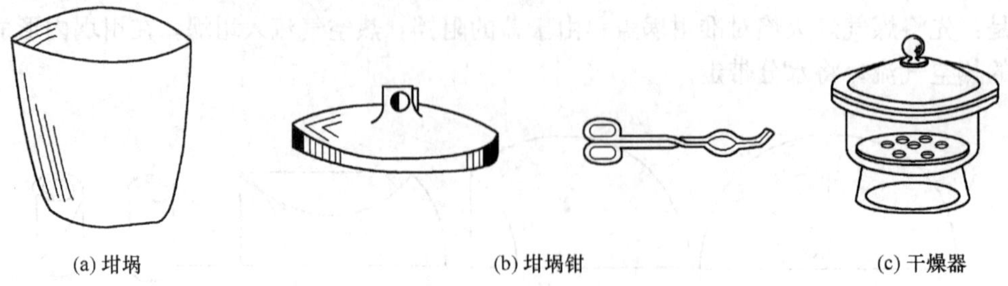

图 5.8　坩埚、坩埚钳及干燥器

坩埚钳常用铁或铜合金制作，表面镀以镍或铬，它是用来夹持热的坩埚和坩埚盖。用坩埚钳夹持坩埚时，应将坩埚钳预热，不用时应如图 5.8(b) 那样放置，不能将钳倒放，以免弄脏。

2. 干燥器

干燥器是一种用来对物品进行干燥和保存的玻璃器皿［图 5.8(c)］，不能用来保存潮湿的器皿和沉淀。干燥器内放置一块圆孔的瓷板将其分成上、下两室。下室放干燥剂，上室放待干燥的物品。为了防止物品落入下室，常在瓷板下衬垫一块铁丝网。

准备干燥器时用干抹布将瓷板和内壁抹干净，一般不用水洗，因为水洗后不能很快干燥。装干燥剂时，可用一张稍大的纸折成喇叭形，大口朝上插入干燥器底部，从中倒入干燥剂，避免玷污干燥器。干燥剂装到下室的一半即可，太多容易玷污干燥物品。干燥剂一般用变色硅胶，当蓝色的硅胶变成红色（钴盐的水合物）时，应将硅胶重新烘干再生。常见的干燥剂见表 5.3。干燥器的沿口和盖沿均为磨砂平面，用时涂抹一薄层凡士林以增加其密封性，开启或关闭干燥器时，用左手向右抵住干燥器身，右手握住盖的圆把手向左平推干燥器盖。取下的盖子应盖里朝上盖沿在外地放在实验台上，以防其滚落在地。

表 5.3　部分常见干燥剂

干　燥　剂	25℃时 1L 干燥后的空气中残留的水分/mg	再 生 方 法
$CaCl_2$（无水）	0.14～0.25	烘干
CaO	3×10^{-3}	烘干
硅胶	2.5×10^{-5}～1.0×10^{-3}	于 110℃烘干
P_2O_5	$<2.5\times10^{-5}$	不能再生
$CaSO_4$	5.0×10^{-3}	于 230～250℃加热
NaOH（熔融）	0.16	熔融

灼烧后的物体放入干燥器前，应先在空气中冷却 30～60s。放入干燥器后，为防止干燥器内空气膨胀而将盖子顶落，应反复将盖子推开一道细缝，让热空气逸出，直至不再有热空气排出时再盖严盖子。

搬移干燥器时，务必用双手拿着干燥器和盖子的沿口，绝对禁止只用手捧着下部，以防止盖子滑落打碎。

3. 电热干燥箱

电热干燥箱是工矿企业、化验室、科研单位用于干燥、烘焙、灭菌作用的一种常用仪器设备。它的使用方法如下：

(1) 打开箱门，将待处理物件放入箱内搁板上，关上箱门。

(2) 接通电源，将三芯插头插入电源插座，将面板右方的电源开关置于“开”的位置，此时仪表出现数字显示，表示设备进入工作状态。

(3) 通过操作控制面板上的温度控制器，设定您所需要的箱内温度。

(4) 仪器开始工作，箱内温度逐渐达到设定值，经过所需的干燥处理时间后，处理工作完成。

(5) 关闭电源，待箱内温度接近环境温度后，打开箱门，取出物件。

4. 马弗炉

马弗炉是英文 Muffle furnace 翻译过来的。Muffle 是包裹的意思，furnace 是炉子，熔炉的意思。马弗炉在中国的通用叫法有以下几种：电炉、电阻炉、茂福炉、马弗炉。马弗炉是一种通用的加热设备，依据外观形状可分为箱式炉、管式炉、坩埚炉等。工业分析上其主要用途是测定试样中灰分含量。马弗炉使用注意事项：

(1) 当马弗炉第一次使用或长期停用后再次使用时，必须进行烘炉。烘炉的时间应为室温下 200～600℃，4h。使用时，炉温最高不得超过额定温度，以免烧毁电热元件。禁止向炉内灌注各种液体及易溶解的金属，马弗炉最好在低于最高温度 50℃以下工作，此时炉丝有较长的寿命。

(2) 马弗炉和控制器必须在相对湿度不超过 85%、没有导电尘埃、爆炸性气体或腐蚀性气体的场所工作。凡附有油脂之类的金属材料需进行加热时，会有大量挥发性气体将影响和腐蚀电热元件表面，使之销毁和缩短寿命。因此，加热时应及时预防和做好密封容器或适当开孔加以排除。

(3) 马弗炉控制器应限于在环境温度 0～40℃范围内使用。

(4) 根据技术要求，定期经常检查电炉、控制器的各接线的连线是否良好，指示仪指针运动时有无卡住滞留现象，并用电位差计校对仪表因磁钢、退磁、涨丝、弹片的疲劳、平衡破坏等引起的误差增大情况。

(5) 热电偶不要在高温时骤然拔出，以防外套炸裂。

(6) 经常保持炉膛清洁，及时清除炉内氧化物之类东西。

第二节　重量分析法实训项目

项目三十九　　氯化钡含量的测定

(一) 实训目的

(1) 练习重量分析法的基本操作。

(2) 掌握重量法测定钡含量的原理和方法。

(3) 了解晶形沉淀形成的条件。

(二) 实训原理

将氯化钡试样用水溶解，在热溶液中逐滴加入稀 H_2SO_4，使 Ba^{2+} 形成 $BaSO_4$ 沉淀。

$$Ba^{2+} + SO_4^{2-} = BaSO_4 \downarrow$$

沉淀经过陈化、过滤、洗涤、烘干、灼烧后，以 $BaSO_4$ 形式称量，从而可以计算出氯化钡试样中钡的含量。

（三）仪器与试剂

1. 仪器

瓷坩埚 2 个；长颈漏斗 2 个；定量滤纸；250mL 烧杯 2 个；100mL 烧杯 2 个；表面皿 2 个；搅拌棒；煤气灯（或电炉）；马弗炉；漏斗架；量筒；分析天平等。

2. 试剂

固体氯化钡试样（烘干装称量瓶），2mol/L HCl，1mol/L H_2SO_4，0.1mol/L $AgNO_3$。

（四）实训步骤

1. 坩埚的准备

将瓷坩埚洗净、晾干、编号、烘干。然后将坩埚放入马弗炉中，在 800℃下灼烧 30min，用坩埚钳取出，稍冷后放入干燥器中，冷至室温，称量，记录坩埚的质量。重复灼烧操作，直至 2 次称量的坩埚质量相差不超过 0.2mg，记录坩埚的最后质量。

2. $BaSO_4$沉淀的生成

准确称取 0.4～0.5g 试样 2 份，分别放入 250mL 烧杯中，加 70mL 水，3mL2mol/L HCl，盖上表面皿。再取 5mL1mol/L H_2SO_4于 100mL 烧杯中，加 25mL 水。将盛试液的烧杯与盛 H_2SO_4的烧杯同时加热至近沸，但勿使溶液沸腾，以防溅失。趁热将稀 H_2SO_4逐滴加入到试液中，边滴加边搅拌。静置，待 $BaSO_4$沉淀下沉后，于上层清液中滴加 1 滴 1mol/L H_2SO_4溶液，检验 Ba^{2+}是否沉淀完全，若仍有沉淀生成，应继续加稀 H_2SO_4至 Ba^{2+}沉淀完全。然后盖上表面皿，于水浴中或电热板上使沉淀陈化 30min，陈化过程中需要搅拌几次（也可以在室温下放置过夜陈化）。

3. 沉淀的过滤和洗涤

取慢速定量滤纸，安装好过滤器。漏斗下面放一个洁净的烧杯盛接滤液（万一有沉淀漏过滤纸，可将滤液重新过滤）。用倾析法先将上清液倾注入漏斗，注意注入溶液的量不应超过滤纸的 2/3 体积。待漏斗中的溶液漏尽，在烧杯中加入 15mL 洗涤液（学生自己配制，取 2mL1mol/L H_2SO_4，加水稀释至 100mL），用倾析法做初步洗涤，如此重复洗涤 2 次，然后在沉淀上加少量洗涤液，搅拌成悬浊液，迅速倾注在漏斗上，反复几次将沉淀全部转移到漏斗上。进一步在漏斗中用洗涤液分数次洗涤沉淀，注意遵循“少量多次”的洗涤原则。用小试管盛接 3～4 滴滤液，加 2 滴 $AgNO_3$，检查 Cl^-是否洗净，洗涤至滤液中无 Cl^-为止。

4. 沉淀的灰化、灼烧、称重

将盛有沉淀的滤纸小心地从漏斗中取出，包好，置于已恒重的坩埚中，于煤气灯或电炉上干燥、灰化。待滤纸全部灰化，坩埚中只剩白色沉淀时，把坩埚放入马弗炉中于 800℃灼烧 1h，取出后在干燥器中冷却至室温，称重。再灼烧 10～15min，冷却，称量直至达到恒重。根据沉淀和试样的质量计算试样中钡的质量分数。

（五）数据处理

$$\omega_{BaCl_2 \cdot 2H_2O} = \frac{(m_2 - m_1)F}{m} \times 100\%$$

式中　m_2——坩埚和沉淀灼烧恒重后的质量，g；

m_1——空坩埚的质量，g；

m——试样的质量，g；

F——换算因子。

（六）思考题

（1）沉淀 $BaSO_4$时，为什么在稀 HCl 介质中进行？

（2）$BaSO_4$沉淀适合在什么条件下形成？本实验中哪些操作方法有利于 $BaSO_4$沉淀的形成？

项目四十 胆矾中结晶水含量的测定

存在于物质中的水分一般有两种形式：一种是吸湿水，另一种是结晶水。吸湿水是物质从空气中吸收的水，其含量随空气中的湿度而改变，一般在不太高的温度下即能除掉。结晶水是水合物内部的水，它有固定的质量，可以在化学式中表示出来。例如，$Na_2CO_3 \cdot 10H_2O$、$CuSO_4 \cdot 5H_2O$、$BaCl_2 \cdot 2H_2O$ 等，均可测定其中结晶水的含量。如下为结晶胆矾中结晶水含量的测定。

（一）实训目的

（1）掌握 $CuSO_4 \cdot 5H_2O$ 结晶水含量的测定的方法与原理。

（2）掌握重量分析的基本操作。

（3）掌握恒重的基本条件。

（二）实训原理

$CuSO_4 \cdot 5H_2O$ 中的结晶水，在 218℃时能完全挥发失去。

$$CuSO_4 \cdot 5H_2O \xrightarrow{48℃} CuSO_4 \cdot 3H_2O + 2H_2O$$

$$CuSO_4 \cdot 3H_2O \xrightarrow{99℃} CuSO_4 \cdot H_2O + 2H_2O$$

$$CuSO_4 \cdot H_2O \xrightarrow{218℃} CuSO_4 + 2H_2O$$

其中无水胆矾不挥发，故可根据加热后质量的减少，来测定胆矾中结晶水的含量。

（三）仪器和试剂

扁形称量瓶；电热烘箱；干燥器。

$CuSO_4 \cdot 5H_2O$ 试样。

（四）实训步骤

（1）取两只洗净的扁形称量瓶，在干燥箱中于 105℃开盖烘干 1h，取出放入干燥器内冷却 30min，在分析天平上称量。然后重复在干燥箱中于 105℃烘干 1h，冷却、称量，直至恒重为止。两次称量之差不超过 0.2mg 即为恒重，记为 m_1g。

（2）取胆矾样品约 1.2～1.5g，平铺在上述恒重的称量瓶中，准确称量，记为 m_2g。

（3）将盛有 $CuSO_4 \cdot 5H_2O$ 样品的称量瓶开盖，将盖斜靠瓶口放在干燥箱中逐渐升温，于 218℃烘干 2h，取出打开瓶盖，放在干燥器冷却 30min，准确称重，然后重复以上操作，直至恒重为止，记为 m_3g。由加热前称量瓶和样品的质量，减去加热后称量瓶和无水胆矾的质量，即为失去水分的质量。

(五) 数据处理

结晶水的质量分数按下式计算：

$$\omega_{结晶水} = \frac{m_2 - m_3}{m_2 - m_1}$$

式中　m_1——干燥恒重后扁形称量瓶的质量，g；

m_2——干燥前胆矾样品的质量，g；

m_3——干燥恒重后胆矾样品的质量，g。

(六) 注意事项

(1) 温度不要稍高于 280℃，否则 $CuSO_4$ 可能有部分挥发。

(2) 在加热的情况下，称量瓶盖子不要盖严，以免冷却后盖子不易打开。

(3) 加热脱水一定要完全，晶体完全变为灰白色，不能是浅蓝色。

(七) 思考题

(1) 为什么要进行反复的烘干操作？恒重的标准是什么？

(2) 加热后的称量瓶能否未冷却至室温就去称量？加热后的称量瓶为什么要放在干燥器内冷却？

项目四十一　茶叶中水分的测定

(一) 实训目的

(1) 掌握茶叶水分含量的测定方法。

(2) 掌握称量分析的基本操作。

(3) 掌握恒重的操作条件。

(二) 实训原理

在常压的条件下，试样于 103℃±2℃的电热恒温干燥箱中加热至恒重，称量其质量损失，即为茶叶中水分质量。

(三) 仪器药品

铝质烘皿：具塞，内径为 75～80mm；电热恒温干燥箱；干燥器；分析天平；茶叶。

(四) 实训步骤

1. 铝皿的准备

将洁净的铝皿连同盖置于 103℃±2℃的干燥箱中，加热 1h，加盖取出，于干燥器内冷却至室温，称量，再置于干燥箱内加热 0.5h，加盖取出，于干燥器内冷却至室温，称量。重复加热 0.5h 的操作，直至铝皿两次质量差小于 0.0002g，即为恒重。

2. 样品的测定

准确称取混合均匀的试样 5g（准确到 0.001g）平铺于已知干燥恒重的铝皿中，置于 103℃±2℃的干燥箱中（皿盖斜支于皿边），加热 4h，加盖取出，于干燥器内冷却，称量。再置于干燥箱内加热 1h，加盖取出，于干燥器内冷却至室温，称量。重复加热 1h 的操作，直至两次称量差不超过 0.0002g，即为恒重，以最小称量值为准。

（五）实验数据

$$\omega_{H_2O}=\frac{m_1-m_2}{m_0}\times 100\%$$

式中　m_1——试样和铝皿烘干前的质量，g；

m_2——试样和铝皿烘干后的质量，g；

m_3——茶叶试样的质量，g。

（六）思考题

（1）铝皿为什么要事先干燥？否则会对测定结果有何影响？

（2）在干燥箱中烘干试样时，试样通常要求平铺于称量瓶或铝皿中。为什么？

第六章　试样的采集、制备与预处理

在生产和科学研究实践中，常常要测定试样的成分，完成这个任务的全部分析过程包括：分析试样的采集和制备、试样的预处理以及测定等。在分析化学课本中所涉及的内容，大部分是与测定有关的问题。但前面的内容也是分析化学的重要组成部分，现对这些内容简要介绍如下。

第一节　试样的采集

在现实的工农业生产中，通常需要进行分析的工农业原材料和产品，数量往往很庞大，且组成复杂又不均匀，因此要使取用的少量试样能代表全部物料的平均组成，就必须正确地采集试样。样品的采集就是从大量分析对象中抽取一定量具有代表性用于分析的样品的过程，简称采样。采样的正确与否是决定分析数据是否能指导生产实践的重要环节。

一、采样要求

不同试样物理、化学性质千差万别，即使是同一种类的不同品种或批次性质也不尽相同。正确采样应遵循两个原则。

(1) 采集的样品要均匀具有代表性，能反映全部被检试样总体的组成、质量及卫生状况。

(2) 采样中避免成分逸散或引入杂质，应保持原有的理化指标。

二、采样步骤

为了保证采集的样品能够代表整体试样的性质，在采样过程中必须按照一定的程序来完成，即

总体→检样→原始试样→平均样品→检验样品（或复检样品、留存样品）

总体是指预备进行感官评价、理化或微生物检验与分析的整批样品；检验样品从总体获得：按照一定的原则从总体的各个部分分别采取少量样品，即获得多份检样；把采集到的多份检样均匀地混合在一起，构成能代表总体的原始样品；平均样品是指原始样品经过制备，按照一定方法和程序抽取一部分供检验、复检和留存。在平均样品中包含了用于一定项目检验使用的检验样品，用于对有争议的检验结果进行重新检验的复检样品和需封存一定时间、以备再次验证用的留存样品。

三、采样方法和数量

采样的方法一般包括随机抽样和代表性采样两种。随机抽样是按照随机的原则，从

大批分析对象中抽取部分样品，每个样品的每个部分都有可能被抽检的可能。代表性采样是根据样品随空间、时间和位置的变化规律，采集能代表其相应部分的组成和质量的样品，是选择采样。如分层采样、随生产过程的各个环节采样。

随机抽样可以避免人为倾向，但在不均匀样品的采集上，仅采用随机抽样法是不够的，必须与代表性采样相结合，从具代表性的各个部位分别采样。因此，通常需要将随机采样和代表性采样相结合的方式进行采样。很多样品的采集方法及采集数量，在国家标准中均有规定，应按规定方法采样，若无具体规定的，可按以下分类方法进行采样。

1. 固体样品

(1) 固体散堆状样品。可将其划分为不同的体积层，在每层的中心和四角部位取等量的样品，然后按四分法进行操作，获取需要量的平均样品。

四分法是将从总体的各个部分分别采取多份检样放在大塑料布中，提起四角摇荡，使其充分混匀，然后铺成均匀厚度的圆形或方形，划出两对角线，将样品分成四等份，取其对角两份，再铺平后再分，如此反复操作，直至取得所需的平均样品量。

(2) 均匀固体大包装样品（如袋装粮食）。应按照不同批次分别采样，同一批次产品按实式（6.1）确定采样件数。

$$N=\sqrt{\frac{M}{2}} \tag{6.1}$$

式中 N——表示采样件数；

M——检验对象的件数。

然后从样品堆放的不同部位，按照采样件数确定具体采样袋（桶、包），接下来使用采样管在每一包装的上、中、下三层取出三份检样。最后按照“四分法”将原始样品缩减至平均样品。

(3) 不均匀固体样品（肉、鱼、果蔬等）。一般根据检验目的和要求，有时需从不同部位采集小样，如皮、肉、核等需分别采集小样；有时要从具有代表性的各个部位分别采取少量样品混合并经充分捣碎均匀后取样。

2. 液体大包装或散装、较稠的半固体样品

由于很难混匀，可用采样器分别在上、中、下三层的中心和四角部位采样，然后置于同一容器内搅拌均匀即可。

3. 小包装样品

按照生产班次或同一批号的产品连同包装随机采样。采样件数为 1/3000，尾数超过 1000 的加取一包，每天每个品种采样件数不得少于 3 包。若小包装外还有大包装，先按式（6.1）确定采集大包装的数量，再从堆放的不同部位采集大包装，最后从大包装中随机抽取小包装并缩分到需要量。

4. 不均匀的固体样品

采集样品时，根据分析目的和要求的不同，有时从样品的不同部位分别采样经混合后代表整个分析对象；有时从同一样品的不同部位多次采样，经混合后代表整个样品的情况。

5. 生产过程中的采样

生产流水线上的采样点一般都设在作业线上的一定位置，如在罐头生产线的封口前设点，取流进此处的一件或一定数量的样品作为检样，然后将一定时间内（如一个班次）的检样混合，就形成原始样品。

四、采样注意事项

采集到的样品应保持原有性状，在分析前不得受到任何外来因素影响。因此，采样时应特别注意以下事项。

（1）采样前需要了解样品原料的来源、加工方法、运输和储存条件等，审查质量检验证明书、商品检验机关或卫生防疫机构等部门出具的证书。

（2）小包装样品要保持原有完整包装，防止被检样品中水分或挥发性成分损失，同时还要避免被检样品吸收水分或有气味物质。

（3）盛放样品的容器、工具应清洁，不得带入污染物或被检样品需要检验的成分。

（4）避免检前变化，样品一般应在避光、低温下储存、运输。

（5）做好采样记录，样品应贴上标签，标明样品的名称、规格、生产日期、班次、采样地点、采样日期、检验项目、采样人及样品编号等。

第二节　样品的制备与保存

一、样品的制备

样品的制备是指对采集的样品的分取、粉碎及混匀的过程。样品制备的目的在于保证样品十分均匀，满足在检验时取任何部分都能代表全部被检样品的成分。根据被检样品的性质和检验要求，制备的方法有以下几种。

1. 摇动或搅拌

摇动或搅拌主要适用于液体、浆体或悬浮液体样品的制备。常用的工具是玻璃棒、电动搅拌器或磁力搅拌器等。

2. 粉碎或研磨

粉碎或研磨主要适用于固体样品。粉碎适用于水分含量较少样品的制备；研磨用于韧性较强样品的制备。常用的工具是粉碎机、研钵等。

3. 切细或捣碎

切细或捣碎主要用于含水量较高的固体样品。目前一般都用组织捣碎机进行样品的制备。

二、样品的保存

采集到的样品，为了防止其水分或挥发性成分的散失以及待测成分含量的变化，应在短时间内进行分析，否则应该妥善保存。

1. 保存容器

根据样品的性质选择相应的玻璃、塑料或金属等容器进行密闭保存，防止样品失水或吸水以及挥发性成分的散失，同时还要避免保存样品的容器与样品的主要成分发生化学反应。

2. 保存环境

通常样品应保存在清洁干燥的环境中，并置于阴冷处，防止某些成分见光分解。

3. 保存温度

一般采用低温冷藏，样品的理想保存温度是 0～5℃。有的为了防止细菌的侵染，在不影响分析结果的前提下可加入适量保存剂，例如，在溶解氧的测定过程中，可加入 1mL 硫酸锰和 3mL 碱性碘化钾溶液做固氧剂。

第三节　样品的预处理

试样本身成分复杂且又相互结合，在对其中某一成分进行测定时，往往会受到其他成分的干扰，或者被测成分含量过低等因素的制约。为了保证分析工作的顺利进行，得到准确的分析结果，必须在测定前排除干扰组分，或对样品进行溶解、浓缩等操作，这样的操作统称为样品的预处理。

一、样品的分解

试样的分解方法主要有溶解法和熔融法两种。溶解法是用水、酸或碱等溶剂溶解试样；熔融法是通过高温灼烧破坏试样中的有机成分或选择适当熔剂与试样混合后，使被测组分与熔剂在高温下反应生成易溶物，再用水或酸浸取。

1. 溶解法

溶解法包括水溶、酸溶和碱溶等。下面简单介绍一下这些溶剂的特性以及它们能溶解的对象。

(1) 水：试样中的被测物，大多能直接溶解于水中。如糖类、氨基酸、醇类、有机酸和无机盐等。凡能被水溶解的试样应尽量采用水作溶剂。

(2) 盐酸：盐酸是强酸，电极电位比氢电极更负的金属、合金及它们的硫化物等能溶于盐酸。金属及合金中的磷化物、碳化物、硫化物、砷化物和锑化物等，加入盐酸后在加热条件下，都生成相应的氢化物，如 PH_3、CH_4、H_2S、AsH_3 和 SbH_3；碳酸盐、亚硫酸盐、硫化物、亚硝酸盐、氟化物等，用盐酸溶解时就有 CO_2、SO_2、H_2S、NO 和 HF 逸出。

盐酸对试样的分解能力强，不仅因为它是强酸，盐酸溶液中 H^+ 能与活泼金属作用，还因为 Cl^- 也有还原作用和配位作用。例如，用盐酸分解软锰矿。

$$MnO_2 + 4HCl = Mn^{2+} + 2Cl^- + Cl_2 + 2H_2O$$

分解铁矿试样时，Cl^- 能与 Fe^{3+}、Fe^{2+} 生成一系列的配合物：$FeCl^{2+}$、$FeCl_6^-$、$FeCl^+$ 等。

因此，盐酸对许多金属和盐类都是优良的溶剂，对试样溶解有促进作用。用盐酸作溶剂时，应按先稀后浓、先冷后热的次序进行试验。

(3) 硝酸：硝酸也是一种强酸，它对试样的分解是由强酸性和强氧化性共同作用的结果。

电极电位比氢电极更负的金属、合金都溶于硝酸，但由于 NO_3^- 的强氧化性，常使一些金属如 Al、Fe、Cr 等的表面产生钝化现象，对试样分解造成困难，但有些金属（比氢不活泼的）如 Cu 等，可以用硝酸直接溶解。

(4) 硫酸：稀硫酸的作用和盐酸类似。浓硫酸有较强的氧化性，其沸点为 338℃，因此硫酸可以在比较高的温度下分解试样。Al、Be、Mn、Pb、Th、Ti、U 及稀土元素的矿物常用硫酸分解。

当试样中的 NO_3^-、Cl^- 及 F^- 对测定有干扰时，可加入硫酸并蒸发至冒 SO_3 白烟，就可以将 NO_3^-、Cl^-、F^- 成相应的酸挥发掉。

(5) 氢氟酸：HF 溶液中的 F^- 强配位剂，因此 HF 有较强的腐蚀性，HF 常与 H_2SO_4、HNO_3 等混合使用，处理硅铁、硅酸盐矿石。

由于 HF 对玻璃有腐蚀作用，所以分解试样的器皿常用铂皿、聚四氟乙烯容器。

(6) 磷酸：能和很多金属离子形成稳定的配合物，因此近年来很多人用磷酸溶样，能达到快速溶解的目的。

(7) 高氯酸：热高氯酸有强氧化性和脱水性，除 K^+、NH_4^+ 等，多数金属的高氯酸盐易溶于水，高氯酸的沸点较高，可以将低沸点（盐酸、硝酸及氢氟酸）的溶液及其盐类转化为易溶性的高氯酸盐。

高氯酸稳定、无毒，是一种较好的溶剂。浓热高氯酸有强氧化性，和有机物相遇易发生爆炸，在这种情况下，可先用浓 HNO_3 氧化有机物和还原剂，然后再用高氯酸处理。

(8) 氢氧化钠：主要用来溶解铝和铝合金及某些酸性氧化物。

(9) 混合酸：混合酸往往比单一酸具有更强的溶解能力。例如，王水是由 1 体积 HNO_3 和 3 体积 HCl 配成的混合酸，两种酸混合发生如下反应：

$$HNO_3 + 3HCl \xlongequal{} NOCl + Cl_2 + H_2O$$

新生态氯和 NOCl 是强氧化剂，Cl^- 有配位作用。因此，王水能溶解铂、金等贵金属及 Hg 等难溶化合物。

2. 熔融法

试样不能溶解或溶解不完全时，可考虑采用熔融法。根据所用溶剂的性质不同，可以分为酸熔法和碱熔法。将酸性熔剂如 $K_2S_2O_7$ 或碱性熔剂如 Na_2CO_3、K_2CO_3、Na_2O_2、NaOH及 KOH 等与试样混合，在高温下熔融，使欲测组分转变为可以溶解的化合物。例如，测定长石中 SiO_2 含量时，可以用 Na_2CO_3 作熔剂，发生如下反应：

$$Al_2O_3 \cdot 2SiO_2 + 3Na_2CO_3 \xlongequal{} 2NaAlO_2 + 2Na_2SiO_3 + 3CO_2 \uparrow$$

用水提取 Na_2SiO_3 后进行测定。

由于熔融法是在高温下熔融分解试样，反应物对器皿的腐蚀较严重，操作时必须选择适当材料的坩埚。表 6.1 列出了各种材料坩埚的适用熔剂。

表 6.1　各种坩埚材料的适用熔剂

熔　剂	坩埚材料					
	铂	镍	铁	银	石英	瓷
无水碳酸钠	+	+	+	−	−	−
氢氧化钠	−	+	+	+	−	−
氧化钠	−	+	+	+	−	−
焦硫酸钾	+	−	−	−	+	+
硫酸氢钾	+	−	−	−	+	+

注：+表示可以用，−表示不可以用。

3. 其他分解方法

在食品中测定无机盐或金属离子的含量时，由于这些成分常与食品中的有机类物质结合，成为难溶、难分离的化合物。欲测定这些无机成分的含量，需要在测定前破坏这些有机结合体，释放出被测的组分，通常采用高温，或高温加氧化剂或助剂的方法，使有机物被破坏和分解，无机物质被保留下来，所以也称有机物破坏法。

(1) 干法灰化法：用高温灼烧的方式，破坏样品中有机物的方法，因而又称为灼烧法。除汞外，大多数金属元素的测定都适宜此法。

干法灰化时是将一定量的样品置于坩埚中加热，小火使其中的有机物脱水、炭化、分解、氧化后，再置于 500～6000℃的高温电炉中灼烧灰化，直至残灰为白色或浅灰色为止。所得的残渣即为无机成分。

干灰化法的优点体现在不加或加入很少的试剂，故空白值低；食品经灼烧后，有机物分解彻底，灰分的体积很小，能够处理较多的样品，达到富集被测组分、降低检测下限的目的；操作简单，不需要操作者严密看管，但不足之处是所需灰化时间较长；因温度较高，易造成某些易挥发元素的损失；此外坩埚对被测组分有吸留作用，会降低测定结果的回收率。

分解试样时，干法比湿法温度高，反应物浓度大，故比湿法的分解能力强。难溶物质往往用干法分解。

(2) 湿法消化法：消化的方法通常是采用高温或高温加强氧化条件，使试样中的有机物质彻底分解，其中碳、氢、氧元素生成二氧化碳和水呈气态逸散，而金属元素则生成简单的无机金属离子化合物留在溶液中。

向样品中加入强氧化剂，并加热消化，使样品中的有机物完全分解、氧化，呈气态逸散，而待测成分转化为无机物状态存在于消化液中，供检验用。常用的强氧化剂有浓硝酸、浓硫酸、高氯酸、高锰酸钾和过氧化氢等。

湿法消化法的优点是：有机物分解速度快，所需时间短；由于加热温度较干灰化法低，故减少了某些易挥发元素的损失。不足之处在消化过程中，易产生大量有害气体，因此操作过程需在通风厨内进行。消化初始，常产生大量泡沫，故需要操作者严密看管；试剂用量较大，空白值偏高。

(3) 微波炉消解法：微波炉消解法的原理是在 2450MHz 的微波电磁场作用下，样品与酸的混合物通过吸收微波能量，使介质中的分子间相互摩擦，产生高热。同时，交变的电磁场使介质分子产生极化，由极化分子的快速排列引起张力。由于这两种作用，样品的表面层不断搅动破裂，产生新的表面与酸反应。由于溶液在瞬间吸收辐射能，消除了传统的分解方法所用的热传导过程，因而分解快速。特别是将微波消解法和密闭增压酸溶解法相结合的方法，使两者的优点得到充分发挥。

微波消解器由微波炉、抽气模式的电源和消化容器三部分组成。微波炉绝不能使用生活中用于加热食品的微波炉。试样分解后的溶液经稀释后，可直接用于原子吸收光谱法或等离子体发射光谱法进行测定。

微波消解法与经典消解法相比具有以下优点：

① 样品消解时间从几小时减少至几十秒钟。

② 由于使用消化试剂量少，因而消化样品有较低的空白值。

③ 由于使用密闭容器，样品交叉污染的机会少，同时也消除了常规消解时产生大量酸气对实验室环境的污染。另外，密闭容器减少或消除了某些易挥发元素如 Se、Hg、As 等的消解损失。

因此微波消解法是一种快速、安全，可以大大节省劳力的消解方法，但由于设备昂贵，国内还没有全面推广。

二、样品的分离与富集

在分析测定中，实际试样的组成往往比较复杂，在测定试样中的某一组分时常受到其共存组分的干扰，使测得的结果不准确，甚至无法测定。有时，可以通过控制适宜的分析条件或使用掩蔽剂消除某些干扰，但在许多情况下，采用这些方法仍不能消除干扰，就必须进行分离以除去干扰组分。对含量极微、浓度甚稀的组分，分离出来后甚至还需富集。最常用的分离富集方法有沉淀分离法、溶剂萃取法、离子交换法、色谱法等，下面对这些分离方法做简略介绍。

（一）沉淀分离法

沉淀分离法是利用沉淀反应进行分离的方法，是通过在试样中加入适当的沉淀剂，使被测组分或干扰组分沉淀下来，经过过滤或离心分离将沉淀与母液分来，从而达到分离的目的。

沉淀分离法有两种，一种是利用沉淀反应把被测组分和干扰组分分开，这适用于常量组分的分离；另一种是利用共沉淀现象分离和富集痕量组分。在定性分析中，大量的分离都是采用沉淀分离法，根据沉淀剂的不同，沉淀分离法也可以分成用无机沉淀剂的分离法、用有机沉淀剂的分离法和共沉淀分离富集法。

1. 用无机沉淀剂的分离法

最有代表性的无机沉淀剂有 NaOH、NH_3、H_2S 等。

（1）氢氧化物沉淀分离：大多数金属离子都能生成氢氧化物沉淀，但沉淀的溶解度往往相差很大，有可能借控制酸度的方法使某些金属离子彼此分离。从理论上讲，只要知道氢氧化物的溶度积和金属离子的原始浓度，就能计算出沉淀开始析出和沉淀完全时的酸度。但实际上，金属离子可能形成多种羟基络合物（包括多核络合物）及其他络合物，有关常数现在也还不齐全；沉淀的溶度积又随沉淀的晶形而变（如刚析出与陈化后，沉淀的晶态有变化，溶度积就不同了）。因此，金属离子分离的最宜 pH 范围与计算值常会有出入，必须由实验确定。

采用 NaOH 作沉淀剂可使两性元素与非两性元素分离，两性元素便以含氧酸阴离子形态保留在溶液中，非两性元素则生成氢氧化物沉淀。

在铵盐存在下以氨水为沉淀剂（pH 为 8～9）可使高价金属离子如 Th^{4+}、Al^{3+}、Fe^{3+} 等与大多数一、二价金属离子分离。这时，Ag^{+}、Cu^{2+}、Co^{2+}、Ni^{2+}、Zn^{2+}、Cd^{2+} 等以氨络合物型体存在于溶液中，而 Ca^{2+}、Mg^{2+} 因其氢氧化物溶解度较大，也会留在溶液中。此外，还可加入某种金属氧化物（如 ZnO)、有机碱如[$(CH_2)_6N_4$] 等来调节和控制溶液的酸度，以达到沉淀分离的目的。

（2）硫化物沉淀分离：硫化物沉淀与氢氧化物沉淀法相似，不少金属硫化物的溶度积相差很大，可以借控制硫离子的浓度使金属离子彼此分离。H_2S 是常用的沉淀剂，溶液中 $c_{S^{2-}}$ 与 c_{H^+} 的关系是

$$c_{S^{2-}} \approx \frac{c_{H_2S}}{c_{H^+}} K_{a_1} K_{a_2}$$

在常温常压下，H_2S 饱和溶液的浓度大约是 0.1mol/L，$c_{S^{2-}}$ 和 c_{H^+} 成反比。因此，可通过控制溶液酸度的方法来控制溶液中硫离子浓度，以实现分离的目的。

在利用硫化物分离时，大多用缓冲溶液控制酸度。例如，往氯代乙酸缓冲溶液（pH≈2）中通入 H_2S，则使 Zn^{2+} 沉淀为 ZnS 而与 Fe^{2+}、Co^{2+}、Ni^{2+}、Mn^{2+} 分离；往六次甲基四胺缓冲溶液（pH 为 5～6）中通入 H_2S，则 ZnS、CoS、NiS、FeS 等会定量沉淀而与 Mn^{2+} 分离。

硫化物共沉淀现象严重，分离效果往往不是很理想，而且 H_2S 是有毒并有恶臭的气体，因此，硫化物沉淀分离法的应用并不广泛。

其他常用的无机沉淀剂有 SO_4^{2-}、CrO_4^{2-}、PO_4^{3-}、CO_3^{2-}、AsO_4^{3-}、Cl^- 等。

2. 用有机沉淀剂的分离法

有机沉淀剂具有选择性高、溶解度小、共沉淀不严重、沉淀晶形好等优点。目前，已广泛应用于沉淀分离。例如，丁二酮肟在氨性溶液中，在酒石酸存在下，它与镍的反应几乎是特效的。

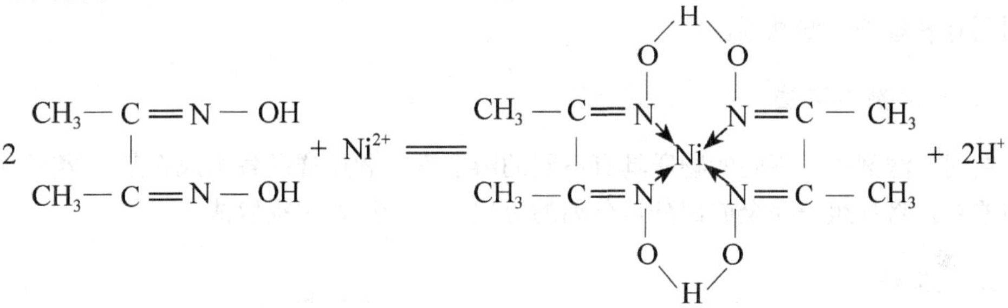

$$2\begin{array}{c}CH_3-C=N-OH\\|\\CH_3-C=N-OH\end{array}+Ni^{2+}=\!=\!=\begin{array}{c}\quad O\cdots H\cdots O\\ CH_3-C=N\rightarrow Ni\leftarrow N=C-CH_3\\ CH_3-C=N\rightarrow\ \ \ \ \leftarrow N=C-CH_3\\ \quad O\cdots H\cdots O\end{array}+2H^+$$

在弱酸性溶液中也只有 Pb^{2+}、Ni^{2+} 与它生成沉淀。

铜铁试剂在 1∶9H_2SO_4 中可定量沉淀 Fe^{3+}、Th^{4+}、V（V）等而与 Al^{3+}、Cr^{3+}、Co^{2+}、Ni^{2+} 等分离。

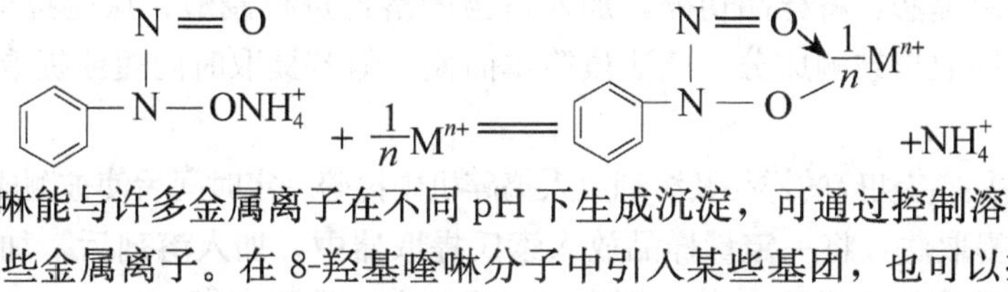

$$C_6H_5-N(-N=O)-ONH_4^+ + \frac{1}{n}M^{n+} =\!=\!= C_6H_5-N(-N=O\rightarrow\tfrac{1}{n}M^{n+})-O- + NH_4^+$$

8-羟基喹啉能与许多金属离子在不同 pH 下生成沉淀，可通过控制溶液酸度加入掩蔽剂来分离某些金属离子。在 8-羟基喹啉分子中引入某些基团，也可以提高分离的选择性。例如，（8-羟基喹啉，OH）与 Al^{3+}，Zn^{2+} 均生成沉淀，而（2-甲基-8-羟基喹啉，ON，CH_3）不能与 Al^{3+} 生成沉淀，仍能与 Zn^{2+} 生成沉淀，可使 Al^{3+} 与 Zn^{2+} 分离。

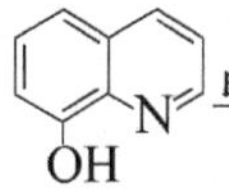

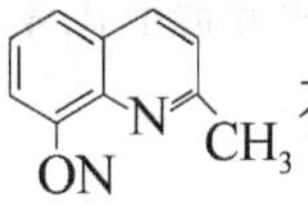

3. 共沉淀分离和富集

在“重量分析技术”一章中讨论共沉淀现象时，往往着重讨论它的消极方面。但在微量组分测定中，却往往利用共沉淀现象来分离和富集那些含量极微、浓度甚稀的不能用常规沉淀方法分离出来的组分。例如，自来水中微量铅的测定，因铅含量甚微，测定前需要预富集。若采用浓缩的方法会使干扰离子的浓度同样地提高，但采用共沉淀分离并富集的方法则较合适。为此，通常是往大量自来水中加入 Na_2CO_3，使水中的 Ca^{2+} 转化为 $CaCO_3$ 沉淀或特意往水中加 $CaCO_3$ 并猛烈摇动，水中的 Pb^{2+} 就会被 $CaCO_3$ 沉淀载带下来。可将所得沉淀用少量酸溶解，再选适当方法测定铅。

上述方法中所用的共沉淀剂（载体）是 $CaCO_3$，属于无机共沉淀剂。这类共沉淀剂的作用机理主要是表现吸附或形成混晶，而把微量组分载带下来。常用的无机共沉淀剂有 $Al(OH)_3$、$Fe(OH)_3$、$MnO(OH)_3$、$Mg(OH)_2$、$CaCO_3$ 以及某些金属硫化物等。

它们的选择性都不高，而且往往还会干扰下一步微量元素的测定。

目前分析上经常用的是有机共沉淀剂，它的特点是选择性高、分离效果好、共沉淀经灼烧后就能除去，不致干扰微量元素的测定。它的作用机理与无机共沉淀剂不同，不是依靠表面吸附或形成混晶载带下来，而是先把无机离子转化为疏水化合物，然后用与其结构相似的有机共沉淀剂将其载带下来。例如，微量镍与丁二酮肟在氨性溶液中形成难溶的内络盐。若加入与其结构相似的丁二酮肟二烷酯乙醇溶液，由于丁二酮肟二烷酯不溶于水，可把镍的丁二酮肟内络盐载带下来；不能形成内络盐的其他离子仍留在溶液中，因此，站污少、选择性高。这类共沉淀剂又称“惰性共沉淀剂”。常用的惰性共沉淀剂还有β-萘酚、酚酞等。

（二）溶剂提取法

在同一溶剂中，不同的物质具有不同的溶解度。利用样品各组成在某一溶剂中溶解度的差异，将各组分完全或部分地分离的方法，称为溶剂中提取法。

1. 浸提法

用适当的溶剂将固体试样中的某种待测成分浸提出来的方法称为浸提法，又称液-固萃取法。具体包括以下几种方法。

（1）振荡浸提法：将样品切碎，加入适当的溶剂进行浸泡、振荡提取一定时间后，即可从样品中提取出被测成分。此法虽简单简便，但若提取时间短或提取次数少都会使提取率降低。

（2）捣碎法：将切碎的样品及溶剂放入捣碎机中捣碎一定时间后使被测成分提取出来。

（3）索氏提取法：将一定量样品放入索氏提取器中，加入溶剂后，加热回流，经过一定时间，将被测成分提取出来，此法溶剂用量少，提取率高。

2. 萃取法

萃取法在分析中应用最广泛的为液-液萃取分离法，亦称溶剂萃取分离法，该法是用一种与水不相混溶的有机溶剂与试液（水相）一起振荡，使两相充分接触，一些易溶于有机相的组分就从水相进入有机相，从而达到分离的目的；若某组分从有机相进入水相，叫做反萃取。此法主要用于物质的分离和富集。

萃取基本原理的依据是相似相溶原理，即极性化合物易溶于极性溶剂，非极性化合物易溶于非极性溶剂，而且化合物的结构和溶剂的结构越相似，该化合物就越易溶解。易溶于水的分子或离子都是极性的，如果欲将某极性组分萃取到非极性有机溶剂中，就必须改变该组分的亲水性，使其变为易溶于非极性有机溶剂的疏水性的化合物，这样，它才能被有机溶剂萃取。例如，在萃取水溶液中的 Ni^{2+} 时，因为 Ni^{2+} 在水溶液中以水合离子 $Ni(H_2O)_6{}^{2+}$ 状态存在，是亲水性的，所以必须中和其电荷，引入疏水基团取代水分子，使其形成疏水性化合物。为此，可在氨性溶液（pH 为 9）中加入丁二酮肟，使其与 Ni 形成螯合物。形成的螯合物不带电荷，且 Ni^{2+} 被疏水的丁二酮肟分子包围，因此具有疏水性，能被有机溶剂如三氯甲烷萃取。这里的丁二酮肟称为萃取剂。

萃取分离法设备简单，操作迅速、分离效果好，在食品分析中应用较广泛。不足之处是进行成批试样分析时，工作量较大，同时，萃取溶剂常是易挥发、易燃，且有毒性，故操作时应加以注意。

（三）蒸馏分离法

利用液体混合物中各组分的挥发度差异而进行分离的方法称为蒸馏分离法。该方法具有分离和净化的双重效果，可以用于除去干扰组分，也可以将被测组分蒸馏逸出，收集馏出液进行分析。例如，常量凯氏定氮法测定蛋白质含量，就是将蛋白质经过一系列处理后，转变成为挥发性氨，再进行蒸馏，以硼酸溶液吸收馏出的氨，然后测定吸收液中氨的含量，再换算为蛋白质含量。一般的蒸馏装置见图 6.1。

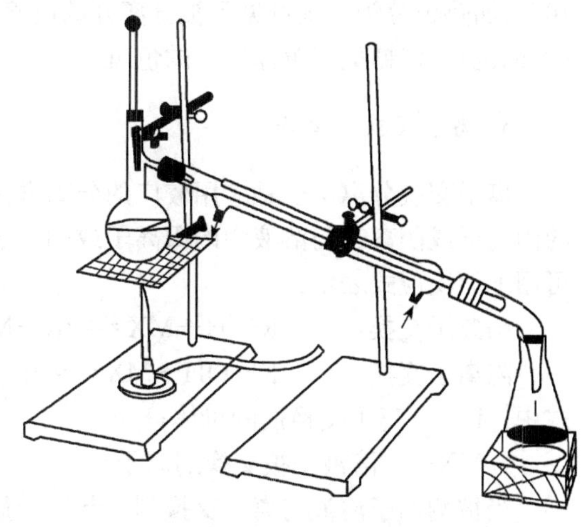

图 6.1　普通蒸馏装置图

蒸馏时采取何种加热方式可根据被蒸馏物质的沸点和特性来确定，或水浴、或油浴、或直接加热。蒸馏可分为常压蒸馏法、减压蒸馏法、分馏法及水蒸气蒸馏法。例如，某些物质沸点较高，直接加热蒸馏时，可因受热不均引起局部炭化；还有些被测成分，当加热到沸点时可能发生分解，对于这些具有一定蒸气压的成分，常采用水蒸气蒸馏法进行分离。像防腐剂苯甲酸及其钠盐的测定，从样品中分离“六六六”等，均可用水蒸气蒸馏法进行处理。

（四）色层分离法

色层分离法又称层析法，是色谱法的一大分支，是一种在载体上进行物质分离的一类方法的总称。根据分离原理的不同，可分为吸附层析法、分配层析法和离子交换层析法等；此类分离方法分离效果好，在分析工作中被应用广泛。

1. 吸附层析法

利用聚酰胺、硅胶、硅藻土和氧化铝等吸附剂，经活化处理后，所具有的适当的吸附能力，可对被测组分或干扰组分进行选择性地吸附而达到分离的目的。例如，聚酰胺对色素有较大的吸附力，而其他组分则难以被吸附，故在测定食品中色素含量时，常用聚酰胺吸附色素，再经过滤洗涤，然后用适当溶剂解吸，而得到较纯净的色素溶液，供测试用。

2. 分配层析法

分配层析法是以分配作用为主的色层分离法，是根据不同物质在两相间的分配比不同进行分离的。两相中的一相是流动的，称流动相；另一相是固定的，称固定相。被分离组分在流动相沿着固定相移动的过程中，由于不同物质在两相中具有不同的分配比，从而达到分离的目的。例如，多糖类样品的纸上层析是将样品经酸水解处理，中和后制成试液，点样于滤纸上，用苯酚-1%氨水饱和溶液展开，苯胺邻苯二酸显色剂显色，于105℃加热数分钟，则可见到被分离开的戊醛糖（红棕色）、己醛糖（棕褐色）、己酮糖（淡棕色）、双糖类（黄棕色）的色斑。

3. 离子交换分离法

离子交换分离法也是应用较广的分离方法之一。它是用离子交换剂所含的可以解离的阳离子或阴离子与溶液中的阳离子或阴离子发生交换反应进行分离的方法。交换作用可用下面反应式表示：

阳离子交换：　　$R-H+MX \rightleftharpoons R-M+HX$

阴离子交换：　　$R-OH+MX \rightleftharpoons R-X+MOH$

式中　R——离子交换剂的母体；

MX——溶液中被交换的离子。

当被测离子溶液与离子交换剂一起混合震荡，或将样液缓缓通过用离子交换剂做成的离子交换柱时，被测离子或或干扰离子与离子交换剂上的 H^+ 或 OH^- 发生交换，被测离子或干扰离子留在离子交换剂上，被交换出的 H^+ 或 OH^- 以及不发生交换反应的其他物质留在溶液中，从而达到分离的目的。

用这种分离法不仅可以除去溶液中的某些离子（如自来水的软化），还可以将带相同电荷的几种性质相近的离子彼此分开（如可以用此法解决稀土元素的分离问题），在食品分析上，可以用此法制备无氨水、无铅水及分离比较复杂的样品。

常见离子交换剂的种类：离子交换剂主要可分无机离子交换剂和有机离子交换剂两大类。例如，$Na_2Al_2Si_4O_{12} \cdot nH_2O$，其分子中的 Na^+ 可以与水溶液中的阳离子交换，它是较好的无机离子交换剂。

目前应用较广的是有机离子交换剂。有机离子交换剂又称离子交换树脂，是一类网状结构的高分子物质，这种结构不仅机械强度好，而且对水、酸、碱、有机溶剂等都有较好的稳定性，这决定了它可以作为一种固体交换剂与液相中的离子发生交换，而不会溶解。在网状结构的骨架上连着一些活性基团，如—SO_3H、—COOH、═NOH 等。这些活性基团上的 H^+、OH^- 可以与溶液中的阳离子或阴离子发生交换反应。按照活性基团的性质，离子交换树脂可以分成四类。

① 强酸性阳离子交换树脂：这种离子交换树脂含强酸性活性基团，如—SO_3H。

② 弱酸性阳离子交换树脂：含弱酸性活性基团，如—COOH、—OH 等。

③ 强碱性阴离子交换树脂：含强碱性活性基团季胺碱≡N—，如 R—$N(CH_3)_3Cl$、R—$N(CH_3)_3OH$ 等。

④ 弱碱性阴离子交换树脂所含活性基团为伯、仲或叔胺，如 R—NH_2、R—$NHCH_3$、R—$N(CH_3)_2$。

（五）掩蔽分离法

掩蔽分离法是利用掩蔽剂与样品溶液中干扰成分的相互作用，使干扰成分转变为不干扰测定的状态，即干扰成分被掩蔽起来，用以减少甚至消除干扰。常用于金属元素的测定。如在 EDTA 络合法测定水总硬度中，水中存在的少量 Fe^{3+} 、Al^{3+} 会对测定存在一定干扰，故在测定前加入适量三乙醇胺掩蔽 Fe^{3+} 、Al^{3+}，消除对测定的干扰。

（六）富集

从大量母体物质中搜集欲测定的痕量元素至一较小体积，从而提高其含量至测定下限以上的这一操作步骤。试样中含量少于 0.01%的痕量物质，如果它的含量低于分析方法的测定下限，就必须采用预富集的方法。

1. 共沉淀富集法

加沉淀剂于试液中，有沉淀生成，痕量元素随之共沉淀析出，滤出沉淀，并用小体积溶剂溶解或共沉淀经灼烧后就能除去，使痕量物质富集，不致干扰微量元素的测定。载带痕量元素的沉淀称为载体或共沉淀剂。常见共沉淀剂的种类和分离原理可参见前面共沉淀的分离与富集。

2. 泡沫浮选法

（1）离子浮选法：由于表面活性剂离子具有一端亲水，另一端疏水的两亲特性，如果它和试液中待富集的痕量离子能生成离子缔合物，这类缔合物就有富集在气液界面的倾向。在试液中通入氮气使生成泡沫，痕量离子就被泡沫浮选。适当控制试液中的 pH、离子强度和表面活性剂浓度（低于临界胶束浓度），可得很高的富集效率。

（2）胶体吸附浮选法：用胶体搜集剂吸附被富集的元素，再加入与胶体带相反电荷的表面活性剂，然后通气浮选。常用的胶体有氢氧化铁、氢氧化铝和硫化物等。

3. 其他方法

多孔物质富集法是用泡沫塑料、巯基棉、活性炭、分子筛等多孔物质吸附痕量元素，也可得到很好的富集效果，我国在痕量贵金属的富集和分析中，常采用这一方法。

第四节　样品预处理实训项目

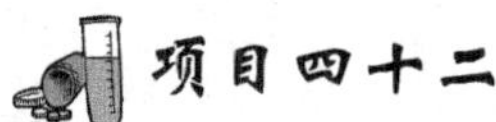

离子交换法制备纯水

（一）实训目的

（1）了解离子交换法制纯水的基本原理，掌握其操作方法。

（2）掌握水质检验的原理和方法。

(3) 巩固酸度计的使用，学会电导率仪的使用。

(二) 实训原理

离子交换法是目前广泛采用的制备纯水的方法之一。水的净化过程是在离子交换树脂上进行的。离子交换树脂是有机高分子聚合物，它是由交换剂本体和交换基团两部分组成的。例如，聚苯乙烯磺酸型强酸性阳离子交换树脂就是苯乙烯和一定量的二乙烯苯的共聚物，经过浓硫酸处理，在共聚物的苯环上引入磺酸基（$—SO_3H$）而成。其中的 H^+ 可以在溶液中游离，并与金属离子进行交换。

$$R—SO_3H + M^+ \rightleftharpoons R—SO_3M + H^+$$

式中　R——聚合物的本体；

$—SO_3$——与本体联结的固定部分，不能游离和交换；

M^+——代表一价金属离子。

阳离子交换树脂可表示为

本体　　交换基团

$\underbrace{R—SO_3^-}$ ⋮ H^+

起交换作用的阳离子

如果在共聚物的本体上引入各种胺基，就成为阴离子交换树脂。例如，季胺型强碱性阴离子交换树 $R-N^+(CH_3)_3OH^-$，其中 OH^- 在溶液中可以游离，并与阴离子交换。

离子交换法制纯水的原理就是基于树脂和天然水中各种离子间的可交换性。例如，$R—SO_3H$ 型阳离子交换树脂，交换基团中的 H^+ 可与天然水中的各种阳离子进行交换，使天然水中的 Ca^{2+}、Mg^{2+}、Na^+、K^+ 等结合到树脂上，而 H^+ 进入水中，于是就除去了水中的金属阳离子杂质。水通过阴离子交换树脂时，交换基团中的 OH^- 具有可交换性，将 HCO_3^-、Cl^-、SO_4^{2-} 等除去，而交换出来的 OH^- 与 H^+ 发生中和反应，这样就得到了高纯水。

交换反应可简单表示为

$$2R-SO_3H + Ca(HCO_3)_2 \longrightarrow (R-SO_3)_2Ca + 2H_2CO_3$$

$$R-SO_3H + NaCl \longrightarrow R-SO_3Na + HCl$$

$$R-N(CH)_3OH + NaHCO_3 \longrightarrow R-N(CH)_3HCO_3 + NaOH$$

$$R-N(CH)_3OH + H_2CO_3 \longrightarrow R-N(CH)_3HCO_3 + H_2O$$

$$HCl + NaOH \longrightarrow H_2O + NaCl$$

本实验用自来水通过混合阳、阴离子交换树脂来制备纯水。

(三) 仪器药品

仪器：电导率仪、电导电极、酸度计、离子交换柱（也可用碱式滴定管代替）。

材料：玻璃纤维（棉花）、乳胶管、螺旋夹、pH 试纸。

固体药品：717 强碱性阴离子交换树脂、732 强酸性阳离子交换树脂。

液体药品：NaOH（2mol/L）、HCl（2mol/L）、$AgNO_3$（0.1mol/L）、NH_3-NH_4

Cl 缓冲溶液（pH 为 10)、铬黑 T 指示剂。

（四）实训步骤

1. 树脂的预处理

将 717（201×7）强碱性阴离子交换树脂用 NaOH（2mol/L）浸泡 24h，使其充分转为 OH^- 型（由教师处理）。取 OH^- 型阴离子交换树脂 10mL，放入烧杯中，待树脂沉降后倾去碱液。加 20mL 蒸馏水搅拌、洗涤、待树脂沉降后，倾去上层溶液，将水尽量倒净，重复洗涤至接近中性（用 pH 试纸检验，pH 为 7～8）。

将 732（001×7）强酸性阳离子交换树脂用 HCl（2mol/L）浸泡 24h，使其充分转为 H^+ 型（由教师处理）。取 H^+ 型阳离子交换树脂 5mL，于烧杯中，待树脂沉降后倾去上层酸液，用蒸馏水洗涤树脂，每次大约 20mL，洗至接近中性（用 pH 试纸检验 pH 为 5～6）。

最后，把已处理好的阳、阴离子交换树脂混合均匀。

2. 装柱

在一支长约 30cm，直径 1cm 的交换柱内，下部放一团玻璃纤维，下部通过橡皮管与尖嘴玻璃管相连，用螺旋夹夹住橡皮管，将交换柱固定在铁架台上。在柱中注入少量蒸馏水，排出管内玻璃毛和尖嘴中的空气，然后将已处理并混合好的树脂与水一起，从上端逐渐倾入柱中，树脂沿水下沉，这样不致带入气泡。若水过满，可打开螺旋夹放水，当上部残留的水达 1cm 时，在顶部也装入一小团玻璃纤维，防止注入溶液时将树脂冲起。在整个操作过程中，树脂要一直保持为水覆盖。如果树脂床中进入空气，会产生偏流使交换效率降低，若出现这种情况，可用玻璃棒搅动树脂层赶走气泡。

3. 纯水制备

将自来水慢慢注入交换柱中，同时打开螺旋夹，使水成滴流出（流速 1～2 滴/s，等流过约 10mL 以后，截取流出液作水质检验，直至检验合格。

4. 水质检验

(1) 化学检验：

① 检验 Ca^{2+}、Mg^{2+}：分别取 5mL 交换水和自来水，各加入 3～4 滴 NH_3-NH_4Cl 缓冲溶液及 1 滴铬黑 T 指示剂，观察现象。交换过的水呈蓝色，表示基本上不含 Ca^{2+}、Mg^{2+}。

② 检验 Cl^-：分别取 5mL 交换水和自来水，各加入 1 滴 5mol/L HNO_3 和 1 滴 0.1mol/L $AgNO_3$ 溶液，观察现象。交换水无白色沉淀。

(2) 物理检验：

① 电导率测定：用电导率仪分别测定交换水和自来水的电导率。

水中杂质离子越少，水的电导率就越小，用电导仪测定电导率可间接表示水的纯度。习惯上用电阻率（即电导率的倒数）表示水的纯度。

理想纯水有极小的电导率。其电阻率在 25℃ 时为 $1.8\times10^7\Omega\cdot cm$（电导率为 0.056μS/cm）。普通化学实验用水在 $1.0\times10^5\Omega\cdot cm$（电导率为 10μS/cm），若交换水的测定达到这个数值，即为合乎要求。

② pH 测定：用酸度计分别测定交换水和自来水的 pH。

(五) 思考题

(1) 离子交换法制纯水的基本原理是什么?

(2) 装柱时为何要赶净气泡?

(3) 钠型阳离子交换树脂和氯型阴离子交换树脂为什么在使用前要分别用酸、碱处理,并洗至中性?

第七章　分析化学综合实训

分析化学综合实训，是综合应用分析化学的基础知识和技能，主要是对样品化学成分进行分析或同一样品用不同的分析方法进行测定后加以比较、评价，以达到巩固分析化学理论知识，熟练分析化学的基本操作，提高分析问题和解决问题的能力的目的。在进行综合实训时，分析方案设计是一项极其重要的工作，其分析方法的选择、修改和制订往往决定着实验的成败和结果的准确性。

第一节　分析方案设计

在实际工作中，定量分析所遇到的问题是各种各样的。分析对象可能是无机试样或有机试样；分析的组分可能是单项分析或全分析，所测组分的含量可能是属于常量组分，微量组分或痕量组分等。要完成各种各样的分析任务，需要选择各种各样的分析方法，其中有些是成熟的分析方法，有些分析任务难以找到合适的分析方法，这就要求分析工作者能根据实际情况，制订出合适的分析操作规程。

为了培养学生初步具有分析问题和解决问题的能力，在本实验课程的教学中，安排了简单试样的分析方案的设计实验，要求学生通过实验，能初步达到运用所学基本操作技术和基础理论知识，设计出合适的分析方案来，并以自己的实验结果加以验证。

当给定某分析物质时，首先应该选定分析该物质的方法。如果含 1%时，一般应选用化学分析法。其次应注意化学反应条件的选择，主要是酸度、浓度、温度和消除干扰等条件。

分析方案的设计要十分具体，包括方法原理、试剂配制、仪器配备、取样量的确定、溶样方法、具体分析操作步骤及分析结果的计算等，都要叙述清楚。分析方案交指导教师审批后，方可进行实验。

第二节　综合实训项目

 项目四十三　HCl-CH_3COOH 混合液分析（设计实验）

（一）实训目的

（1）运用分析化学基本理论和实验技能，根据被测试样性质确定实验方法、设计分析方案。

（2）培养灵活运用滴定分析法解决实际问题的能力。

(二) 实训要求

根据酸碱滴定原理，并查阅相关资料，在老师指导下拟定［c_{HCl}＝0.2mol/L 和 c_{CH_3COOH}＝0.2mol/L］组成的混合液的分析方案。具体要求如下：

(1) 实验原理、方法（包括测定方法、测定条件、反应式、指示剂等）。

(2) 实验仪器与药品（名称、规格、数量、试剂浓度及配制方法等）。

(3) 实验步骤（取样方式及取样量、实验条件、试剂加入顺序及加入量、加入的指示剂及终点变化等）。

(4) 实验记录及计算（数据表格、结果计算公式等）。

(5) 问题讨论（根据分析结果计算误差，对所拟定的方法做出评价）。

 项目四十四 工业纯碱中总碱度的测定（技能考核）

(一) 实训目的

(1) 考核分析天平的使用。

(2) 考核滴定分析常用仪器的配套使用。

(3) 通过纯碱中总碱度的测定考核滴定分析基本操作的应用。

(二) 实训原理

工业纯碱中除主要成分 Na_2CO_3 外，还含有 $NaHCO_3$ 等成分，为了检验纯碱质量，常用酸碱滴定法测定总碱量，反应产物为（$NaCl+H_2CO_3$）。化学计量点 pH 为 3.8～3.9，可选用甲基橙为指示剂。

滴定时，除主要成分 Na_2CO_3 被滴定外，其中少量 $NaHCO_3$ 同时被滴定。

(三) 试剂

HCl 标准滴定溶液（0.1mol/L）；甲基橙指示剂（0.1%水溶液）。

(四) 实训步骤

准确称取试样 2g 放入烧杯中，加少量水使其溶解，必要时可稍加温溶解。冷却后将溶液定量转入 250mL 容量瓶中，加水稀释至刻度，充分摇匀。平行移取试液 25.00mL 三份，分别放入 250mL 锥形瓶中，加水 20mL，加入 1～2 滴甲基橙指示剂，用 HCl 标准滴定溶液滴定溶液由黄色变为橙色即为终点。计算总碱度（以 Na_2CO_3 质量分数表示）。

$$\omega_{Na_2CO_3}=\frac{\frac{1}{2}c_{HCl}V_{HCl}M_{Na_2CO_3}\times 10^{-3}}{m\times\frac{25}{250}}\times 100\%$$

式中 c_{HCl}——HCl 标准滴定溶液的浓度，mol/L；

V_{HCl}——HCl 标准滴定溶液的体积，mL；

$M_{Na_2CO_3}$——Na_2CO_3 的摩尔质量，g/mol；

m——试样质量。

(五)评分标准(表 7.1)

表 7.1 分析天平操作考核表

考核项目	考核内容	评分标准	得分
分析天平 30 分	分析天平使用(24 分)	台秤粗称(2 分)	
		检查(如水平、秤盘洁净等)(2 分)	
		分析天平调零(2 分)	
		称量瓶放置秤盘中心(1 分)	
		读数时天平门关闭(1.5 分)	
		半启天平试称操作(2 分)	
		天平开关动作轻、缓、匀(2 分)	
		试样的倾出与回磕操作(2 分)	
		拿、取称量瓶时天平处于休止状态(1.5 分)	
		试样质量范围(2.5 分)	
	结束工作(3 分)	操作熟练程度(3 分)	
		称量记录正确(2.5 分)	
		取出称量瓶、砝码、指数盘回位(1 分)	
		检查零点(1 分)	
		休止天平、罩好天平罩(1 分)	
	称量时间 10min(3 分)	超时 2min 扣 1 分	
容量仪器的使用 45 分	移液管(10 分)	移液管洗涤(1.5 分)	
		待测液润洗(1 分)	
		吸液(尖嘴插液面下 2~3cm)(2 分)	
		调液面(1.5 分)	
		放液操作(2 分)	
		移液管使用熟练程度(2 分)	
	容量瓶(10 分)	试样溶解搅拌轻微,未严重碰壁(1.5 分)	
		转移溶液操作规范(2.5 分)	
		容量瓶稀释至 3/4,平摇(2 分)	
		定容准确(2 分)	
		摇匀操作规范(2 分)	
	滴定管(10.5 分)	滴定管洗涤(1.5 分)	
		涂油(2.5 分)	
		标准滴定溶液润洗(1.5 分)	
		装液操作(1.5 分)	
		赶气泡(2 分)	
		调零(1.5 分)	
	滴定操作(12.5 分)	滴定管与锥形瓶的持握正确(2 分)	
		滴定与摇瓶配合自如(2 分)	
		滴定速度(3~4 滴/s,见滴成线)(2 分)	
		控制半滴、一滴操作(1.5 分)	
		终点判断准确(2 分)	
		读数及读数规范(3 分)	
	文明操作(2 分)	实验仪器洗涤及操作台清洁整理(2 分)	

续表

考核项目	考核内容	评分标准	得　分
结果处理 25 分	记录（2 分）	记录真实、有效数字准确（2 分）	
	数据处理（2 分）	有效数字运算规则应用（2 分）	
	时间 45min（3 分）	每超 3min 扣 1 分	
	准确度（10 分）	与规定范围相差 10%以上为不及格	
	精密度（5 分）	相对偏差≤0.2%	
	提问（3 分）	回答熟练（3 分）	

（六）思考题

（1）为什么天平在使用前要调零？怎么调零？

（2）酸式滴定管使用前为什么常要涂油，如何涂油？在装入标准滴定溶液后又为什么要赶气泡？其目的是什么？

（3）何为定容操作？定容操作怎样进行？

项目四十五　咸味苏打饼干中 H_2O、NaCl、Na_2CO_3 和 $NaHCO_3$ 的测定

（一）实训目的

（1）学习复杂样品中多组分的测定方法的选择。

（2）熟练掌握滴定分析及重量分析的基本操作。

（3）培养分析问题和解决问题的能力。

（二）实训原理

饼干是我们日常生活中常见小食品，具有耐贮藏、易携带、口味多样等特点，深受人们喜爱。饼干市场上，主要品种有：苏打饼干、压缩饼干、曲奇饼干、夹心饼干、威化饼干等。

饼干要求有一定的质量和卫生指标，对于咸味苏打饼干，其中水分、盐分以及小苏打或苏打是重要的质量指标，直接影响着保质期、疏松度及口味等品质。

1. H_2O 含量的测定（重量法）

食品中的水分，一般在常压 100℃加热后所失去的物质，样品中被减少的量即为样品的水分含量。

2. NaCl 含量的测定（容量法-莫尔法）

饼干中 NaCl 含量的测定，可用莫尔法。在中性或弱碱性溶液中，以 K_2CrO_4 为指示剂，用 $AgNO_3$ 标准滴定溶液直接滴定氯化钠中的 Cl^-。其反应式为

滴定反应　　$Ag^+ + Cl^- \longrightarrow AgCl$（白）$\downarrow$

终点反应　　$2Ag^+ + CrO_4^{2-} \longrightarrow Ag_2CrO_4$（砖红）$\downarrow$

3. Na_2CO_3 和 $NaHCO_3$ 的测定（容量法-酸碱滴定法）

对于饼干中 $NaCO_3$ 及 $NaHCO_3$ 含量，可在同一份试样中用两种不同的指示剂分别

测定，此种方法称为“双指示剂法”。

本实验所用的两种指示剂是酚酞和甲基橙。在试液中，先以酚酞为指示剂，用 HCl 标准滴定溶液滴定至由红色变为无色，即第一化学计量点（pH8.3），消耗 HCl 标准滴定溶液 V_1，此时，溶液中 $NaCO_3$ 被中和至 $NaHCO_3$。

$$Na_2CO_3 + HCl \xlongequal{} NaHCO_3 + NaCl$$

在此溶液中再加甲基橙指示剂，继续用 HCl 标准滴定溶液滴定至溶液由黄色变为橙色，这是第二化学计量点（pH 为 3.89），消耗 HCl 标准滴定溶液 V_2，此时，溶液中 $NaHCO_3$ 被中和。

$$NaHCO_3 + HCl \xlongequal{} NaCl + CO_2 + H_2O$$

可见，中和 Na_2CO_3 所消耗 HCl 溶液的体积为 $2V_2$，中和 $NaHCO_3$ 所消耗 HCl 溶液的体积为（$V_2 - V_1$）。

（三）试剂

$AgNO_3$ 标准滴定溶液（0.1mol/L），K_2CrO_4 指示剂（50g/L），HCl 标准滴定溶液（0.1mol/L），NaOH 标准滴定溶液（0.1mol/L），酚酞指示剂（10g/L 乙醇溶液），甲基橙指示剂（1g/L 水溶液）。

（四）实训步骤

1. H_2O 的测定

准确称取 2～3g 样品于已恒重的扁称量瓶中，并一起放入 100～105℃烘箱内，扁称量瓶开盖。经 2～3h 烘干后，取出加盖，置于干燥器中冷却 0.5h 后称重。重复以下操作，直至前后两次重量差≤0.0002g 即为恒重。

计算公式

$$\omega = \frac{m_1 - m_2}{m}$$

式中　m_1——烘干前饼干试样与称量瓶的质量，g；

m_2——烘干后饼干试样与称量瓶的质量，g；

m——饼干试样的质量，g。

2. NaCl 的测定

准确称取 10～20g 粉碎均匀的样品，用 100～150mL 蒸馏水转入 250mL 容量瓶中，在沸水浴中煮 30min，冷却，用水稀释至刻度。

将稀释液过滤，准确吸取 25mL 于锥形瓶中，酚酞指示剂 2～3 滴，用 0.1mol /L NaOH 标准滴定溶液滴定至淡粉色。加入 K_2CrO_4 指示剂 0.5～1mL，用 0.1mol/LAgNO$_3$ 标准滴定溶液滴定至砖红色 30s 不褪色即为终点。

计算公式

试样中 NaCl 质量分数　$$\omega_{NaCl} = \frac{c_{AgNO_3} V_{AgNO_3} \times 10^{-3} \times M_{NaCl}}{m}$$

式中　c_{AgNO_3}——$AgNO_3$ 标准滴定溶液的浓度，mol/L；

V_{AgNO_3}——滴定时加入 $AgNO_3$ 标准滴定溶液的体积，mL；

M_{NaCl}——NaCl 的摩尔质量，g/mol；

m——饼干试样的质量，g。

3. Na_2CO_3和 $NaHCO_3$的测定

准确称取 5g 饼干，用新煮沸的冷却的水溶解后移入 250mL 容量瓶中，然后用水稀释至刻度，过滤。吸取于 50mL 滤液于锥形瓶中，加入 2～3 滴酚酞指示剂，用 0.1mol/L HCl 标准滴定溶液滴定至溶液粉红色刚褪去，记下消耗 HCl 标准滴定溶液的体积 V_1；再加 1～2 滴甲基橙指示剂，继续用上述盐酸标准滴定溶液滴定至溶液由黄色变为橙色，记下所消耗 HCl 标准滴定溶液的体积 V_2。计算试样中各组分的含量。

计算公式：饼干 Na_2CO_3和 $NaHCO_3$的质量分数计算如下：

$$\omega_{Na_2CO_3} = \frac{\frac{1}{2}c_{HCl}2V_1 \times 10^{-3}M_{Na_2CO_3}}{m \times \frac{25}{250}} \times 100\%$$

$$\omega_{NaHCO_3} = \frac{c_{HCl}(V_2 - V_1) \times 10^{-3}M_{NaHCO_3}}{m \times \frac{25}{250}} \times 100\%$$

式中　c_{HCl}——HCl 标准滴定溶液的浓度，mol/L；

M_{NaHCO_3}——$NaHCO_3$摩尔质量，g/mol；

$M_{Na_2CO_3}$——Na_2CO_3摩尔质量，g/mol；

V_1——酚酞终点消耗 HCl 标准滴定溶液体积，mL；

V_2——甲基橙终点消耗 HCl 标准滴定溶液体积，mL。

(五) 思考题

(1) 在测定上述哪些成分时，酸度需要控制？怎样控制？

(2) NaCl 的测定还可用哪些方法？

(3) 在测 Na_2CO_3和 $NaHCO_3$含量时，所用水为什么是新煮沸的蒸馏水？

附　　录

附录一　常用酸碱试剂的密度和浓度

名　　称	密度 ρ/(g/mL)	质量分数 ω/%	浓度 c/(mol/L)
盐酸	1.18～1.19	36～38	11.6～12.4
硝酸	1.39～1.40	65.0～68.0	14.4～15.2
硫酸	1.83～1.84	95～98	17.8～18.4
磷酸	1.69	85	14.6
高氯酸	1.68	70.0～72.0	11.7～12.0
冰乙酸	1.05	G.R.，99.8；A.R.，99.0	17.4
氢氟酸	1.13	40	22.5
氢溴酸	1.49	47	8.6
氨水	0.88～0.90	25.0～28.0	13.3～14.8

附录二　常见指示剂

（一）酸碱指示剂

指示剂名称	变色 pH 范围	颜色变化	溶液配制方法
甲酚红（第一变色范围）	0.2～1.8	红～黄	0.04g 指示剂溶于 100mL 50%乙醇中
百里酚蓝（麝香草酚蓝）（第一变色范围）	1.2～2.8	红～黄	0.1g 指示剂溶于 100mL 20%乙醇中
二甲基黄	2.9～4.0	红～黄	0.1g 指示剂溶于 100mL 90%乙醇中
甲基橙	3.1～4.4	红～橙黄	0.1%水溶液
溴酚蓝	3.0～4.6	黄～蓝	0.1g 指示剂溶于 100mL 20%乙醇中
刚果红	3.0～5.2	蓝紫～红	0.1%水溶液
溴甲酚绿	3.8～5.4	黄～蓝	0.1g 指示剂溶于 100mL 20%乙醇中
甲基红	4.4～6.2	红～黄	0.1g 指示剂溶于 100mL 60%乙醇中
溴酚红	5.0～6.8	黄～红	0.1g 指示剂溶于 100mL 20%乙醇中

续表

指示剂名称	变色 pH 范围	颜色变化	溶液配制方法
溴甲酚紫	5.2～6.8	黄～紫红	0.1g 指示剂溶于 100mL 20%乙醇中
溴百里酚蓝	6.0～7.6	黄～蓝	0.05g 指示剂溶于 100mL 20%乙醇中
中性红	6.8～8.0	红～亮黄	0.1g 指示剂溶于 100mL 60%乙醇中
酚红	6.8～8.0	黄～红	0.1g 指示剂溶于 100mL 20%乙醇中
甲酚红	7.2～8.8	亮黄～紫红	0.1g 指示剂溶于 100mL 50%乙醇中
百里酚蓝（麝香草酚蓝）（第二变色范围）	8.0～9.0	黄～蓝	参看第一变色范围
酚酞	8.2～10.0	无色～紫红	0.1g 指示剂溶于 100mL 60%乙醇中
百里酚酞	9.4～10.6	无色～蓝	0.1g 指示剂溶于 100mL 90%乙醇中

（二）混合指示剂

指示剂溶液的组成	变色点 pH	颜色		备注
		碱色	酸色	
1 份 0.1%甲基黄乙醇溶液 1 份 0.1%次甲基蓝乙醇溶液	3.25	蓝紫	绿	pH3.2 蓝紫色 pH3.4 绿色
1 份 0.1%甲基橙水溶液 1 份 0.25%靛蓝（二磺酸）水溶液	4.1	紫	黄绿	pH4.1 灰色
1 份 0.1%溴百里酚绿钠盐水溶液 1 份 0.2%甲基橙水溶液	4.3	黄	蓝绿	pH3.5 黄色 pH4.0 黄绿色 pH4.3 绿色
3 份 0.1%溴甲酚绿乙醇溶液 1 份 0.2%甲基红乙醇溶液	5.1	酒红	绿	pH5.1 灰色，颜色变化明显
1 份 0.2%甲基红乙醇溶液 1 份 0.1%次甲基蓝乙醇溶液	5.4	红紫	绿	pH5.2 红紫色 pH5.4 暗蓝色 pH5.6 绿色
1 份 0.1%溴甲酚绿钠盐水溶液 1 份 0.1%氯酚红钠盐水溶液	6.1	黄绿	蓝紫	pH5.4 蓝绿色 pH5.8 蓝色 pH6.2 蓝紫色
1 份 0.1%溴甲酚紫钠盐水溶液 1 份 0.1%溴百里酚蓝钠盐水溶液	6.7	黄	蓝紫	pH6.2 黄紫色 pH6.6 紫色 pH6.8 蓝紫色
1 份 0.1%中性红乙醇溶液 1 份 0.1%次甲基蓝乙醇溶液	7.0	蓝紫	绿	pH7.0 蓝紫色
1 份 0.1%溴百里酚蓝钠盐水溶液 1 份 0.1%酚红钠盐水溶液	7.5	黄	绿	pH7.2 暗绿色 pH7.4 淡紫色 pH7.6 深紫色
1 份 0.1%甲酚红钠盐水溶液 3 份 0.1%百里酚蓝钠盐水溶液	8.3	黄	紫	pH8.2 玫瑰色 pH8.4 紫色

（三）金属指示剂

指示剂名称	离解平衡和颜色变化	溶液配制方法
铬黑 T (EBT)	$H_2In^- \xrightleftharpoons{pK_{a_2}=6.3} HIn^{2-} \xrightleftharpoons{pK_{a_3}=11.55} In^{3-}$ 紫红色　蓝色　橙色	0.5%水溶液
二甲酚橙 (XO)	$H_3In^{4-} \xrightleftharpoons{pK_{a_2}=6.3} H_2In^{5-}$ 黄色　红色	0.2%水溶液
K—B指示剂	$H_2In^- \xrightleftharpoons{pK_a=8} HIn^- \xrightleftharpoons{pK_{a_2}=13} In^{2-}$ 红色　蓝色　紫红色 （酸性铬蓝 K）	0.2g 酸性铬蓝 K 与 0.4g 萘酚绿 B 溶于 100mL 水中
钙指示剂	$H_2In^- \xrightleftharpoons{pK_{a_2}=7.4} HIn^{2-} \xrightleftharpoons{pK_{a_3}=13.5} In^{3-}$ 酒红色　蓝色　酒红色	0.5%的乙醇溶液
吡啶偶氮萘酚 (PAN)	$H_2In^+ \xrightleftharpoons{pK_{a_1}=1.9} HIn \xrightleftharpoons{pK_{a_2}=12.2} In^-$ 黄绿色　黄色　淡红色	0.1%的乙醇溶液
Cu—PAN (Cuy—PAN 溶液)	$Cuy + PAN + M^{n+} \rightleftharpoons My + Cu—PAN$ 浅绿色　无色　红色	将 0.05mol/LCu^{2+}液 10mL，加 pH5～6 的 HAc 缓冲液 5mL，1 滴 PAN 指示剂，加热至 60℃左右。用 EDTA 滴至绿色，得到约 0.025mol/L 的 CuY 溶液。使用时取 2～3mL 于试液中，再加数滴 PAN 溶液
磺基水杨酸	$H_2In \xrightleftharpoons{pK_{a_2}=2.7} HIn^- \xrightleftharpoons{pK_{a_3}=13.1} In^{2-}$ （无色）	1%的水溶液
钙镁试剂	$H_2In^- \xrightleftharpoons{pK_{a_2}=8.1} HIn^{2-} \xrightleftharpoons{pK_{a_3}=12.4} In^{3-}$ 红色　蓝色　红橙色	0.5%水溶液

（四）氧化还原指示剂

指示剂名称	φ_θ/V $[H^+]=1M$	颜色变化		溶液配制方法
		氧化态	还原态	
中性红	0.24	红色	无色	0.05%的 60%乙醇溶液
次甲基蓝	0.36	蓝色	无色	0.05%水溶液
变胺蓝	0.59 (pH2)	无色	蓝色	0.05%水溶液
二苯胺	0.76	紫色	无色	1%的浓 H_2SO_4 溶液

续表

指示剂名称	φ_σ/V [H⁺] =1M	颜色变化		溶液配制方法
		氧化态	还原态	
二苯胺磺酸钠	0.85	紫红色	无色	0.5%的水溶液
N-邻苯氨基苯甲酸	1.08	紫红色	无色	0.1g 指示剂加 20mL 5%的 Na_2CO_3 溶液，用水稀至 100mL
邻二氮菲-Fe（Ⅱ）	1.06	浅蓝色	红色	1.485g 邻二氮菲加 0.965g$FeSO_4$，溶于 100mL 水中（0.025mol /L 水溶液）
5-硝基邻二氮菲 Fe（Ⅱ）	1.25	浅蓝色	紫红色	1.6089g5-硝基邻二氮菲加 0.695g $FeSO_4$，溶于 100mL 水中（0.025mol/L 水溶液）

（五）沉淀滴定吸附指示剂

指示剂	被测离子	滴定剂	滴定条件	溶液配制方法
萤光黄	Cl^-	Ag^+	pH7～10（一般 7～8）	0.2%乙醇溶液
二氯萤光黄	Cl^-	Ag^+	pH4～10（一般 5～8）	0.1%水溶液
曙红	Br^-，Cl^-，SCN^-	Ag^+	pH2～10（一般 3～8）	0.5%水溶液
溴甲酚绿	SCN^-	Ag^+	pH4～5	0.1%水溶液
甲基紫	Ag^+	Cl^-	酸性溶液	0.1%水溶液
罗丹明 6G	Ag^+	Br^-	酸性溶液	0.1%水溶液
钍试剂	SO_4^{2-}	Ba^{2+}	pH1.5～3.5	0.5%水溶液
溴酚蓝	Hg_2^{+}	Cl^-、Br^-	酸性溶液	0.1%水溶液

附录三 常用缓冲溶液的配制

缓冲溶液组成	p*K*	缓冲液 pH	缓冲溶液配制方法
氨基乙酸-HCl	2.35（pK_a）	2.3	取氨基乙酸 150g 溶于 500mL 水中后，加浓 HCl 80mL，稀至 1L
H_3PO_4-柠檬酸盐		2.5	取 $Na_2HPO_4 \cdot 12H_2O$ 113g 溶于 200mL 水后，加柠檬酸 387g，溶解，过滤后，稀至 1L
一氯乙酸-NaOH	2.86	2.8	取 200g 一氯乙酸溶 200mL 水后，加 NaOH40g，溶解后，稀至 1L
邻苯二甲酸氢钾-HCl	2.95（pK_{a_1}）	2.9	取 500g 邻苯二甲酸氢钾溶于 500mL 水中，加浓 HCl 80mL，稀至 1L

续表

缓冲溶液组成	pK	缓冲液 pH	缓冲溶液配制方法
NH_4Ac-HAc		4.5	取 NH_4Ac77g 溶于 200mL 水中，加冰 HAc 59mL，稀至 1L
NaAc-HAc	4.74	4.7	取无水 NaAc83g 溶于水中，加冰 HAc60mL，稀至 1L
NaAc-HAc	4.74	5.0	取无水 NaAc160g 溶于水中，加冰 HAc60mL，稀至 1L
NH_4Ac-HAc		5.0	取 NH_4Ac250g 溶于水中，加冰 HAc25mL，稀至 1L
六次甲基四胺-HCl	5.15	5.4	取 6 次甲基四胺 40g 溶于 200mL 水中，加浓 HCl10mL，稀至 1L
NH_4Ac-HAc		6.0	取 NH_4Ac600g 溶于水中，加冰 HAc20mL，稀至 1L
NaAc-H_3PO_4盐		8.0	取无水 NaAc50g 和 $Na_2HPO_4 \cdot 12H_2O$ 50g，溶于水中，稀至 1L
$NH_3 \cdot NH_4Cl$	9.26	9.2	取 NH_4Cl54g 溶于水中，加浓氨水 63mL，稀至 1L
$NH_3 \cdot NH_4Cl$	9.26	9.5	取 NH_4Cl54g 溶于水中，加浓氨水 126mL，稀至 1L
$NH_3 \cdot NH_4Cl$	9.26	10.0	取 NH_4Cl54g 溶于水中，加浓氨水 350mL，稀至 1L

附录四　国际相对原子质量表（IUPAC2001 年）

元素		相对原子质量	元素		相对原子质量	元素		相对原子质量	元素		相对原子质量
符号	名称		符号	名称		符号	名称		符号	名称	
Ac	锕	227.03	Eu	铕	151.964	Mo	钼	95.94	Ru	钌	101.07
Ag	银	107.868 2	F	氟	18.998 40	N	氮	14.006 7	S	硫	32.065
Al	铝	26.981 54	Fe	铁	55.845	Na	钠	22.989 77	Sb	锑	121.760
Am	镅	243.06	Fm	镄	257.1	Nb	铌	92.906 38	Sc	钪	44.955 91
Ar	氩	39.948	Fr	钫	223.02	Nd	钕	144.24	Se	硒	78.96
As	砷	74.921 60	Ga	镓	69.723	Ne	氖	20.179 7	Si	硅	28.085 5
At	砹	209.99	Gd	钆	157.25	Ni	镍	58.693 4	Sm	钐	150.36
Au	金	196.966 55	Ge	锗	72.64	No	锘	259.10	Sn	锡	118.710
B	硼	10.811	H	氢	1.007 94	Np	镎	237.05	Sr	锶	87.62
Ba	钡	137.327	He	氦	4.002 602	O	氧	15.999 4	Ta	钽	180.947 9
Be	铍	9.0121 82	Hf	铪	178.49	Os	锇	190.23	Tb	铽	158.925 34
Bi	铋	208.980 38	Hg	汞	200.59	P	磷	30.973 76	Tc	锝	98.907
Br	溴	79.904	Ho	钬	164.930 32	Pa	镤	231.035 88	Te	碲	127.60
C	碳	12.010 7	I	碘	126.904 47	Pb	铅	207.2	Th	钍	232.038 1
Ca	钙	40.078	In	铟	114.818	Pd	钯	106.42	Ti	钛	47.867
Cd	镉	112.411	Ir	铱	192.217	Pm	钷	144.91	Tl	铊	204.383 3
Ce	铈	140.116	K	钾	39.098 3	Po	钋	208.98	Tm	铥	168.934 21
Cl	氯	35.453	Kr	氪	83.798	Pr	镨	140.907 65	U	铀	238.028 91
Co	钴	58.933 20	La	镧	138.905 5	Pt	铂	195.078	V	钒	50.941 5
Cr	铬	51.996 1	Li	锂	6.941	Pu	钚	244.06	W	钨	183.84
Cs	铯	132.905 45	Lr	铹	260.11	Ra	镭	226.03	Xe	氙	131.293
Cu	铜	63.546	Lu	镥	174.967	Rb	铷	85.467 8	Y	钇	88.905 85
Dy	镝	162.500	Md	钔	258.10	Re	铼	186.207	Yb	镱	173.04
Er	铒	167.259	Mg	镁	24.305 0	Rh	铑	102.905 50	Zn	锌	65.409
Es	锿	252.08	Mn	锰	54.938 05	Rn	氡	222.02	Zr	锆	91.224

附录五　化合物的摩尔质量表

化合物	摩尔质量	化合物	摩尔质量
Ag_3AsO_4	462.52	Cu_2O	143.09
AgBr	187.77	CuS	95.61
AgCl	143.32	$CuSO_4$	159.60
AgCN	133.89	$CuSO_4 \cdot 5H_2O$	249.68
AgSCN	165.95	$FeCl_2$	126.75
Ag_2CrO_4	331.73	$FeCl_2 \cdot 4H_2O$	198.81
AgI	234.77	$FeCl_3$	162.21
$AgNO_3$	169.87	$FeCl_3 \cdot 6H_2O$	270.30
$AlCl_3$	133.34	$FeNH_4(SO_4)_2 \cdot 12H_2O$	482.18
$AlCl_3 \cdot 6H_2O$	241.43	$Fe(NO_3)_3$	241.86
$Al(NO_3)_3$	213.00	$Fe(NO_3)_3 \cdot 9H_2O$	404.00
$Al(NO_3)_3 \cdot 9H_2O$	375.13	FeO	71.85
Al_2O_3	101.96	Fe_2O_3	159.69
$Al(OH)_3$	78.00	Fe_3O_4	231.54
$Al_2(SO_4)_3$	342.14	$Fe(OH)_3$	106.37
$Al_2(SO_4)_3 \cdot 18H_2O$	666.41	FeS	87.91
As_2O_3	197.84	Fe_2S_3	207.87
As_2O_5	229.84	$FeSO_4$	151.91
As_2S_3	246.02	$FeSO_4 \cdot 7H_2O$	278.01
$BaCO_3$	197.34	$FeSO_4 \cdot (NH_4) \cdot SO_4 \cdot 6H_2O$	392.13
BaC_2O_4	225.35	H_3AsO_3	125.94
$BaCl_2$	208.24	H_3AsO_4	141.94
$BaCl_2 \cdot 2H_2O$	244.27	H_3BO_3	61.83
$BaCrO_4$	253.32	HBr	80.91
BaO	153.33	HCN	27.03
$Ba(OH)_2$	171.34	HCOOH	46.03
$BaSO_4$	233.39	CH_3COOH	60.05
$BiCl_3$	315.34	H_2CO_3	62.03
BiOCrl	260.43	$H_2C_2O_4$	90.04
CO_2	44.01	$HgSO_4$	296.65
CaO	56.08	Hg_2SO_4	497.24
$Cu(NO_3)_2 \cdot 3H_2O$	241.60	$KAl(SO_4)_2 \cdot 12H_2O$	474.38
CuO	79.55	KBr	119.00

续表

化合物	摩尔质量	化合物	摩尔质量
$KBrO_3$	167.00	$NaBiO_3$	279.97
KCl	74.55	NaCN	49.01
$KClO_3$	122.55	NaSCN	81.07
$KClO_4$	138.55	Na_2CO_3	105.99
KCN	65.12	$Na_2CO_3 \cdot 10H_2O$	286.14
KSCN	97.18	$Na_2C_2O_4$	134.00
K_2CO_3	138.21	CH_3COONa	82.03
K_2CrO_4	194.19	$CH_3COONa \cdot 3H_2O$	136.08
$K_2Cr_2O_7$	294.18	NaCl	58.44
$K_3Fe(CN)_5$	329.25	NaClO	74.44
$K_4Fe(CN)_6$	368.35	$NaHCO_3$	84.01
$KFe(SO_4)_2 \cdot 12H_2O$	503.24	$Na_2HPO_4 \cdot 12H_2O$	358.14
$KHC_2O_4 \cdot H_2O$	146.14	$Na_2H_2Y \cdot 2H_2O$	372.24
$KHC_2O_4 \cdot H_2C_2O_2 \cdot 2H_2O$	254.19	$NaNO_2$	69.00
$KHC_4H_4O_6$	188.18	$NaNO_3$	85.00
$KHSO_4$	136.16	Na_2O	61.98
$KHC_8H_4O_4$(KHP)	204.22	Na_2O_2	77.98
KI	166.00	NaOH	40.00
KIO_3	214.00	Na_3PO_4	163.94
$KIO_3 \cdot HIO_3$	389.91	Na_2S	78.04
$KMnO_4$	158.03	$Na_2 \cdot 9H_2O$	240.18
$KNaC_4H_4O_6 \cdot 4H_2O$	282.22	Na_2SO_3	126.04
KNO_3	101.10	Na_2SO_4	142.04
KNO_2	85.10	$Na_2S_2O_3$	158.10
K_2O	94.20	$Na_2S_2O_3 \cdot 5H_2O$	248.17
KOH	56.11	$NiCl_2 \cdot 6H_2O$	237.69
K_2SO_4	174.25	$SnCl \cdot 2H_2O$	225.63
$MgCO_3$	84.31	$SnCl_4$	260.50
$(NH_4)_2SO_4$	132.13	$SnCl_4 \cdot 5H_2O$	350.58
NO_4VO_3	116.98	SnO_2	150.69
Na_3AsO_3	191.89	SnS_2	150.75
$Na_3B_4O_7$	201.22	$SrCO_3$	147.63
$Na_2B_4O_7 \cdot 10H_2O$	381.37	SrC_2O_4	175.64

续表

化　合　物	摩尔质量	化　合　物	摩尔质量
$SrCrO_4$	320.61	CuSCH	121.62
$Sr(NO_3)_2$	211.63	Cul	190.45
$Sr(NO_3)_2 \cdot 4H_2O$	283.69	$Cu(NO_3)_2$	187.56
$SrSO_4$	183.68	$H_2C_2O_4 \cdot 2H_2O$	126.07
$UO_2(CH_3COO)_2 \cdot 2H_2O$	424.51	HCl	36.46
$CaCO_3$	100.09	HF	20.01
CaC_2O_4	128.10	HI	127.91
$CaCl_2$	110.99	HIO_3	175.91
$CaCl_2 \cdot 6H_2O$	219.08	HNO_3	63.10
$Ca(NO_3)_2 \cdot 4H_2O$	236.15	HNO_2	47.01
$Ca(OH)_2$	74.10	H_2O	18.015
$Ca_3(PO_4)_2$	310.18	$2H_2O$	36.03
$CaSO_4$	136.14	$3H_2O$	54.05
$CdCO_3$	172.42	$4H_2O$	72.06
$CdCl_2$	183.32	$5H_2O$	90.08
CdS	144.47	$6H_2O$	108.09
$Ce(SO_4)_2$	332.24	$7H_2O$	126.11
$Ce(SO_4)_2 \cdot 4H_2O$	404.30	$8H_2O$	144.12
$CoCl_2$	129.84	$8H_2O$	162.14
$CoCl_2 \cdot 6H_2O$	237.93	$12H_2O$	216.18
$Co(NO_3)_2$	182.94	H_2O_2	34.02
$Co(NO_3)_2 \cdot 6H_2O$	281.03	H_3PO_4	98.00
CoS	90.99	H_2S	34.08
$CoSO_4$	154.99	H_2SO_3	82.07
$CoSO_4 \cdot 7H_2O$	281.10	H_2SO_4	98.07
$CO(NH_2)_2$	60.06	$Hg(CN)_2$	252.63
$CrCl_3$	158.36	$HgCl_2$	271.50
$CrCl_3 \cdot 6H_2O$	266.45	Hg_2Cl_2	472.09
$Cr(NO_3)_3$	238.01	HgI_2	454.40
Cr_2O_3	151.99	$Hg_2(NO_3)_2$	525.19
CuCl	99.00	$Hg_2(NO_3)_2 \cdot 2H_2O$	561.22
$CuCl_2$	134.45	$Hg(NO_3)_2$	324.60
$CuCl_2 \cdot 2H_2O$	170.48	HgO	216.59

续表

化合物	摩尔质量	化合物	摩尔质量
HgS	232.65	2OH	34.02
MgCl	95.21	3OH	51.02
$MgCl \cdot 6H_2O$	203.30	4OH	68.03
MgC_2O_4	112.33	P_2O_5	141.95
$MgNH_4PO_4$	256.41	$PbCO_3$	267.21
MgO	137.32	PbC_2O_4	295.22
$Mg(OH)_2$	40.30	$PbCl_2$	278.11
$Mg_2P_2O_7$	58.32	$PbCrO_4$	323.19
$Mg_2P_2O_7$	222.55	$Pb(CH_3COO)_2$	325.29
$MgSO_4 \cdot 7H_2O$	246.47	$Pb(CH_3COO)_2 \cdot 3H_2O$	379.34
$MnCO_3$	114.95	PbI_2	461.01
$MnCl_2 \cdot 4H_2O$	197.91	$Pb(NO_3)_2$	331.21
$Mn(NO_3)_2 \cdot 6H_2O$	287.04	PbO	223.20
MnO	70.94	PbO_2	239.20
MnO_2	86.84	$Pb_3(PO_4)_2$	811.54
MnS	87.00	PbS	239.26
$MnSO_4$	151.00	$PbSO_4$	303.26
$MnSO_4 \cdot 4H_2O$	223.06	SO_3	80.06
NO	30.01	SO_2	64.06
NO_2	46.01	$SbCl_3$	228.11
NH_3	17.03	$SbCl_5$	299.02
CH_3COONH_4	77.08	Sb_2O_3	291.05
NH_4Cl	53.49	Sb_2S_3	339.68
$(NH_3)CO_3$	96.09	SiF_4	104.08
$(NH_4)_2C_2O_2$	124.10	SiO_2	60.08
$(NH_4)_2C_2O_4 \cdot H_2O$	142.11	$SnCl_2$	189.60
NH_4SCN	76.12	$ZnCO_3$	125.39
NH_4HCO	79.06	ZnC_2O_4	153.40
$(NH_4)_2MHO_4$	196.01	$ZnCl_2$	136.29
NH_4NO_2	80.04	$Zn(CH_3COO)_2$	183.47
NH_4NO_3	132.06	$Zn(CH_3COO)_2 \cdot 2H_2O$	219.50
$(NH_4)HPO_4$	68.14	$Zn(NO_3)H$	189.39
$(NH_4)_2S$	50.10	$Zn(NO_3)_2 \cdot 6H_2O$	297.48
NiO	74.69	ZnO	81.38
$Ni(NO_3)_2 \cdot 6H_2O$	290.79	ZnS	97.44
NiS	90.75	$ZnSO_4$	161.44
$NiSO_4 \cdot 7H_2O$	280.85	$ZnSO_4 \cdot 7H_2O$	287.55
OH	17.01	—	—

主要参考文献

北京师范大学无机化学教研室 . 2001. 无机化学实验 . 北京：高等教育出版社 .

杜苏英 . 2002. 食品分析与检验 . 北京：高等教育出版社 .

高晓松，薛富 . 2007. 分析化学 . 北京：科学出版社 .

高职高专化学教材编写组 . 2004. 分析化学 . 北京：高等教育出版社 .

高职高专化学教材组 . 2000. 无机化学（第二版）. 北京：高等教育出版社 .

高职高专化学教材组 . 2002. 分析化学实验（第二版）. 北京：高等教育出版社 .

胡伟光，张文英 . 2004. 定量分析化学实验 . 北京：化学工业出版社 .

华中师范大学，等 . 1987. 分析化学 . 北京：高等教育出版社 .

刘慧敏 . 2004. 分析化学实验指导 . 呼和浩特：内蒙古人民出版社 .

孟宏昌 . 2007. 食品分析 . 北京：化学工业出版社 .

苗凤琴 . 2001. 分析化学实验室 . 北京：化学工业出版社 .

穆华荣 . 2001. 分析仪器维护 . 北京：化学工业出版社 .

王彤 . 2003. 分析化学 . 北京：高等教育出版社 .

武汉大学 . 2000. 分析化学（第四版）. 北京：高等教育出版社 .

辛述元 . 2005. 无机及分析化学实验 . 北京：化学工业出版社 .

邢文卫 . 2006. 分析化学实验 . 北京：化学工业出版社 .

徐昌华 . 2004. 化验员必读（第五版）. 南京：江苏科学技术出版社 .

张小康 . 2004. 工业分析 . 北京：化学工业出版社 .